이정규 목사는 건강한 시각으로 성경을 보는 눈을 지녔다. 그렇기에 주기도문을 주제로 한 이 책의 발간도 여러 기대감을 갖게 한다. 주기도문은 그리스도인의 기도 생활을 위한 가장 탄탄한 기초다. 우리 주님께서 가르치신 이 기도의 모범을 찬찬히 배울 때, 우리는 복음의 풍성함을 새삼 깨닫고, 주님이 주신 자녀 됨의 선물에 감복하며, 아버지이신 하나님의 뜻 안에서 자유와 안식을 누린다. 『예수님의 기도 학교』를 통해 독자는 바로 이 과정을 수료할 뿐 아니라, 실제로 기도의 자리로 나아가 하나님 아버지와 친밀한 관계를 세워 가기 시작할 것이다. 그리하여, 고난이 많은 우리 삶 속에서도 신실하게 인내하며 하나님을 바라보는 그리스도인들이 이 땅 가운데 많이 일어나리라고 기대한다. _이찬수 분당우리교회 담임목사

『예수님의 기도 학교』는 예수님의 가르침의 정수라 할 수 있는 주기도문을 통해 우리의 믿음과 복음의 진수를 보여 준다. 내용의 전개가 신선하고, 저자의 사색과 많은 경건 서적의 주옥같은 사색들이 담겨 있어 감동적이기도 하며, 편하게 읽다가 도전과 충격을 받기도 한다. 쉽게 썼지만 결코 쉬운 내용만은 아니며, 기도에 관해 썼지만 기도만이 아닌 복음의 내용이 깊이 녹아 있다. 청년들의 눈높이와 언어로 설명했지만 청년뿐 아니라 모든 성도를 위한 책이다. 우리의 믿음과 교회의 현실을 적나라하게 제시하면서도 실망하지 않고 소망 가운데 기도하고 믿음의 발걸음을 떼도록 동기부여하고 힘을 준다. 책을 읽는 중 잠시 기도하게 하여 실제로 기도할 수 있도록 돕는다. 기도하는 사람이라면 누구라도, 한 번만 아니라 두고두고 읽어야 할 책이다.

_문은미 한국대학생선교회(CCC) 교재개발팀 간사, 에스라성경대학원대학교 겸임교수

그리스도께서 우리를 위해 행하시는 일이 복음이라면, 주기도문은 그 자체가 영광스런 복음이다. 주기도문은 주께서 가르치신 기도이고, 주님의 사역으로 가능해진 기도이며, 주께서 우리와 함께 기도하고 계신 기도인 까닭이다. 이 책은 어렵지 않게 술술 읽히면서도, 주기도문의 높이와 깊이와 너비를 활짝 열어 보여 준다. 기도를 배울 수 있는 놀라운 책일 뿐만 아니라 성경의 주요 주제들(교회, 천국, 그리스도인의 정체성과 삶, 고난과 염려의 문제, 그리스도의 사역, 하나님 나라, 섭리와 하나님의 뜻, 회개와 용서, 시험, 고통, 승리와 송영 등등)을 너무나도 잘 설명한다. 왜 제목이 그저 "기도 학교"인가? 이 책은 기독교의 모든 핵심 주제들을 탁월하게 그리스도와 연결시키는 "복음 학교"다. _우병훈 고신대학교 신학과 교의학 교수

예수님의 기도 학교

IVP(InterVarsity Press)는
캠퍼스와 세상 속의 하나님 나라 운동을 지향하는
IVF(InterVarsity Christian Fellowship)의 출판부로
생각하는 그리스도인을 위한 문서 운동을 실천합니다.

예수님의 기도 학교

이정규

주기도로 배우는 자유와 신뢰 그리고 공동체

lvp

차례

들어가는 글
기도의 학생이 학생들에게　　　　9

1부 기도의 근거
1장 하나님, 우리 아버지　　　　18
2장 하늘에 계신 우리 아버지여　　　　36

2부 하늘을 땅에 내리는 기도
3장 이름이 거룩히 여김을 받으소서　　　　56
4장 나라가 임하소서　　　　74
5장 하나님 나라와 염려　　　　90
6장 뜻이 이루어지이다　　　　106
7장 기도의 본질　　　　124

3부 땅이 하늘을 향해 올라가는 기도

8장 일용할 양식을 주옵소서   144

9장 위대한 기도   164

10장 우리 죄를 사하여 주옵소서   182

11장 용서의 기도   200

12장 공동체를 사랑하는 기도   218

13장 우리를 시험에 들게 하지 마소서   234

14장 시험에 함께 맞서는 기도   254

4부 기도의 마침

15장 안식의 기도   274

기도 학교를 위한 가이드   293

감사의 글   327

주   329

일러두기
- 이 책에 실린 기도문들의 저작자와 출처는 주(p.329 이하)에서 찾아보실 수 있습니다. 출처를 밝히지 않은 기도문은 필자가 쓴 것입니다.
- 인용한 성경 말씀의 강조는 모두 필자가 추가한 것입니다. 그 외 인용문의 강조에 대해서는 주 내용을 참고하십시오.

들어가는 글

기도의 학생이 학생들에게

안심하십시오. 저도 당신만큼이나 기도하기 어려워하는 사람입니다. 저 역시 꽤나 기도한 것 같은데 시계를 보니 겨우 5분밖에 안 지난 걸 보고 절망해 본 사람이고, 그게 만성화된 이후에는 절망조차 안 했던 사람입니다. 신앙 안에서의 친구가 제게 기도제목을 물어보기에 그때 즉흥적으로 "이러저러한 문제를 놓고 기도해 줘"라고 말해 본 적이 있고, 한참 후에 그 친구가 "그 문제는 잘 해결되었어?"라고 물으면 제가 낸 기도제목을 잊은 나머지 "무슨 문제?"라고 되묻기도 해 보았지요. 감동적인 설교를 들으면 세상 떠나갈 듯 주여 삼창을 하며 기도를 시작했다가 1-2분도 채 지나지 않아 중언부언, 할 말이 없어 졸기도 했습니다. 어려운 일이 있으면 눈물 콧물 흘리며 원망, 탄식, 소망, 분노, 슬픔 등을 하나님께 쏟아 내다가 그 문제가 해결되면 나는 하나님 없이도 늘 행복하게 살 수 있는 것처럼 기도 안 하고 살아 보기도 했지요.

그러한 의미에서 이 책은 최소한 "평상시에 꾸준히 기도하지 않다니! 네 죄를 네가 알렷다!" 류의 책은 아닙니다. 우리에게는 그러한 책이 절대적으로 필요하지만, 최소한 이 책은 아닙니다. 저는 그런 말을 할 자격이 없는 사람입니다. 20세기 영국의 탁월한 설교자인 마틴 로이드 존스가 기도를 가리켜 "제가 감히 다룰 자격이 없는 문제, 그래서 자신 없이 자꾸 주저하게 되는 문제"라고 말하는 동시에 그래서 "기도에 관한 책은 물론이요 소책자조차 따로 쓸 생각을 해 본 적이 없습니다"라고 했을 때 얼마나 안심했던지요.[1] 그래 놓고 제가 감히(!) 기도에 관한 책을 써서 내놓고 있습니다. 그러니 안심하십시오. 당신은 기도의 우등생이 쓴 책을 집어 든 것이 아닙니다. 이제 기도에 좀 재미를 붙여 열등생을 탈출하고 싶어 하는 학생이 쓴 책을 집어 든 셈이지요.

그렇다면 왜 저는 학생인 주제에 감히 선생처럼 가르치는 책을 내려 했을까요? C. S. 루이스는 영문학자인 자신이 시편에 대한 책을 감히(!) 낸 이유에 대해 "공부를 하다가 의문점이 생겼을 경우, 선생님께 그 문제를 여쭈어 보기보다는 옆에 있는 친구에게 물어볼 때 더 잘 해결되는 경우가 자주 있"기 때문이라고 답한 적이 있습니다.[2] 제가 이 책을 쓴 이유도 같습니다. 연애 문제에 관해서라면 결혼 30년차 부부보다는 연애 딱 한 번 해 보고 헤어짐을 경험한 사람이 모태 솔로에게 실질적인 조언을 줄 수도 있는 법이니까요. 실제로 이 책의 내용을 미리 설교로 들었던 분들 중 많은 분들이, 이 책의 내용이 도움이 되었다며 제게 용기를 주었습니다. 이쯤에서 제가 이 책의 토대가 된 주기도문 강해 설교를 한 사정을 말씀드릴 필요가 있겠군요.

대규모 집단감염이 우리나라를 처음으로 강타했던 2020년 2월. 저는 두려움과 갈등에 휩싸여 있었습니다. 대규모 감염 뉴스를 들은 날은 우리 교회의 청년부 수련회를 출발하기 전날이었고, 저는 이 수련회를 취소할지 말지를 결정해야 했습니다. 그 전에도 코로나19 관련 뉴스들이 솔솔 새어 나와 수련회 취소에 대한 말들은 있었지만, 열심히 준비한 청년들이 낙심할 것이 염려되어 그냥 조심하면서 진행하면 된다고 생각했었지요. 하지만 대구에서 대규모 감염이 일어난 후에는 공포가 극대화되었습니다. 서둘러 교역자들이 모여 회의를 열었고, 그날로 수련회 취소를 결정했습니다. 이후 우리 교회는 8주 동안 대면하여 예배하지 못했고, 전 교인이 다 모여 예배한 일은 이 책을 탈고하는 지금까지 한 번도 없었지요.

저는 너무나도 두려웠습니다. 당시 많은 그리스도인 선생들과 목회자들은 공예배의 회집 방법, 교회의 대사회적 사명 등을 인터넷상에서 논의하고 있었고, 여러 글들이 쏟아져 나오기도 했습니다. 그런데 저로서는 이 모든 논의들이 그다지 실질적으로 느껴지지 않았습니다. 제 머릿속은 그저 '힘들게 노력해서 여기까지 왔는데 전염병 때문에 교회가 망해 버리면 어쩌나!' 하는 걱정으로 가득 차 있었습니다. 당시가 교회를 개척한 지 9년이 되어 가는 상황이었거든요. 특히 젊은이들이 많은 우리 교회 교우들이 신앙을 떠나지는 않을지, 과연 공예배가 회복

되기는 할지에 대해서도 참 두려웠습니다.

  사실 이 모든 염려 뒤편에는 제 교만이 있었습니다. 입으로는 아니라 하겠지만, 깊은 속마음으로는 시광교회를 '내가 개척한 내 소유'라고 생각했던 것 같습니다. 사실 이 교회의 주인이 우리 주님이시고, 따라서 주께서 우리 교회를 돌보시고 인도하실 것을 완전히 믿지는 않았던 것이지요. 어쨌든 저는 두려웠고 염려했기 때문에, 제가 붙잡을 것은 하나님의 선한 섭리와 통치밖에 없었습니다. 그래서 섭리와 연관한 몇 편의 시리즈 설교를 마친 후에는, 본격적으로 하나님께 기도해야겠다는 생각이 가득 차올랐습니다. 기도의 열등생이었던 저는, 당장 시험이 닥치니 벼락치기 하듯 기도에 임하기 시작했지요.

  기도를 잘하는 건 아니었지만 배운 것은 있어서, 기도할 때는 주기도문의 순서와 내용을 따라 기도하면 된다는 사실이 떠올랐습니다. 그래서 닥쳐온 어려움 앞에, 특히 급작스럽게 경제적으로 어려워진 성도들의 이야기를 들으며 주기도문을 사용하여 기도했습니다. "오늘 우리에게 일용할 양식을 주시옵고" 부분을 묵상하며 기도할 때는 더 부르짖게 되고 간절해지더군요. 코로나19 때문에 직장을 잃고 생계를 위협받는 성도들을 돌보아 달라고 구하기도 하고, 그들의 처지를 생각하며 하나님께 서운함을 토로하기도 했습니다.

  그렇게 감정을 토로하는 동안, 주께서 제 마음의 교만을 깨닫게 해 주셨고, 우리를 붙잡아 주고 계시다는 확신과 위안도 주셨습니다. 그때 누렸던 위안과 사랑이 크기에, 제가 섬기는 시광교회의 성도들에게 전달하고 싶었습니다. 그래서 말씀을 통해 기도할 수 있도록 돕고, 고통스러운 시기에 신실하게 인내하며 하나님을 바라도록 하고 싶었습니다. 즉시 주기도문의 시리즈 설교를 준비해서 한 어구씩 자세히 살펴보았고, 저 역시 그 기도의 방식을 따라 신실하게 기도하려 했지요. 감사하게도 여러 성도들이 더 나은 방식으로 깊이 기도할 수 있게 되었고, 더 중요하게는 하나님에 대한 오해를 풀고 사랑하게 되었다고 제게 이야기해 주었습니다. 어쨌든 학생이 학생들에게 도움을 준 셈이지요.

이 책의 특징

그런 의미에서 이 책의 가장 중요한 특징은 바로 기도를 배우기 위한 책이라는 점입니다. 우리는 주기도문을 사용하여 많은 것을 배울 수 있습니다. 기도의 내용은 소망이기 때문에, 신자가 마땅히 소망해야 하는 것이 무엇인지, 더 나아가 신자의 세계관이 무엇인지를 배울 수 있지요.[3] 또한 주기도문이 말하는 기도와 우리가 마땅히 살아야 하는 삶이 무엇인지를 배울 수도 있습니다.[4] 이 모든 내용들이 중요하고, 이 진리를 다룬 책들을 통해 배워 가야 마땅합니다. 하지만 이 책은 그저 당신이 기도할 수 있도록 돕는 데 모든 힘을 다하는 책입니다. 당신은 이 책에서 주기도문 각 어구의 내용과 의미를 볼 것이고, 그 의미를 응용하여 어떻게 기도할 수 있는지를 보게 될 것입니다.

둘째 특징은, 이 책이 교회 공동체의 기도를 돕는 훈련 프로그램으로 기획되었다는 것입니다. 실제로 독자들이 기도를 하는 데 도움을 얻을 수 있도록 다양한 기도문과 기도 학교 프로그램을 실었습니다. 책 말미에 수록된 "기도 학교를 위한 가이드"를 잘 활용하시기를 바랍니다. 저는 주기도문을 해설하면서, 각 어구의 내용과 어우러지는 좋은 기도문이 많다는 것을 발견하고 인용했습니다. 독자들은 이 기도문들을 응용하여 기도하거나, 읊조리며 기도할 수 있을 것입니다. 또한 지역 교회가 성도들의 기도를 격려하는 도구로 이 책을 활용한다면 매우 기쁜 일이 될 것입니다.

셋째이자 가장 중요한 특징은, 이 책의 모든 장이 복음으로 마무리된다는 점입니다. 저는 모든 설교가 명령과 충고뿐 아니라 복음을 담아야 한다고 확신합니다. 즉 우리가 해야 하는 일뿐 아니라 하나님께서 우리를 위해 하신, 그리고 하시는 일을 들을 필요가 있다는 것이지요. 모든 장에서, 독자는 기도의 방법과 기도문들을 보며 어떻게 기도해야 하는지를 배울 것입니다. 또한 기도할 때 짓는 죄를 보며 어떤 마음을 가져서는 안 되는지도 배울 것입니다. 그리고 무엇보다, 바르게 기도할 수 있도록 우리에게 힘과 능력을 주는 복음과 복음의 주인이신 그리스도를 볼 것입니다.[5]

예수 그리스도는 기도를 받으시는 분이지만, 또한 그 스스로 기도하시는 분입니다. 이는 참으로 놀라운 사실입니다. 그분은 하나님이신 동시에 사람으로서, 우리와 똑같이 기도하셨습니다. 그분은 힘쓰고 애써 간절히 기도하셨고, 눈을 들어 기도하셨으며, 부르짖어 통곡하셨습니다. 기도를 들으시는 하나님께 감사하기도 하셨고, 기도의 응답을 받지 못하고 거절당하기도 하셨지요. 겟세마네에서 말입니다. 그리고 이 모든 것은 다 우리를 위한 것이었습니다. 이렇게 그리스도께서 우리를 위해 하신 일을 볼 때, 당신은 더 깊이 기도를 누릴 수 있습니다.

마르틴 루터는 주기도문을 뜻 모른 채 암송만 하고 중언부언하는 사람들의 모습을 보며 "주기도는 이 지상에서 가장 많이 순교를 당하"고 있다고 유머러스하게 (그러나 섬뜩하게) 한탄했습니다.[6] 주기도문을 수없이 죽여 본 살인자였던 우리가, 주기도문이 주는 생명을 풍성하게 누렸으면 좋겠습니다. 저 역시 그 살인자였던 탓에, 이 책을 내놓는 데 좀더 특별한 용기가(또는 뻔뻔함이) 필요한 것 같습니다. 제 마음속에는 여전히 "네가 기도에 관한 책을 내놓는다고? 이 위선자야!" 하는 소리가 들리지만, 기도를 명하실 뿐 아니라 기도를 불어넣으시는 하나님의 은혜가 저와 독자분들께 있기를 바랄 뿐입니다.

서론이 길었습니다. 삶의 여러 국면 가운데서 기도로 하나님과 동행하고자 하는 당신에게, 주께서 가르쳐 주신 기도 이야기를 시작해 보겠습니다.

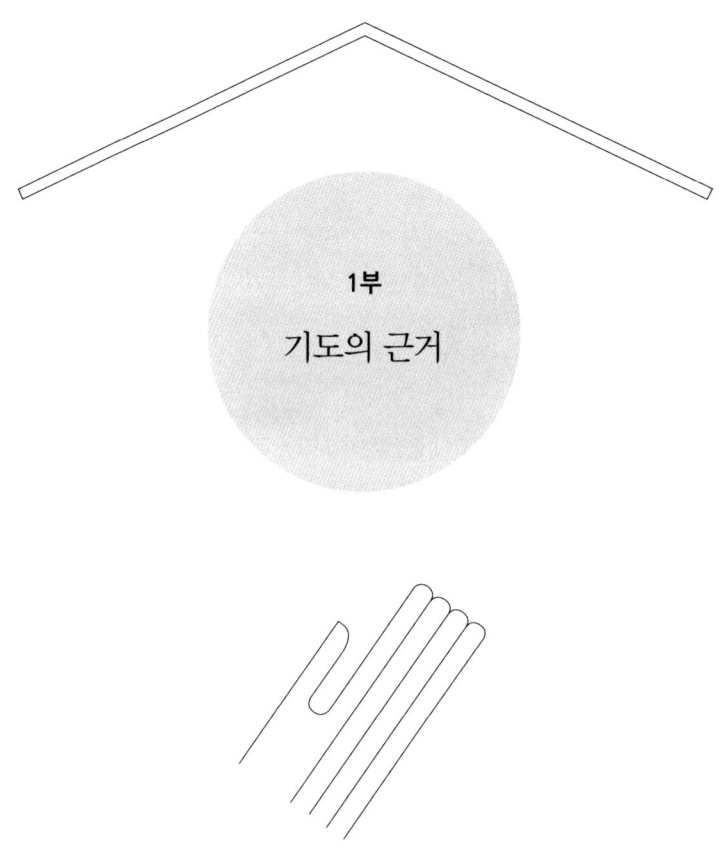

1부
기도의 근거

혹시 기도에 응답하지 않는 하나님을 향해 분노한 적이 있나요? 그렇다면 당신은 기도의 근거에 대해 오해를 품고 있을지도 모릅니다. "하늘에 계신 우리 아버지여"라고 하나님을 부르는 문구 안에는, 우리가 하나님께 기도할 수 있는 진정한 근거가 담겨 있습니다.

1장

하나님, 우리 아버지

마 6:7 또 기도할 때에 이방인과 같이 중언부언하지 말라. 그들은 말을 많이 하여야 들으실 줄 생각하느니라. 8그러므로 그들을 본받지 말라. 구하기 전에 너희에게 있어야 할 것을 하나님 너희 아버지께서 아시느니라. 9그러므로 너희는 이렇게 기도하라. "하늘에 계신 우리 아버지여. 이름이 거룩히 여김을 받으시오며 10나라가 임하시오며 뜻이 하늘에서 이루어진 것같이 땅에서도 이루어지이다. 11오늘 우리에게 일용할 양식을 주시옵고 12우리가 우리에게 죄 지은 자를 사하여 준 것같이 우리 죄를 사하여 주시옵고 13우리를 시험에 들게 하지 마시옵고 다만 악에서 구하시옵소서. 나라와 권세와 영광이 아버지께 영원히 있사옵나이다. 아멘."

"참호에는 무신론자가 없다"라는 영미권의 경구가 있습니다.[1] 전쟁과 같은 극한 상황, 생사를 오가는 시기에는 어떤 인간이든 죽음 이후에 대해 생각하며 신을 찾고 기도하게 된다는 뜻이지요. 사실 상당수의 무신론자들은 이러한 말을 불쾌하게 생각합니다. 저명한 생물학자이자 무신론자인 리처드 도킨스는 "감옥에도 무신론자가 거의 없지 않을까 추측한다"며 비꼬기도 했지요.[2] 그럼에도 많은 사람이 "참호에는 무신론자가 없다"는 말에 공감합니다. 갑자기 불행이 닥쳐오거나 무엇을 해야 할지 모르겠을 때 나직한 소리로 기도한 경험은 많은 사람에게 공통적이니까요. 그래서 스위스의 신학자 칼 바르트는 인간이 "하나님을 향한 불치의 향수병"을 가졌다고 말해 줍니다.[3]

즉 인간에게 기도는 일종의 본능이라고 말해도 무방할 것입니다. 그렇기에 많은 사람이 기도를 배워야 할 것으로는 생각하지 않는 듯합니다. 그저 "기도라는 것은 자연스럽게 하나님께 하고 싶은 이야기를 하면 되는 것 아닌가? 왜 그걸 배워야 하지?"라고 생각하는 것이지요. 하지만 예수님은 우리에게 기도를 가르치십니다. 이는 우리가 종종 잘못된 방식으로 기도하기 때문입니다. 사실 연인이나 친구 사이에서도 무언가를 요구할 때는 해야 할 말이 있고 하면 안 될 말이 있듯이(연인에게 "돈 줄 테니 나와 데이트해 줘"라고 말한다면 이는 상대를 모욕하는 것입니다!), 당연히 하나님께 구할 때도 잘못된 방식이 있고 옳은 방식이 있습니다. 예수님은 옳은 기도를 가르치시기에 앞서, 본문 7절에서 잘못된 기도에 대해 가르치십니다.

중언부언하지 말라

"또 기도할 때에 이방인과 같이 중언부언하지 말라." 여기서 '중언부언'한다는 것(헬라어로는 '바톨로게오'βαττολογέω)이 무슨 의미일까요? 이는 무의미한 말을 계속 늘어놓는다는 말인데, 영어의 '블라블라'(blah blah)와 같은 의성어라고 볼 수 있습니다.[4] 무언가 말로 표현하긴 하지만 감정과 의미가 전혀 들어 있지 않은 말인 것이지요. 죄를 용서해 달라고 말은 하지만 통회하거나 슬퍼하거나 용서받고자 하는 마음은 없는 회개나, 가사를 힘 있게 부르긴 하지만 음률과 분위기에만 취해 있는 찬양, 무엇을 달라고 구하긴 하지만 사실 받을 것에 대한 소망과 기대는 거의 없는 간구처럼요.

그런 의미에서 '중언부언'이라는 말은 요즘 우리가 쓰는 말 중 '영혼이 없다'는 말과 의미가 가까운 것 같습니다. 새로 머리를 해서 이성 친구에게 자랑하고 싶습니다. "나 어때?"라고 물

있는데 "어, 예쁘네"라고 건성으로 대답한다면 보통 뭐라고 반응할까요? "영혼이 없는 대답이네"라고 말하지 않나요? 이처럼, 중언부언하는 기도란 영혼 없는 기도, 마음을 싣지 않는 기도를 가리키는 것입니다. 돌아보면 우리는 이러한 기도를 반복하는 경우가 많습니다.

저 자신만 되돌아보아도 이런 일이 흔히 있었습니다. 한번은 제가 섬기는 어떤 청년을 위해 그를 구원해 달라고 기도한 적이 있습니다. "하나님, ○○이를 구원하여 주세요"라는 기도를 하다가, 졸리기도 하고 잡생각이 들기도 해서 잠깐 정신을 놓고 있었습니다. 다시 정신을 차려 보니 제가 "하나님, 예수님을 구원하여 주세요"라고 반복해서 기도하고 있지 뭡니까!

우리도 이러한 경험이 많이 있지 않습니까? 기도를 하려고 마음을 먹고 자리를 잡습니다. 홀로 조용한 공간을 마련해서 불도 끄고 은은한 음악도 틀어 놓았습니다. 그리고 기도를 하려고 하는데 집에 놔두고 온 물건이 생각나기도 하고, 갑자기 해야 할 일이 생각나기도 하고, 염려도 들고, 별의별 이상한 생각을 다 하다 보면 갑자기 "참, 나 기도하던 중이었지!" 하는 생각마저 드는 것이죠.

그러한 의미에서, 기도는 심지어 설교보다 어렵습니다. 이 글을 읽으시는 분들은 아마 놀라실지도 모르겠습니다. '설교를 잘하기 위해서는 여러 지식들도 필요하고, 언변도 필요하잖아! 설교가 훨씬 더 어렵지' 하고 생각하실 수 있지요. 하지만 기도가 설교보다 어렵다는 것은 정말 많은 설교자들이 고백한 내용입니다.[5] 저 역시 종종 설교 중간에 횡설수설하거나, 청중이 이해하기 어려운 설교를 한 적이 있습니다. 하지만 설교 도중에 "아 잠깐, 나 지금 설교 중이었지. 가만히 보니 성도들이 앉아 있네?"라고 말한 적은 없습니다. 하지만 기도할 때는 "잠깐, 나 지금 기도 중이었지" 하며 정신을 차린 적이 얼마나 많은지 모릅니다. 중언부언하는 것이지요.

말을 많이 하여야 들으시는 것이 아니다

그래서 예수님은 올바른 기도의 자세를 가르쳐 주십니다. 7절 하반절과 8절을 읽어 보지요.

> 그들은 말을 많이 하여야 들으실 줄 생각하느니라. 그러므로 그들을 본받지 말라. 구하기 전에 너희에게 있어야 할 것을 하나님 너희 아버지께서 아시느니라. (마 6:7b-8)

먼저 "말을 많이 하여야 들으실 줄 생각하느니라"라는 말부터 생각해 봅시다. 무슨 의미일까요? 기도를 짧게 하라는 걸까요? 기도할 때 말을 많이 하지 말고 단순명료하고 짧게 기도하고 마쳐라, 이런 얘기일까요? 그렇지 않습니다. 예수님은 밤새도록 기도한 적도 많으시고(마 14:23-25), 같은 말씀으로 여러 번

반복하여 기도한 적도 있으시지요(마 26:44). '말을 많이 하여야 들으실 줄 생각'한다는 것은 기도를 더 많이, 정성스럽게, 공로를 다하여 오랫동안 해야 들으실 거라고 생각하는 것입니다. 예를 들어 신앙인들은 하나님과의 관계에 대해 질문을 받으면 흔히 "제가 요즘 기도가 부족해서…"라는 식으로 대답합니다. 물론 이 말이 틀린 것은 아닙니다. 규칙적이고도 깊은 기도는 하나님과의 관계를 깊게 하지요.

하지만 이러한 대답 뒤에는 잘못된 신학이 숨어 있을 수도 있습니다. 우리의 공로로 하나님과의 관계가 성립된다는 생각 말이지요. 예수 그리스도를 믿고 받아들인 사람들 중 어느 누구도 먼저 하나님을 찾아서 구원받지 않았습니다. 오히려 하나님이 먼저 찾으셨지요. 우리는 종종 하나님이 우리 기도를 응답해 주시지 않는다고 불평하지만, 생각해 보면 우리가 가진 것 중 대부분은 우리가 구하지 않았는데도 하나님이 주신 것들입니다. 기도는 하나님의 공급과 은혜를 누리는 통로이긴 하지만, 근거나 공로가 아닙니다. "너희는 그 은혜에 의하여 믿음으로 말미암아 구원을 받았으니 이것은 너희에게서 난 것이 아니요 하나님의 선물이라"(엡 2:8).

그렇다면 기도의 근거는 무엇일까요? 우리는 무언가 요청할 때 관계의 근거가 없이는 요청할 수 없다는 것을 알고 있습니다. 예를 들면 당신은 지하철역에서 처음 보는 사람에게 "3번 출구로 가려면 어디로 가야 하지요?"라고 물어보며 대답을 요청할 수는 있습니다. 여기서 관계의 근거는 무엇일까요? 그저 같은 대한민국의 시민이고, 인간으로서 기본적 예의를 기대하는 것이겠지요. 하지만 여기서 "오, 3번 출구가 저기군요. 그러면 이 가방을 좀 들어 주시고 저와 동행해 주시겠어요?"라고 요청할 수는 없을 것입니다. 상대방이 먼저 "가방을 들어 드릴까요?"라고 말한다면 모를까(사실 이것도 좀 부담스러울 수 있지요), 내가 요청할 수는 없습니다. 그럴 만한 어떤 관계의 근거도 없기 때문입니다.

하지만 오랜만에 만난 친한 친구라면요? 당연히 가능할 겁니다. 심지어 애인이라면요? 알아서 먼저 가방을 들어 주겠지요. 관계의 근거가 있기 때문에 더 큰 요청을 할 수 있습니다. 부부나 가족은 서로를 완전히 내어 주기를 요구합니다. 가장 깊은 관계의 근거를 가지고 있기 때문입니다. 반면, 웬만하면 어떤 집주인도 세입자와 친밀한 관계를 맺고 싶어 하지 않습니다. 사장과 직원 역시 그렇습니다. 비즈니스적 거래 관계에서 인간적인 정이 끼어들면 복잡해지기 때문입니다. 그저 법과 절차에 따라 서로가 가지고 있는 것을 주고받으면 그만인 것이지요. 그럴 때 관계가 가장 깔끔하고 편해집니다.

하나님이 "말을 많이 하여야 들으실 줄 생각"하는 것은 기도를 비즈니스적 거래 관계로 생각하는 것입니다. 그리고 예수님은 기도를 이렇게 생각하는 것이 잘못이라고 말씀하시는 것이지요. 그래서 예수님은 "구하기 전에 너희에게 있어야 할 것을 하나님 너희 아버지께서 아시느니라"라고 이어 말씀하십니다(8절). 무슨 의미입니까? 예수님은 이렇게 말씀하시는 것입니다. "너희가 기도를 많이 해야, 또는 정성을 쌓아야 하나님이 들어주실 거라고 생각하지 마라. 그분은 너희 아버지시고, 기도는 거래가 아니라 아버지께 부르짖는 요청이다. 하나님은 너희가 구하는 것만 들어주시는 것이 아니고 너희들에게 진짜 무엇이 필요한지 다 아시기 때문에 너희들이 구하는 것 이상으로, 구하지 않은 것까지도 응답해 주신단다."

이 가르침이 주는 자유

우리는 이 가르침을 통해서 큰 해방감과 자유를 맛보게 됩니다. 얼핏 보면 예수님은 잘못된 기도(말을 많이 해야 들으신다고 생각하여 중언부언하는)를 꾸짖으시며 우리를 혼내시는 것 같지만, 사실 기도를 무거운 짐처럼 생각하는 우리에게 커다란 해방의 가르침을 주시는 것입니다. 예수님은 우리에게 기도를 가르치실 때 하나님을 "우리 아버지여"라고 부르라고 말씀하십니다. 하나님을 "우리 왕이시여" 또는 "우리 주님이시여"라고 부르라고 하지 않으십니다. 물론 하나님은 우리 왕이시며 또한 주인이시지만, 예수님은 우리가 하나님께 기도할 때 무엇보다도 그분이 우리의 가족이며 아버지이심을 떠올리라 하십니다. 이것을 생각할 때, 우리는 두 가지 확신을 갖게 됩니다.

첫째, 우리는 우리가 구하지 않은 것까지 응답받을 수 있음을 확신하게 됩니다. 우리는 돈이 없을 때 돈을 구하거나, 환경이 어려울 때 환경을 바꾸어 달라고 간구할 수 있습니다. 만일 기도가 비즈니스적 거래이며, 하나님이 우리가 올린 기도에 대해 그저 자판기처럼 원하는 것을 주시는 분이라면, 아마 돈을 주시거나 환경을 바꾸어 주시겠지요. 또는 "네 기도가 부족하다. 기도 코인을 더 넣으렴. 헌금도 좀 넣고"라며 거절하실 것입니다. 하지만 하나님은 우리 아버지시며, 그래서 완전히 다르게 응답하십니다. 물론 그분은 돈을 주실 수도, 환경을 바꾸실 수도 있습니다. 하지만 하나님이 보시기에 우리에게 진정 필요한 것은 돈이나 좋은 환경이 아닌 **인내**일지도 모릅니다.

그런데 문제는 우리가 인내를 잘 구하지 않는다는 겁니다. 최근 기도제목에 "인내를 주세요"라고 올린 분이 계신가요? 없지는 않겠지만, 거의 없을 겁니다. 하지만 하나님 보시기에는 우리에게 무엇보다 인내가 필요할 수 있습니다. 그렇다면 우리가 구하지는 않았지만 인내를 주시기 위해 침묵하실 수 있습니다. 우리가 보기에는 그분이 우리 기도를 거절하는 것처럼 보이겠지만, 사실 그분은 설교자나 경건 서적 등을 사용하셔서 우리의 인내를 격려하고 우리를 훈련시키는 중이십니다. 물론 우리 입장에서는 '돈 달라는 기도는 전혀 들어주시지 않고, 맨날 목사님은 인내하라는 설교만 하는군' 하는 생각이 들 수 있지요. 하지만 하나님은 우리에게 정말 필요하지만 우리가 절대 구하지 않는 것을 주시기 위해 일하고 계십니다. 그분이 우리의 아버지이시기 때문입니다.

둘째, 우리는 조건 없이 응답받을 것을 확신할 수 있습니다. 보통 비즈니스 거래에서는 교환하는 재화의 가치가 동등해야 합니다. 누구도 종이학과 최신 태블릿 PC를 바꾸지는 않습니다. 하지만 가족 관계에서는 다르지요. 제 둘째 딸은 종종 창작 활동(?)을 합니다. 종이학을 접거나, 삐뚤빼뚤한 그림을 그려서 제게 주면서 이렇게 말합니다. "아빠, 가보(家寶)로 보관해!"(대체 이 녀석은 가보라는 말을 어디서 들은 걸까요?) 저는 그 작고 삐뚤빼뚤한 작품을 가보로 보관하면서 그 아이에게 무엇을 줘야 할까요? 저는 아이의 인생을 책임져야 합니다.

생각해 보십시오. 우리는 종종 거대한 것을 구할 때는 더 많이 기도하고 오랫동안 기도하며 더 가혹한 방식으로(예를 들자면 금식을 하면서) 기도해야 한다고 생각하기 쉽습니다. 소위 '정성을 들인 기도를 해야' 응답받는다고 생각하는 것이지요. 이러한 생각이 바로 7절에서 말하는 "말을 많이 하여야 들으실 줄 생각"하는 것입니다. 물론 기도를 많이 하고 오래 하며 간절히 하면 좋겠지만, 우리는 "아버지, 지금 저는 정말 기도할 힘도 없어요. 기도를 하려 해도 한숨밖에 나오지 않아요. 그런데도 제 마음의 소원을 들어주세요"라고 간구할 수 있습니다. 그리고 그러한 기도 역시 하나님이 받으십니다.

하나님이 어떻게 우리의 아버지이신가

하지만 우리가 반드시 짚고 넘어가야 하는 것이 있습니다. 이러한 특권은 아무에게나 주어지는 것이 아니라는 사실이지요. 예를 들어, 제가 길거리를 걷는데 처음 보는 아이가 제게 와서 "아빠, 나를 키워 주시고 교육도 시켜 주시고 삶을 책임져 주세요!"라고 요청한다면 저는 (대단히 당황하면서) 곤란하다고 말할 것입니다. 그러자 그 아이가 제게 "그러면 어떤 조건을 만족시켜야 하죠?"라고 묻는다면 어떨까요? 그러면 저는 이렇게 말할 것입니다. "뭘 만족시키다니…. 너는 나한테서 태어나지 않았잖아!"

그리스도인들은 기도할 때 습관적으로 하나님을 아버지라 부릅니다. 그게 당연한 것인 양 말이지요. 그런데 다른 종교에서는 그게 당연하지 않습니다. 저는 대학에서 이란어를 전공했습니다(독특한 전공이죠?). 그래서 학부 시절에 종종 이슬람교도들을 만나 대화할 기회가 있었지요. 그들과 종교에 대해 심도 있는 토론을 하진 않았지만(그리고 제겐 할 능력도 없었지만), 제가 도서관에서 성경을 펼쳐 놓고 읽는 모습을 본 그들은 제게 기독교에 대해 이런저런 질문들을 했습니다. 그러다가 제가 하나님을 내 아버지로 믿는 것이 참 좋다는 식의 이야기를 했더랬지요. 그러자 상대방은 대단히 놀라며 제게 물었습니다.

"네가? 네가 정말 신의 아들이라고?"

"응…. 왜?"

"정말?"

"응. 그런데…. 그게 뭐가 잘못되었나?"

"세상에, 그러면 너는 왜 이렇게 비루하게 살고 있는 거야?"

그는 아무나 신의 자녀가 된다는 것에 대해 대단히 황당하다는 반응을 보였습니다. 아무나 함부로 자신을 신의 자녀로 사칭하는 것처럼 보였을 테니까요. 그가 생각할 때 '신의 아들' 정도의 호칭을 쓰려면 왕이나 최소 귀족 정도는 되어야 했던 겁니다. 사실 저도 그의 반응에 약간 충격을 받았습니다. 저 역시, 제가 하나님의 자녀가 되었다는 사실을 아주 가볍게 여기고 있었음을 깨달았지요. 어쨌든 이 친구처럼 1세기의 유대인들도 비슷한 생각을 했습니다. 예수님이 유대인들을 향해 "내 아버지께서 이제까지 일하시니 나도 일한다"(요 5:17)고 말씀하시자, 유대인들은 다음과 같이 반응했습니다.

> 유대인들이 이로 말미암아 더욱 예수를 죽이고자 하니 이는 안식일을 범할 뿐만 아니라 하나님을 자기의 친아버지라 하여 자기를 하나님과 동등으로 삼으심이러라. (요 5:18)

만일 예수님이 진짜 하나님의 아들이 아니시라면, 정말 하나님과 동등한 분이 아니시라면 예수님의 말은 당대에 신성모독 죄로 처벌되기에 충분했습니다.[6] 물론 예수님은 스스로가 그렇게 주장하시듯 하나님의 아들이며, 그분과 동등한 분이시지요.

그분은 하나님의 아들이시기에, 당당히 하나님의 아들이라 주장하실 수 있었습니다. 하지만 우리는 어떻게 하나님의 자녀라 주장할 수 있습니까? 아니, 질문을 바꾸어 보지요. 왜 예수님은 우리에게 담대하게 하나님을 "아버지여!"라고 부르라고 말씀하실 수 있습니까?

> 때가 차매 하나님이 그 아들을 보내사 여자에게서 나게 하시고 율법 아래에 나게 하신 것은 율법 아래에 있는 자들을 속량하시고 우리로 아들의 명분을 얻게 하려 하심이라. (갈 4:4-5)

그분이, 율법의 주인이자 창시자이신 그분이 우리와 꼭 같은 모습으로 율법 아래 태어나셨습니다. 율법을 지켜야 하는 분으로요. 그리고 그분이 우리가 마땅히 죽어야 하는 죽음을 대신 죽으시고, 우리가 마땅히 살아야 하는 삶을 대신 사셨지요.[7] 우리에게 아버지라 부를 수 있는 특권을 주시기 위해, 그분은 무엇을 하셨습니까? 십자가에서 그분이 하신 말씀을 묵상해 보면 알 수 있습니다.

> 제구시쯤에 예수께서 크게 소리 질러 이르시되 "엘리 엘리 라마 사박다니" 하시니 이는 곧 "나의 하나님, 나의 하나님, 어찌하여 나를 버리셨나이까" 하는 뜻이라. (마 27:46)

이 부분은 복음서에서 예수님이 성부 하나님을 친밀한 호칭인 '아버지'라고 부르지 않으시고 공식적이고 거리감 있는 표현인 '하나님'이라는 단어를 사용하신 유일한 부분입니다.[8] 왜 그랬을까요? 우리가 하나님을 아버지라 부르도록 하시기 위해, 그분이 하나님을 아버지라 부르지 못하신 것입니다. 우리가 하나님께 조건 없이 사랑받게 하시기 위해, 그분이 율법의 조건을 다 만족시키셨는데도 버림을 받으셨기 때문입니다. 예수님은 여전히 아버지를 사랑하고 계십니다. 여전히 아버지께 순종하고 계십니다. 그러나 "아버지"라고 부르지는 못하십니다. 성부께서 더 이상 보호자가 아니시기 때문입니다. 성부께서는 보통의 아버지가 절대로 하지 않는 일을 하고 계십니다. 바로 예수 그리스도를 유기하고 계십니다. 왜요? 성부가 나쁜 분이시기 때문인가요?

예수님께서 우리가 받아 마땅한 것을 받고 계시기 때문입니다. 우리가 하나님의 가족으로 받아들여질 수 있도록 그분께서 쫓겨나셨습니다. 우리가 빚졌고 우리가 마땅히 치러야 할 값을 그분이 치르셨습니다. 자격 없는 우리가 아들과 딸이 될 수 있도록 예수 그리스도께서는 마땅히 누려야 할 아들의 권리를 내려놓으셨습니다. 쫓겨나셨습니다. 우리를 받아들이시려고 최종적인 값을 다 치르셨습니다.

그렇다면 어떻게 기도할 것인가

그러므로 첫째, 예수님의 이름으로 기도하십시오. 그런데 '예수님의 이름으로 기도한다'는 말이 무엇일까요? 우리는 아주 습관적으로 이 말을 합니다. 마치 그저 기도가 끝난 걸 표시하는 신호처럼 마지막에 아무 생각 없이 덧붙입니다. 그러나 그렇지 않습니다. 예를 들어 보지요. 제가 혼자 미국 백악관에 갔다고 합시다. 그래서 "미국 대통령을 만나고 싶어요. 나를 만나 주세요"라고 말한다고 합시다. 만날 수 있을까요? 절대 못 만날 것입니다. 당연히 거절당하겠지요. 하지만 제가 우리나라 대통령의 친서를 가지고 백악관에 갔다고 합시다. 그리고 말합니다. "저는 대한민국 대통령의 친서를 전달하러 온 사람입니다. 귀국의 대통령을 만나서 전달하고 싶습니다." 그러면 저는 미국 대통령을 만날 수 있을 것입니다. 왜 그럴까요?

저는 제 이름, 이정규의 이름으로 가는 것이 아니고, 대한민국 대통령의 이름으로 갔기 때문입니다. 미국 대통령은 저를 거절하지 않을 것입니다. 저를 거절하는 것은 대한민국 대통령의 방문을 거절하는 것과 같기 때문입니다. 마찬가지입니다. 우리가 우리의 공로와 성취로 하나님께 응답받으려 한다면, 그것은 '기도를 많이 하여야 들으실 줄 생각'하는 방식일 뿐 아니라 우리의 이름으로 하나님께 나아가는 것입니다. 하지만 우리가 예수 그리스도께서 하신 일과 성취를 근거로 하나님께 나아간다면, 우리는 예수님의 이름으로 하나님께 가는 셈입니다. 심지어 기도를 마칠 때 "예수님의 이름으로 기도합니다"라는 말을 하지 않더라도요.

그때, 하나님은 우리의 기도를 **거절하실 수 없습니다.**[9] 저는 "거절하지 않으십니다"라고 말하는 게 아닙니다. 거절하실 수 없다고 말했습니다. 왜요? 우리는 그분의 영원한 아들의 자격으로 나아가는 것이기 때문입니다. 그분은 우리의 못나고 문제 있는 기도를, 마치 예수님의 기도처럼 여기고 받아 주십니다. 그러니 당신의 공로가 아닌, 그리스도의 공로를 의지하십시오. 어떻게요? 예를 들어 보겠습니다. 팀 켈러의 『기도』라는 책에 나오는 이야기입니다.[10]

R. A. 토레이는 미국의 탁월한 설교자요 신학자였습니다. 그는 어느 날 호주의 한 교회에서 말씀을 전하기로 되어 있었지요. 강단에 올라가 설교를 하기 바로 전, 누가 보냈는지 알 수 없는 쪽지를 하나 받았습니다. 거기에는 이러한 내용이 있었습니다.

존경하는 토레이 목사님, 틀림없이 하나님의 뜻이라고 믿는 제목을 두고 오랫동안 기도해 왔지만, 답을 얻지 못했습니다. 지난 30년 동안 장로교회에 다니면서 기복 없는 신앙생활을 하려고 꾸준히 노력했습니다. 25년째 주일학교 교장을 맡고 있고 장로가 된 지도 20년이 넘었습니다. 그런데도 하나님은 제 기도를 들어주시지 않습니다. 납득이 가지 않습니다. 어찌 된 셈인지 설명해 주시면 좋겠습니다.

이 내용에 대해 그는 강단에서 이렇게 말했습니다.

이분은 30년 동안 성실한 교인으로 살아왔고, 25년씩이나 주일학교 교장으로 성실하게 섬겼으며, 20년간 장로로 일했습니다. 하나님은 마땅히 그의 기도에 응답하셔야 한다고 생각하고 있습니다. 그러나 사실 자신의 이름으로 기도하고 있는 셈입니다.…우리가 하나님께 무언가를 요구할 권리가 있다는 발상을 버려야 합니다.…그러나 예수 그리스도에게는 엄청난 권한이 있습니다. 크리스천은 자신의 선한 행실에 기댈 게 아니라 주님의 청구권에 의지해 기도하며 하나님께 나가야 합니다.

맞습니다. 우리는 이방인처럼 기도하지 않습니다. 우리가 기도를 많이 해야, 교회에서 많이 봉사해야, 장로이거나 권사이거나 집사여야 하나님께 받아들여진다고 믿지 않습니다. 우리를 위한 유일한 중보자는 한 분이십니다. 우리를 위해 하나님께 저주를 받으신 분, 우리가 응답받게 하시기 위해 하나님께 거절당하신 분. 그분을 믿고 신뢰할 때, 우리는 하나님께 받아들여질 수 있습니다. "저는 꽤 괜찮은 삶을 살았으니 제게 이것저것을 주셔야만 합니다"라고 말하지 마십시오. 담대하게 하나님을 "아버지여!"라고 부르며 기도하십시오. 그때 당신은 담대하면서도 겸손한 기도를 할 수 있습니다.

둘째, 나를 사랑하시는 아버지를 누리기 위해, 오늘부터 기도를 시작하십시오. 우리는 예수 그리스도의 공로로 하나님의 자녀 됨을 얻었습니다. 따라서 기도를 많이 한다고 더 하나님의 자녀가 되거나, 안 한다고 덜 하나님의 자녀가 되는 것은 아닙니다. 하지만 우리는 기도를 함으로써 자녀 됨의 특권을 더 누릴 수 있습니다.

17세기 영국 청교도 토머스 굿윈은 이런 얘기를 들려줍니다. 하루는 그가 길을 따라 걷고 있는데 같은 길 위에 한 남자와 그의 어린 아들이 있었습니다. 길을 걷다가, 아버지가 몸을 돌려 어린 아들을 들어 올리더니 "사랑한다"라고 말했습니다. 그 아이는 아버지를 껴안고 "저도 사랑해요"라고 대답했습니다. 아버지는 아들을 땅에 다시 내려놓았고 둘은 계속해서 걸어갔습니다. 토머스 굿윈은 말합니다. "그 아이가 길 위에 있을 때보다 아버지의 품에 안겨 있을 때 법적으로 더 아들이 되나요? 그렇지는 않습니다. 그러나 안겼을 때 자신의 아들 됨을 더욱 느끼고 있었을 겁니다."[11]

매일 기도를 시작합시다. 언제 기도할지, 얼마나 오랫동안 기도할지, 어디서 기도할지 구체적인 장소와 시간을 정하십시오. 그리고 하나님을 아버지라 부르며 아뢰십시오. 그분의 사랑을 더 알아 가게 해 달라고, 그분을 더 깊이 누리게 해 달라고 기도하십시오.

2장

하늘에 계신 우리 아버지여

마 6:9그러므로 너희는 이렇게 기도하라. "하늘에 계신 우리 아버지여. 이름이 거룩히 여김을 받으시오며 10나라가 임하시오며 뜻이 하늘에서 이루어진 것같이 땅에서도 이루어지이다. 11오늘 우리에게 일용할 양식을 주시옵고 12우리가 우리에게 죄 지은 자를 사하여 준 것같이 우리 죄를 사하여 주시옵고 13우리를 시험에 들게 하지 마시옵고 다만 악에서 구하시옵소서. 나라와 권세와 영광이 아버지께 영원히 있사옵나이다. 아멘."

4세기의 교부이자 경건한 목회자였던 아우구스티누스는 이런 말을 남겼습니다. "당신의 욕망이 당신의 기도입니다. 만일 하나님을 향한 당신의 욕망이 지속적이라면 당신의 기도 역시 지속적이 됩니다."[1] 이 말은 우리가 자주, 지속적으로 기도하지 않는 가장 큰 이유가 바로 하나님을 갈망하지 않기 때문임을 말해 줍니다. 저는 이 말을 처음 듣고 두 가지 생각을 했는데, 하나는 마음의 찔림이었습니다. '아, 내가 하나님을 갈망하고 사랑하지 않았구나' 하는 마음 말입니다.

하지만 다른 생각도 들었습니다. '그러면 어쩌란 말인가? 하나님을 갈망하지 않는 내 마음을 어떻게 갈망하는 마음으로 바꿀 수 있단 말인가?' 사실 이 생각은 기도를 하고 싶지만 기도를 하기 싫은 우리 모두의 마음이기도 합니다. 우리는 하나님을 '아버지'라고 부르도록 배웠지만, 기도를 하려 마음을 먹어 봤자 하나님은 아버지가 아니라 상견례 때 만난 시아버지나 장모님처럼 느껴질 뿐입니다. 왜 그럴까요? 갑자기 가족이 되긴 되었는데, 아직 친하지는 않기 때문이지요. 우리는 하나님을 잘 모릅니다. 상견례 때 만난 상대 '가족'들처럼요.

그래서 우리 구주께서는 우리에게 기도를 가르치시면서 가장 먼저 하나님이 어떤 분이신지 가르치십니다. 바로 하나님을 부를 때 "하늘에 계신 우리 아버지여"라고 부르도록 하신 것입니다. 하나님을 부르는 이 짧은 부분은 그냥 가볍게 넘어갈 부분이 아닙니다. 깊이 묵상해 보면 아주 놀라운 말입니다.

하늘에 계신

하나님이 '하늘에 계시다'는 말은 무슨 의미일까요? 이는 하나님이 계시는 공간이 어디인지를 말해 주는 표현이 아닙니다. 왜냐하면 그분은 "하늘과 하늘들의 하늘이라도" 다 담을 수 없을 정도로 크신 분인 데다(왕상 8:27), 안 계신 곳을 찾을 수 없는 무소부재(無所不在)하신 분이기 때문입니다(시 139:7-10). 그렇다면 하나님이 하늘에 계시다는 말은 무슨 의미일까요? 이것은 하나님이 계시는 공간을 말해 주는 표현이 아니라, 하나님의 지위와 위엄을 말해 주는 표현입니다. 다음의 말씀들을 읽어 봅시다.

> **하늘**에 계신 이가 웃으심이여, 주께서 그들을 비웃으시리로다. (시 2:4)

> 오직 우리 하나님은 **하늘**에 계셔서 원하시는 모든 것을 행하셨나이다. (시 115:3)

너는 하나님 앞에서 함부로 입을 열지 말며 급한 마음으로 말을 내지 말라. 하나님은 **하늘**에 계시고 너는 땅에 있음이니라. 그런즉 마땅히 말을 적게 할 것이라. (전 5:2)

이 말씀들 모두에서 '하늘'은 '땅'과 대비되는 개념으로 등장합니다. 특히 전도서의 말씀은 우리가 함부로 입을 열어 아무 말이나 쏟아 내면 안 된다고 하면서 그 이유를 하나님은 하늘에 계시고 우리는 땅에 있기 때문이라고 말합니다. 구약학자 롤런드 머피는 여기서 하나님이 '하늘에 계시다'는 의미에 대해 하나님의 "절대 주권을 말해 주고, 인간이 절대로 조종할 수 있는 분이 아님"을 말해 준다고 합니다.[2]

간단히 말하자면, 그분은 높으신 분이라는 말입니다. 우리와는 비교도 할 수 없을 정도로 위대한 분입니다. 우리가 땅에 있다는 말 역시 단순히 우리가 거하는 공간이 땅이라는 말이 아니라, 하나님에 비하면 우리는 그저 작은 미물에 불과하다는 것이지요. "마땅히 말을 적게 할 것"이라는 말도 기도를 짧게 하라는 말이 아닙니다. 오히려 신중하게 하라는 것입니다. 우리는 왕의 존전에 나와 있습니다. 우리가 기도를 하며 그분을 통제하려 하거나, 흥정하려 하거나, 거래하려 했다면 생각을 고쳐먹어야 합니다. 우리는 하나님께 이렇게 아뢰며 나아가야 합니다.

강하시며, 위대하시며, 가장 높으신 분이여.

전능한 분, 거룩한 아버지, 하늘과 땅의 왕이여.

셋이며 하나인 분, 만유를 주재하는 분이시여.

선하신 분, 모든 선이자 가장 높은 선인 분,

참으로 살아 계신 주님,

당신은 사랑, 한없는 사랑이며 지혜입니다.[3]

하늘에 계신 분을 묵상하기

여기서 우리는 기도할 때 우리의 마음을 불붙일 수 있는 중요한 전략을 하나 배울 수 있습니다. 그분의 크심과 위대하심을 묵상하는 것입니다. 보통 우리는 기도를 할 때 우리가 하고 싶은 말을 허겁지겁 쏟아 낸 후에, 할 말이 없어서 중언부언하는 경우가 많습니다. 이 글을 읽는 분들 중 많은 분이 "주여!" 삼창을 크게 외치고 예배당이 떠나갈 것처럼 부르짖으며 기도를 시작했다가 1-2분도 지나지 않아서 기도 소리가 줄어들고 열정이 식어 버리는 것을 경험하지 않았습니까? 오히려 우리는 처음 기도를 시작할 때 한 발 한 발, 왕에게 나아가듯 조심스레 입을 열어야 합니다. 우선 생각을 하는 것입니다.

우리의 기도가 오래 타오르지 않고 곧 지루해지는 가장 큰 이유는, 우리가 기도할 때 지성을 거의 사용하지 않기 때문입니다. 교회를 오래 다닌 우리의 입에는 생각하지 않고도 자동적으로 발사되는(!) 기도 문장들이 10-20개 정도 장착되어 있습니다. 그래서 깊이 생각하지 않고 그 문장들을 쏟아 내지요. 그러고는 할 말이 없으니 그냥 입을 닫는 것입니다.

그러나 그분의 크심, 위대하심을 생각해 보십시오. 그분은 무한하시지만 우리는 유한합니다. 그분은 영원하시지만 우리는 시간에 갇혀 있습니다. 그분은 아름답고 탁월하시지만 우리는 작고 연약합니다. 내가 경거망동하며 함부로 대할 수 있는 분이 아닙니다.

당신이 함부로 할 수 없는 어떤 사람을 떠올려 보십시오. 회장님이나 높은 지위의 교수님을 생각해 보십시오. 하나님은 그 모든 이들 위에 계신 분입니다. 약간의 두려움이 생길 것입니다. 좋습니다. 그 두려움의 감정을 **경외**라고 말합니다. 이러한 감정이 바로 올라오지 않는다면, 다음과 같은 말씀을 천천히 읽은 후, 눈을 감고 생각해 보십시오.

누가 손바닥으로 바닷물을 헤아렸으며 뼘으로 하늘을 쟀으며 땅의 티끌을 되에 담아 보았으며 접시저울로 산들을, 막대 저울로 언덕들을 달아 보았으랴. 누가 여호와의 영을 지도하였으며 그의 모사가 되어 그를 가르쳤으랴. 그가 누구와 더불어 의논하셨으며 누가 그를 교훈하였으며 그에게 정의의 길로 가르쳤으며 지식을 가르쳤으며 통달의 도를 보여 주었느냐. 보라, 그에게는 열방이 통의 한 방울 물과 같고 저울의 작은 티끌 같으며 섬들은 떠오르는 먼지 같으리니 레바논은 땔감에도 부족하겠고 그 짐승들은 번제에도 부족할 것이라. 그의 앞에는 모든 열방이 아무것도 아니라. 그는 그들을 없는 것같이, 빈 것같이 여기시느니라. 그런즉 너희가 하나님을 누구와 같다 하겠으며 무슨 형상을 그에게 비기겠느냐. (사 40:12-18)

본문의 내용을 직관적으로 다 이해하지 못해도 상관없습니다. 이 말씀을 읽고 그 뉘앙스라도 생각해 보십시오. '아, 내가 이러한 분의 존전에 나아가는 것이구나. 내가 이토록 크신 분 앞에서 말을 하려 하는구나.' 여기서 우리 마음에 경외라는 감정이 피어오르기 시작합니다.

우리 아버지여

경외의 감정은 여기서 그치지 않습니다. 그토록 위대하고 탁월한 분이 바로 우리 아버지이십니다! 여기서 우리는 경외의 감정이 완성되는 것을 경험합니다. 그 위대한 분은 우리에게 그저 왕일 뿐 아니라 아버지이십니다. 나의 죄악과 연약함을 생각해 볼 때, 우리는 도무지 이해되지 않는 과분한 호칭을 선물받은 것입니다. 누가 제게 '경외'라는 감정을 정의해 보라고 묻는다면, 저는 '존경스러운 두려움'이라 말하겠습니다. '친밀한 낯섦'이라 부르겠습니다. 여기에는 상반된 두 감정이 결합되어 있습니다. 우리는 온 우주에서 가장 위대한 분께 안겨 징징댈 수 있는 것입니다!

처음 이 진리를 붙잡고 감격했던 때가 생각납니다. 저 역시 주여 삼창을 하며 기도를 쏟아 내다 식어 버리는 전형적인 기도 초짜였고(그렇다고 주여 삼창이 나쁘다는 것은 아닙니다), 기도의 깊이를 잘 모르고 있었습니다. 하나님을 경외하는 신학의 깊이를 이해하고 깨달아 가면서, 저는 하나님의 크심과 저 자신의 작음을 동시에 깨달았습니다. 하나님의 순결하심과 저의 더러움을 동시에 맛보기 시작했지요. 자연스레 아래와 비슷한 내용의 기도가 터져 나왔습니다.

내가 왕이었다면
　이러한 반역자는 오래전에 멸하였을 것이며,
내가 아버지였다면
　이러한 자식은 애초부터 내쫓았을 것입니다.[4]

　저는 저 자신이 기도를 한다는 사실 자체가 감격스러웠습니다. "대체 하나님이 왜 나 같은 놈에게 기도할 자격을 주셨지? 그것도 아버지라고 친밀하게 부를 권리를 주시면서 말이야!" 그렇게 시작된 기도는 짧게 끝나지 않았습니다. 서서히 뜨거워진 마음은 쉽게 식지 않았지요. "아버지여!"라고 부를 수 있다는 사실 자체가 감격스러운 적은 처음이었습니다. 마치 그 전까지는 한 번도 하나님을 아버지라고 부른 적이 없다가 처음 아버지라 부르는 사람처럼, 아버지라 부르는 것은 상상도 할 수 없는 높은 지위의 사람을 늘 멀리서 보며 두려워만 하다가 그분이 나를 부르시고 안으시는 것을 보며 황송한 마음에 어쩔 줄 몰라 하는 사람처럼 하나님을 아버지라 불러 대기 시작했습니다.

아버지 되심을 묵상하기

기도할 때 우리의 마음을 불붙일 수 있는 중요한 전략은 여기서 더 깊어질 수 있습니다. 우리는 하나님이 하늘에 계시다는 사실, 높고 위대하시다는 사실에 우리의 마음을 적셨습니다. 그리고 이제는 그분이 내게 친밀한 분이 되신다는 사실에 마음을 적시는 것입니다. 시편에서 이렇게 말하는 것처럼 말입니다.

> 여호와 우리 하나님과 같은 이가 누구리요.
> 높은 곳에 앉으셨으나
> 스스로 낮추사 천지를 살피시고. (시 113:5-6)

그분의 전능하심을 묵상해 봅시다. 그분은 계획한 모든 것이 가능한 분이십니다. 그분은 온 우주에서 가장 강한 분이시지요. 잘 와 닿지 않는다고요? 생각할 수 있는 가장 강한 것을 떠올려 봅시다. 미군이 어떻습니까? 지구상에서 가장 강력한 무력 집단이지요. 하나님은 그들을 "없는 것같이, 빈 것같이" 여기실 수 있는 분입니다(사 40:17). 그분이 원하신다면 나라를 오늘 멸망시키실 수 있습니다. 그런데 그 강력한 분이 우리 아버지가 되십니다. 내가 어리광을 부릴 수 있고 내가 마음을 터놓을 수 있고 내가 아빠라고 부를 수 있는 분이 되시는 것입니다. 이 생각을 하는 것만으로도 담대함이 생길 수 있습니다. 또는 '이렇게 위대한 분이 내 아버지이신데, 내가 왜 그렇게 세상을 두려워했지?' 하는 생각도 할 수 있겠지요. 기도를 시작하기도 전에 문제가 해결되는 것입니다.

그분의 전지하심을 묵상해 봅시다. 그분은 모든 것을 아십니다. 모든 것을 보고 계십니다. 모든 것이 가능하신 분이 우리의 모든 것을 아시는 것입니다. 이러한 분이 우리와 상관도 없는 우주의 독재자라면 그건 그야말로 끔찍한 일일 겁니다.[5] 하지만 그분이 내 아버지이십니다. 그것도 나를 위해 자신의 영원한 아들을 내어 주신 분이십니다. 그분은 우리가 어떤 죄를 고백해도 용서해 주실 수 있는 분이고, 우리의 상태가 어떻든지 이해해 주실 수 있는 분입니다. 그렇다면 하나님은 하늘의 감시자가 아니라, 우리의 '머리털까지 다 세시는', 돌보시는 하나님인 것이지요(마 10:30). 그분은 우리가 구하기 전에 우리에게 있어야 할 것이 무엇인지 이미 다 아십니다(마 6:8).

그렇다면 우리는 기도할 때 마치 분칠하듯 진짜 내 욕망은 감춰 두고 외식할 필요가 없다는 것을 알게 됩니다. 구체적으로 우리가 필요한 것을 구하되, "제 진짜 마음을 저보다도 더 정확히 아시는 아버지, 제게 정말 필요한 것을 내려 주세요"라고 말할 수 있지요. 기도하기 전에 이러한 묵상을 깊이 하면서 하나님께 나간다면, 때로는 우리가 기도의 응답을 따로 받지도 않았는데 이미 문제가 마음속에서 해결되어 간다는 생각이 들 것입니다. 이렇듯, 내가 지금 기도하고 있는 대상이 누구인지에 대한 깊은 묵상은 기도를 깊게 하고 불붙입니다.

자판기인가 아버지인가

그러나 그분의 아버지 됨을 누구나 즐거이 누리는 것은 아닙니다. 주권적이고 절대적인 하나님이 우리의 아버지시라는 것을 말로 들을 때는 감동이지만, 사실 많은 사람들은 하나님이 우리의 아버지이시기보다는 자판기이기를 원합니다. 아버지와 자판기의 차이는 무엇일까요? 아버지는 조건 없이 주지만, 자판기는 돈을 넣어야 줍니다. 아버지는 모든 것을 주신다고 말하지만, 아이에게 해로운 것은 주지 않습니다. 하지만 자판기는 돈만 넣으면 무엇이든 주지요.

아빠는 다섯 살짜리 꼬마 자녀에게 커피를 사 주지 않습니다. 물론 "네가 원하는 것은 무엇이든 줄게. 내 생명이라도 줄 수 있단다"라고 말합니다. 그래서 아이가 "그러면 저 바닐라라떼를 사 주세요"라고 말하면 아빠는 "그건 안 된단다. 네 건강에 해로워. 대신 오렌지 주스를 사 줄게"라고 말하겠지요. 보통 자녀는 "뭐든지 다 준다면서요!"라고 대꾸합니다. 반면 자판기는 아이가 돈을 넣고 버튼을 누르면 아이에게 해로운 것이라도 줄 것입니다. 사실 이것 때문에 많은 사람들이 기도하기를 포기하고, 또는 기도를 증오하기까지 합니다. 이러한 사람들의 마음을 재미있게 풍자한 시가 있습니다. 미국의 감리교 목사인 윌버 리스라는 분이 쓴 "3천 원어치 하나님"이라는 제목의 시입니다.

나는 주님의 작은 일부만을 사고 싶습니다.

내 영혼을 깨뜨리지 않을 정도만,

수면을 방해받지 않을 만큼만,

내 인생이 사로잡히지 않을 만큼만,

따뜻한 우유 한 잔만큼이면 됩니다.

내 죄책감을 누그러뜨릴 만큼이면.

나는 3천 원어치만 하나님을 사고 싶습니다.

호주머니에 넣을 만큼의 사랑이면 충분합니다.

흑인을 사랑하도록 만들 정도라면,

혹은 이민자들과 사탕무를 주우러 다니게 할 정도라면 곤란합니다.

내 마음을 바꾸지 않아도 될 정도만,

시간이 날 때 교회에 가고 싶은 마음이 들 정도만,

햇볕을 받으며 낮잠을 즐길 수 있을 정도면 됩니다.

나는 변화를 원하는 것이 아니라, 황홀경을 원합니다.

다시 태어나는 것을 원하는 것이 아니라,

모태에 머물러 온기를 즐기며 지내기를 원합니다.

나는 영원의 500그램만 사서 종이 봉지에 담아 들고 싶습니다.
그 이상을 사야 한다면, 무르고 돈을 되돌려 받겠습니다.

나는 3천 원어치만 하나님을 사고 싶습니다. 제발.
그중 일부는 굳은 날을 위해 숨겨 두렵니다.
사람들이 알아차릴 정도로 내 안에 심한 변화가 일어나지 않도록.
어떤 책임도 느끼지 않을 만큼만,
사람들이 나를 보고 괜찮은 사람이라고 여길 정도만.

이렇게 3천 원어치만 하나님을 살 수는 없을까요?
제발.[6]

하늘에 계신 '우리' 아버지여

이 지점에서 우리는 주기도문의 첫 번째 부분, 하나님을 부르는 말에서 '우리'라는 부분을 살펴보면 좋겠습니다. 우리 주님은 우리에게 기도를 가르치실 때, 하나님을 "하늘에 계신 우리 아버지여"라고 부르도록 하셨습니다. 이는 놀라운 말입니다. 어떻게 하늘에 계신 그 높고 위대한 분이, 우리의 친밀한 아버지가 되실 수 있을까요? 어떻게 우리는 그토록 크신 분을 이토록 가까이 대할 수 있을까요? 이는 우리로 하여금 다시 한번 그리스도의 사역을 생각하도록 만듭니다.

예수님은 이 주기도문을 우리에게 가르치셨습니다. 하지만 다른 한편으로, 그분은 이 기도의 내용으로 성부 하나님께 기도하셨습니다. 즉, 이 기도는 주께서 우리에게 가르치신 기도일 뿐 아니라 주께서 하신 기도이기도 합니다.[7] 이 사실을 깊이 묵상한다면 알 수 있는 것이 있습니다. 바로 예수님이 "하늘에 계신 우리 아버지여"라고 말할 때, 여기서의 '우리' 안에는 예수님 자신도 포함되어 있다는 사실입니다.

그리스도는 기도를 받으시는 분이요, 우리에게 기도를 가르치시는 분일 뿐 아니라, **우리와 더불어 기도하시는 분**입니다. 그분은 하나님이실 뿐 아니라 사람이십니다. 그분은 하나님으로서 우리를 향해 말씀하실 뿐 아니라 우리와 더불어 하나님을 향해 말씀하시는 분입니다. 1장에서 우리가 함께 생각했듯, 그분은 십자가에서 우리의 죄와 형벌을 대신 받으심으로 우리에게 자녀의 신분을 주셨습니다. 그리고 그분은 기꺼이 '우리'가 되셨고, 우리를 향해 자신의 형제와 자매라고 부르셨습니다.

> 거룩하게 하시는 이와 거룩하게 함을 입은 자들이 다 한 근원에서 난지라. 그러므로 형제라 부르시기를 부끄러워하지 아니하시고.
> (히 2:11)

이로 인해 우리가 하늘에 계신 하나님을 기쁘게 "우리 아버지여!"라고 부를 수 있게 되었습니다. 이는 아들의 희생일 뿐 아니라 아버지의 희생이기도 한데, 아들을 보내신 분이 바로 아버지이시기 때문입니다. 그래서 사도 바울은 "우리가 아직 죄인 되었을 때에 그리스도께서 우리를 위하여 죽으심으로 하나님께서 우리에 대한 자기의 사랑을 확증하셨느니라"(롬 5:8)라고 선언합니다.

아들을 희생하심으로 주신 선물, 기도

저는 자주 이 희생을 묵상하고 생각합니다. 십자가를 지신 아들의 희생을 묵상하기도 하지만, 아들을 내어 주신 아버지의 희생을 묵상하기도 합니다. 그러한 묵상이 깊어질 때 자기연민은 사그라들고, 하나님의 선하심과 사랑을 다시 확신하게 되며, 겸손한 마음과 용기를 가지고 기도할 수 있게 되곤 하지요. 한번은 그분의 희생이 얼마나 위대한지 묵상하다가, 박완서 작가의 『한 말씀만 하소서』라는 책을 읽었습니다. 그는 『그 많던 싱아는 누가 다 먹었을까』 등을 쓴 대한민국의 소설가이며, 한국 현대 문학을 대표하는 작가입니다.

그는 1988년 남편을 병으로 잃습니다. 그리고 같은 해 8월 31일에 교통사고로 하나밖에 없는 아들을 잃고 맙니다. 아들은 당시 서울대 의대를 졸업하고 마취과 레지던트로 일하고 있었습니다. 이때 박완서 작가는 말 그대로 절망했지요. 그는 아들을 앗아간 하나님을 향한 분노로 신앙을 거의 잃을 지경까지 내몰립니다. 그리고 하나님을 향한 분노와 슬픔을 일기로 기록해 놓습니다. 이 기록을 엮어 낸 책이 바로『한 말씀만 하소서』입니다. 저는 이 책을 읽으면서 자녀를 잃은 부모의 거대한 슬픔을 엿볼 수 있었는데, 여러 대목에서 눈시울이 뜨거워지는 것을 경험했습니다. 다음 대목들을 읽어 보시지요.

> 내 기억력 말고는 아들이 존재했었다는 아무런 흔적도 남아 있지 않은 이 세상이 도무지 낯설고 싫다. 그런 세상과는 생전 화해할 수 있을 것 같지가 않다.[8]

> 베개가 젖도록 흐느껴 울었다. 죽음이 왜 무시무시한지, 아들의 죽음이 왜 이렇게 견디기 어려운지 정연한 논리로써가 아니라 폭풍 같은 느낌으로 엄습해 왔다. 하나의 죽음은 그에게 속한 모든 것, 사랑과 기쁨, 고통과 슬픔, 체험과 인식 등, 아무하고도 닮지 않은 따라서 아무하고도 뒤바뀔 수 없는 그만의 소중하고도 고유한 세계의 소멸을 뜻한다.[9]

여러 곳에서 마음이 동했지만, 저를 가장 눈물 짓게 만든 것은 이 대목이었습니다.

아들이 내 속을 썩이거나 실망시킨 일을 생각해 내려고 애쓴다. 물에 빠져 검부락지라도 잡으려는 노력처럼 처참하게 허우적댄다. 하다못해 남에게 흉을 잡힌 일이나 좋지 못한 버릇이라도 생각해 낼 수 있다면 다소 숨통이 트일 것 같다. 이 비참한 자구노력도 허사가 되고 만다. 그 애는 완벽했다. 그 애가 한 짓 중 사랑스럽지 않은 것은 어쩌면 단 한 가지도 없단 말인가. 그 애가 완벽했다는 확신은 그 애를 잃은 상실감 또한 천벌처럼 완벽하게 한다.[10]

인용한 마지막 부분, "그 애가 완벽했다는 확신은 그 애를 잃은 상실감 또한 천벌처럼 완벽하게 한다"는 문장을 곱씹으며, 저는 박완서 작가의 이야기와 비슷한(그러나 그보다 더 아름다운) 또 하나의 이야기를 생각하게 되었습니다. 성부 하나님은 우리를 사랑하셔서 자발적으로 아들을 내어 주셨습니다. 물론 박완서 작가의 아들도 훌륭한 분이었겠지만, 성자 하나님의 완전하심과 의로우심을 생각하면 더 완벽하지는 않았겠지요. 그러한 의미에서, **성자 하나님이 완벽하시다는 사실은, 그분을 잃은 성부 하나님의 상실감 또한 천벌처럼 완벽하게 했습니다.**

기도는, 그러한 거대한 희생을 통해서 우리에게 주어진 선물입니다. 우리가 성부를 향해 "하늘에 계신 우리 아버지여!"라고 부르짖을 수 있는 근거는, 성부와 성자가 우리를 위해 행하신 이루 말할 수 없는 거대한 희생에 있습니다. 그분은 자판기가 되시기 위해 아들을 주신 것이 아닙니다. 우리가 무엇을 구하든 들으실 뿐 아니라, 어떠한 상황에서도 우리를 돌보시기 위해 아들을 주셨습니다. 성자 하나님과 똑같이 우리를 대하시며 아끼시고 사랑하시기 위해 우리에게 아들을 주셨습니다.

이 사실을 깊이 묵상하십시오. 그리고 기도로 나아갑시다. 우리가 대하며 기도하는 분이 이렇게 놀라운 사랑을 주시는 하나님이십니다. "보라, 아버지께서 어떠한 사랑을 우리에게 베푸사 하나님의 자녀라 일컬음을 받게 하셨는가. 우리가 그러하도다"(요일 3:1).

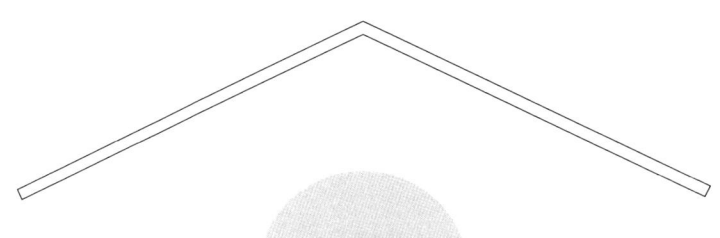

2부
하늘을 땅에 내리는 기도

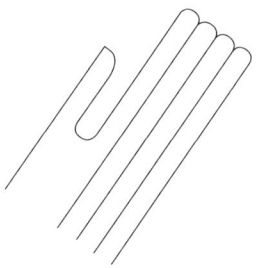

우리는 기도를 할 때, 허겁지겁 구할 내용들을 쏟아 낸 후에 서둘러서 마치기 일쑤입니다. 하지만 우리 주님은 우리가 평상시 거의 하지 않는 방식의 기도를 먼저 하도록 요구하십니다. 이 기도로 먼저 하나님께 나아갈 때, 우리는 이전에 전혀 기대하지 못했던 하나님과의 교제를 시작할 수 있습니다.

3장

이름이 거룩히 여김을 받으소서

마 6:9 그러므로 너희는 이렇게 기도하라. "하늘에 계신 우리 아버지여. 이름이 거룩히 여김을 받으시오며."

이제 우리는 첫 번째 간구로 들어섭니다. 첫 번째 간구는 바로 아버지의 "이름이 거룩히 여김을 받으시오며"라는 기도입니다. 여기서 '거룩하게 여기다'라는 말은 헬라어로는 단 한 단어('하기아스테토' ἁγιασθήτω)인데, 이는 '구별하다'라는 의미를 가지고 있습니다.[1] 이 말은 알 듯 모를 듯 어려운 단어입니다. 그리스도인들은 '거룩하다'라는 단어를 흔하게 사용하지만, 사실 정확히 그 정의를 알지 못하고 사용할 때가 많습니다.

예를 들어 보지요. 저에게 많은 펜이 있다고 합시다. 똑같은 색의 펜이 여러 개 있지만, 그 펜들 중 하나는 돌아가신 할머니로부터 받은 유품입니다. 그렇다면 그 펜은 단순히 유용성 이상의 의미를 지닌 것이 됩니다. 다른 펜들도 똑같이 글씨가 잘 써지고 손에 쥐기 편안하지만, 이 펜은 그 이상의 아름다움을 지니고 있지요. 이 펜은 구별된 펜입니다. 즉, 거룩합니다. 이렇듯 하나님을 거룩하게 여긴다는 것은 그분을 단순히 유용한 분으로 여기는 것이 아니라 그분을 아름답게 여기는 것입니다. 그분은 특별하고, 구별되어 계신 분입니다.

하나님의 다른 모든 속성은 우리에게 유용합니다. 예컨대 그분의 전능하심은 우리에게 유용합니다. 그분이 그 능력으로 무엇이든 우리에게 주실 수 있을 테니까요. 그분의 지혜 역시 우리에게 유용합니다. 그분이 우리에게 지혜를 주실 수 있으니 말입니다. 그분의 사랑이야 말할 것도 없겠지요. 하지만 하나님의 거룩은 어떻습니까? 그분의 거룩은 다릅니다. 그분의 거룩하심은 우리에게 유용하지 않습니다. 오히려 아름답지요. 그래서 18세기의 목회자인 조나단 에드워즈는, 참된 신앙이란 하나님의 거룩하심을 보고 아름답게 여기는 것이라 말합니다.[2]

그렇다면 "아버지의 이름이 거룩히 여김 받기를 원합니다"라는 기도는 무슨 의미입니까? 이는 "하나님 당신의 이름이 저에게, 그리고 사람들에게 단순히 유용한 분으로 평가받는 것이 아니라 아름다운 분으로 여겨지기를 원합니다. 사람들이 당신을 볼 때 당신을 다른 우상들과는 구분된 분으로, 특별한 분으로 여기기를 원합니다"라고 말하는 것입니다.

우리 마음을 폭로하는 기도

주께서 우리에게 처음으로 하라고 명하신 이 기도는 우리의 삶과 마음을 들추어냅니다. 보통 기도는 우리가 진정으로 바라는 바가 무엇인지를 보여 줍니다. 즉 우리의 욕망을 보여 주는 것이지요. 예를 들어 보겠습니다. 저는 태어나서 단 한 번도 "주님, 제게 그림을 잘 그릴 수 있는 뛰어난 실력과 재능을 주세요"

라고 기도한 적이 없습니다. 그림 실력이 형편없었는데도 불구하고요. 왜 그랬을까요? 좋은 그림(이라기보다는 늘 만화였지만)을 보며 즐기려는 욕망이야 있었지만, 좋은 그림을 그리는 사람이 되고 싶은 욕망은 없었으니까요. 하지만 저는 자주 "제게 좋은 지성을 주세요. 판단력과 직관과 지혜를 주세요"라고 기도합니다. 저는 좋은 설교자요 목회자가 되기를 원하기 때문입니다. 여기에는 제 욕망이 있습니다. 그리고 그 욕망의 대상은 늘 내가 가장 거룩하게 여기는 것입니다.

어떤 사람이 사업가이고 평상시에는 거의 기도하지 않는다고 합시다. 그러다가 회사가 어려워지면 그때만 기도한다 합시다. 그러다가 문제가 해결되면 전혀 기도하지 않습니다. 그렇다면 우리는 여기서 이 사람의 욕망을 볼 수 있습니다. 바로 사업적 성공이지요. 그것이 이 사람이 거룩하게 여기는 것입니다. 평상시 전혀 기도하지 않는 사람이 사업이 어려워질 때만 기도한다면 그는 "제게는 제 사업이 가장 거룩합니다"라고 기도하는 것과 같습니다. 마찬가지로, 평상시 전혀 기도하지 않는 사람이 관계의 어려움에 처할 때만 기도한다면 그가 거룩하게 여기는 것은 특별한 사람과의 관계나 자신의 평판일 것입니다. 제가 평상시 전혀 기도하지 않다가 시광교회에 어려운 일이 있을 때만 기도한다면, 제가 진짜 거룩하게 여기는 것은 (하나님이 아니라) 제가 섬기는 교회, 더 나아가서 제 성취나 명예일 수 있는 것입니다.

심지어 이러한 마음은 회개에도 적용됩니다.[3] 심지어 회개할 때도 하나님이 아니라 자신을 거룩하게 여길 수 있다는 말입니다. 예컨대 어떤 사람이 죄를 짓고 회개했다고 합시다. 자신의 죄를 고백하고 용서해 달라는 기도를 한 것입니다. 그런데도 계속 죄책감을 느끼고 있습니다. 그래서 가까운 그리스도인 친구가 말해 주었습니다. "네가 그렇게 죄를 고백했고, 그리스도께서도 네 죄를 용서하시기 위해 죽으셨으니 하나님은 너를 용서하셨을 거야. 그러니 주께 감사하자. 그리고 죄책감을 떨쳐 내자." 그러자 이 사람이 이렇게 대꾸합니다. "무슨 말이야? 나는 회개할 때 그다지 눈물도 흘리지 않았고, 슬퍼하지도 않았어. 용서를 너무 쉽게 말하는 것 아니야? 내가 회개 기도를 열심히 한 것도 아닌데 용서받았다고 생각할 수는 없어!"

얼핏 보면 양심이 예민하고 겸손한 사람처럼 보입니다. 하지만 이 사람은 그리스도께서 자신을 위해 행하신 속죄보다 자신이 하는 회개 기도의 열심을 더 중요하게 여기고 있는 것일지도 모릅니다. 회개야말로 하나님의 이름을 높이는 행위여야 하지 않습니까? 그런데 사람들은 심지어 회개할 때조차도 하나님의 이름을 거룩히 여기기보다는 자신의 행위를 거룩히 여길 수 있습니다.[4]

다른 예도 한번 생각해 보죠. 어떤 사람이 "나는 회개하지 않겠어! 나는 성경에서 죄라고 말해도 회개하지 않겠어!"라고 말한다 해 봅시다. 분명히 하나님은 성경을 통해 무엇이 옳고 그

른지 말씀해 주셨지만, 그걸 받아들이지 않는다고 해 보지요. 이 사람은 자신의 판단력을 거룩히 여기고 있을 수 있습니다. 무엇이 선이고 악인지를 결정하는 하나님의 판단력보다, 내 판단력이 더 우월하고 완전하다고 생각하는 것입니다. 우리는 기도를 통해 하나님의 이름을 거룩히 높일 수도 있지만, 자신의 이름을 높이고 거룩하게 여기는 교만을 드러낼 수도 있습니다.

노파심에 말씀드리자면, 우리가 이렇게 부족한 간구와 회개를 드렸다고 하나님이 우리 기도를 거절하시거나 안 들으신다는 말은 아닙니다. 그분의 긍휼은 우리의 죄악을 넘어서고, 우리가 하는 기도 응답의 근거는 우리 기도의 순수성에 있는 것이 아니라 예수님의 이름에 있으니 말입니다. 하지만 기도가 목표하는 바를 더 깊고 풍성히 누리려면 우리 기도의 문제가 무엇인지를 분명히 알 필요가 있는 것이지요.

간구와 찬양을 결합하기

그렇다면 어떻게 기도해야 할까요? 어떻게 하나님의 이름을 높이며 거룩히 여기는 기도를 할 수 있을까요? 그저 기도의 시작 부분에 "아버지의 이름이 거룩히 여김 받기를 원합니다"라는 말만 하면 될까요? 그렇지 않습니다. 기계적인 방식이 아니라 마음을 드리는 방식으로 우리 아버지의 이름을 높일 수 있습니다. 무언가를 간구하더라도 하나님의 이름을 높이는 방식으로 간구할 수 있습니다. 더 정확히는, 필요한 것을 구하는 간구와 하나님의 이름을 높이는 찬양을 결합하는 방식으로 말이지요.

예를 들어 볼까요? 우리가 가장 많이 하는 기도는 무엇일까요? 경제적으로 우리의 삶을 돌보아 달라는 기도겠지요? 성경은 이러한 기도를 하더라도, 하나님의 이름을 높이는 방식으로 합니다. 다음의 말씀을 읽어 봅시다.

> 나를 가난하게도 마옵시고 부하게도 마옵시고 오직 필요한 양식으로 나를 먹이시옵소서. 혹 내가 배불러서 '하나님을 모른다' '여호와가 누구냐' 할까 하오며 혹 내가 가난하여 도둑질하고 내 하나님의 이름을 욕되게 할까 두려워함이니이다. (잠 30:8-9)

여기서 잠언 저자는 자신을 "필요한 양식으로" 먹여 달라고 합니다. 우리 대부분의 기도 아닙니까? 물론 대부분은 "부하게 해 주시면 그것도 받아들이겠습니다만, 가난하게는 절대 안 됩니다!"에 가까운 심정이겠지요. 어쨌든 잠언 저자는 자신이 가난하기를 원치 않는 이유와 부하기도 원치 않는 이유를 모두 하나님과 연결짓습니다. 부유해서 "하나님을 모른다! 여호와가 누구냐!"라고 말하며 교만해질까 두렵고, 가난해서 도둑질함으로 하나님의 이름에 먹칠을 할까 두려운 것이지요. 잠언 저자는 지금 자신의 간구를 하나님의 영광과 결합시키고 있습니다.[5]

또 다른 예를 들어 보도록 하지요. 우리가 가장 흔히 하는 기도 중 하나는 고통 가운데서 우리를 구해 달라는 기도일 것입니다. 우리를 고통 가운데 건져 달라는 기도를, 어떻게 하나님의 이름을 높이는 기도와 결합할 수 있을까요? 다음 말씀을 읽어 봅시다.

> 여호와여, 주의 이름을 위하여 나를 살리시고 주의 의로 내 영혼을 환난에서 끌어내소서. (시 143:11)

시인은 자신을 고난에서 구해 달라고 구합니다. 그리고 그 이유를 자기 자신의 의로움에서 찾지 않습니다.[6] "제가 뭘 잘못했습니까? 제가 왜 이런 고통을 겪는 것입니까? 저를 구해 주세요"라고 말하지 않는다는 것입니다. 도리어 "주의 이름을 위하여" 자신을 살려 달라고 합니다. "주의 의로" 자신을 환난에서 끌어내 달라고 말합니다. 풀어 쓰자면 이렇습니다. "하나님, 이 환난에서 저를 좀 건져 주십시오. 제가 이렇게 고통스러운데, 하나님도 내 아버지시니 가슴 아프지 않겠습니까? 사람들이 나를 욕하면 결국 하나님을 비난하는 것과 마찬가지 아니겠습니까? 그러니 하나님의 이름을 위해서 나를 환난에서 건져 주십시오."

회개도 마찬가지입니다. 회개 역시 우리의 죄를 용서해 달라는 간구와 하나님의 이름과 영광을 높이는 찬양을 결합할 수 있습니다. 다음의 말씀을 읽어 보십시오.

모세가 그의 하나님 여호와께 구하여 이르되, 여호와여 어찌하여 그 큰 권능과 강한 손으로 애굽 땅에서 인도하여 내신 주의 백성에게 진노하시나이까. 어찌하여 애굽 사람들이 이르기를 여호와가 자기의 백성을 산에서 죽이고 지면에서 진멸하려는 악한 의도로 인도해 내었다고 말하게 하시려 하나이까. 주의 맹렬한 노를 그치시고 뜻을 돌이키사 주의 백성에게 이 화를 내리지 마옵소서. (출 32:11-12)

출애굽한 이스라엘 백성은 우상을 만들어 섬기는 죄를 범했습니다. 그리고 하나님은 이 일에 정의로운 진노를 발하시지요. 그리고 모든 이스라엘 백성을 진멸하겠노라고 선언하십니다. 그러자 모세는 이스라엘 백성을 사하여 달라고 간구합니다. 그는 하나님이 별것 아닌 일에 과도하게 대응하신다고 주장하지 않습니다.[7] 도리어 백성의 죄를 파악한 후에는 겸손히 죄를 자백하고 회개하지요. 모세는 하나님의 진노를 거두어 달라고 간청하면서 그 근거를 이렇게 말합니다. "어찌하여 애굽 사람들이 이르기를 여호와가 자기의 백성을 산에서 죽이고 지면에서 진멸하려는 악한 의도로 인도해 내었다고 말하게 하시려 하나이까?"

모세는 이렇게 말하는 셈입니다. "하나님 당신의 명성과 영광을 생각해 보십시오. **저는 여호와의 이름이 조롱이나 오해를 받는 일 또는 당신의 능력이 충분하지 못하게 보이는 일을 견딜 수 없습니다.** 당신이 우리를 용서하지 않으신다면 세상이 우리뿐 아니라 당신을 조롱하지 않겠습니까? 그러니 당신의 영광을 위해 우리를 용서해 주소서!"[8] 이러한 표현은 성경에 넘쳐 납니다. 예레미야도 이스라엘을 용서해 달라고 할 때 이렇게 말합니다. "여호와여, 우리의 죄악이 우리에게 대하여 증언할지라도 주는 주의 이름을 위하여 일하소서. 우리의 타락함이 많으니이다. 우리가 주께 범죄하였나이다"(렘 14:7).

하나만 더 예를 들지요. 이렇게 간구와 찬양을 결합하는 것은 우리가 살면서 필요한 지혜를 구할 때도 적용할 수 있습니다. 살다 보면 딱히 선과 악으로 나뉘지 않는 것들 중 하나를 결정해야 할 때를 만납니다. 이직을 해야 하는지, 공부를 계속 해야 하는지, 언제 누구를 어떻게 만나야 하는지 등의 결정은 도덕적 판단력보다는 지혜를 필요로 하지요. 그때 이렇게 기도할 수 있습니다. "하나님, 저는 무엇을 선택해야 할지 잘 모르겠습니다. 그렇지만 제가 무엇을 선택하든 하나님의 영광을 높이는 방식으로, 당신의 이름이 거룩히 여김을 받는 방식으로 결정되게 해 주십시오. 당신의 이름이 더 높임 받고 거룩하게 여김을 받을 수 있도록 환경을 인도해 주십시오." 이렇게 기도할 때 우리는 가장 좋은 길로 늘 인도받을 수 있을 뿐 아니라, 우리가 가는 길이 하나님을 영화롭게 하리라는 확신을 가질 수 있습니다.

이름이 거룩히 여김 받기를 원하는 마음

그렇다면 우리는 기도를 할 때마다 하나님의 이름이 거룩히 여김 받기를 원한다고 말하거나, 모든 간구에 전부 '하나님의 영광을 위하여'라는 말만 덧붙여 기도하면 되는 것일까요? 물론 맞는 말들이지만 정말 하나님의 이름이 높아지기를 원하는 마음이 없이 이러한 기도를 한다면 그저 가식적인 말장난에 지나지 않을 것입니다. 그렇다면 이러한 마음, 곧 우리 하나님의 이름이 높아지고 거룩히 여김을 받기를 바라는 마음은 어떻게 생기는 것일까요?

먼저 우리가 생각해야 하는 것은 그리스도께서 우리에게 자신의 이름을 주셨다는 사실입니다. 그분은 이렇게 말씀하십니다. "너희가 내 이름으로 무엇을 구하든지 내가 행하리니 이는 아버지로 하여금 아들로 말미암아 영광을 받으시게 하려 함이라. 내 이름으로 무엇이든지 내게 구하면 내가 행하리라"(요 14:13-14). 또 이렇게도 말씀하셨지요. "그날에는 너희가 아무것도 내게 묻지 아니하리라. 내가 진실로 진실로 너희에게 이르노니 너희가 무엇이든지 아버지께 구하는 것을 내 이름으로 주시리라"(요 16:23).

그렇다면 이름을 주셨다는 말이 무슨 의미일까요? 많은 경우 사람들은 그 의미를 오해합니다. 예수님의 이름을 마치 자판기에 넣는 동전이나 효험 있는 부적 같은 것으로 생각하는 것입니다. 그래서 "예수님의 이름으로 명하노니 아파트가 생길지어다!" 혹은 "예수님의 이름으로 명하노니 병마야 떠나갈지어다!"라고 말하면 그대로 이루어지는 것처럼 여기지요. 예수님이 말쏨하신 것은 이런 의미가 아닙니다. 오히려 그보다 훨씬 더 큰 의미이지요. 그분의 이름을 주셨다는 것은 그분의 이름과 우리의 이름을 엮으셨다는 것입니다. 달리 말해 보자면, 그분의 명예와 우리의 명예를 하나로 엮으신 것입니다.[9]

예를 들어 보지요. 저는 시광교회를 섬기는 목사입니다. 그렇기에 시광교회와 불가분의 관계에 있습니다. 제가 교회를 헌신적으로 섬기고, 복음을 전하여 열매를 맺고, 무엇보다 하나님이 은혜를 주셔서 우리 교회가 아름답고 은혜로운 공동체가 되었다고 합시다(제발!). 그래서 교회 바깥의 사람들에게도 칭찬받는 교회가 되었다고 합시다. 그렇다면 저와 시광교회 모두의 이름이 높아질 것입니다. 하지만 제가 목회자로서 해서는 안 되는 짓을 저질렀다고 하지요. 그러면 제 명예만 실추되는 것이 아니라 교회의 명예 역시 함께 추락할 것입니다. 시광교회라는 이름과 제 이름이 서로 엮여 있기 때문입니다.

이처럼 예수 그리스도께서는 그분 자신의 명예와 우리의 명예를 엮으셨습니다. 이것은 예수 그리스도께는 대단히 위험한 일입니다. 그분의 이름과 우리의 이름이 엮여 있다는 것은 우리가 그분의 명예를 더럽히고 그 이름에 먹칠할 가능성이 생겼다는 것을 의미하기 때문입니다. 그러므로 이렇게도 표현할 수 있습니다. 예수 그리스도께서 우리로 말미암아 자신의 명예가 떨어질 위험을 감수하셨다고요. 다음의 말씀을 읽어 봅시다.

그들이 이른바 그 여러 나라에서 내 거룩한 이름이 그들로 말미암아 더러워졌나니 곧 사람들이 그들을 가리켜 이르기를 "이들은 여호와의 백성이라도 여호와의 땅에서 떠난 자라" 하였음이라. 그러나 이스라엘 족속이 들어간 그 여러 나라에서 더럽힌 내 거룩한 이름을 내가 아꼈노라. (겔 36:20-21)

얼핏 보면 이스라엘이 행한 악으로 인해 이름이 더럽혀졌기 때문에 하나님이 분노하시는 것처럼만 보입니다. 하지만 우리가 물어야 할 질문이 있습니다. 그렇다면 왜 하나님은 일부러 우리에게 자신의 이름을 주셨을까요? 왜 타락한 이스라엘의 운명과 자신의 이름을 엮으셨습니까? 왜 그들을 버리시며 "이들은 나와 상관없는 자들이다!"라고 말씀하지 않으십니까? 왜 그들을 계속해서 자기 백성이라고 말씀하십니까? 보통 일반적인 회사에서는 당신이 회사의 명예를 실추시킬 만한 일을 하면 내쫓습니다. 내쫓기만 하는 것이 아니겠지요. 자신의 브랜드 가치에 끼친 손해를 계산해서 고소할 것입니다. 하지만 그분은 우리를 내쫓지 않으십니다. 회초리를 대시고, 징계를 하시더라도 내 새끼라 말씀하시지요. "내가 너희 조상들에게 준 땅에서 너희가 거주하면서 내 백성이 되고 나는 너희 하나님이 되리라"(겔 36:28).

우리에게 아름다운 이름을 주시기 위해 명예훼손을 당하신 예수님

그분이 우리와 자신의 명예를 엮으시고, 우리를 그토록 사랑하신다는 것을 무엇을 통해 확신할 수 있을까요? 많은 사람들은 "하나님은 내가 힘들고 어려워도 내게 별 관심이 없으신 듯합니다. 내가 이렇게 부끄럽고 창피한 상황에서도 나를 돌아보지 않으시는 것 같습니다" 하고 항변합니다. 그렇다면 객관적인 증거, 실제로 일어났던 역사적 사건에 눈을 돌릴 필요가 있습니다. 하나님이 우리를 사랑하신다고 믿을 수 있는 궁극적 증거, 바로 십자가 말입니다(롬 5:8).

그분이 십자가에서 우리를 위해 하신 일이 무엇입니까? 그분은 최악의 명예훼손을 당하셨습니다. 그분은 부끄러움과 수치를 경험하셨습니다. 예수 그리스도의 고난을 예언하고 내다본 말씀으로 유명한 시편 22편은 이렇게 말해 줍니다.

> 나는 벌레요 사람이 아니라. 사람의 비방거리요, 백성의 조롱거리니이다. (시 22:6)

여기 "나는 스스로 있는 자니라"와 "나는 벌레요"의 대비가 보이십니까? 영국의 설교자 찰스 스펄전은 이 본문에 대한 주석에서 이렇게 말합니다. "그분이 십자가에서 피를 흘리실 때,

그분은 '스스로 있는 자'이시면서 '벌레'와 같이 취급을 받으셨습니다. 그분은 마치 자신이 땅에 기어 다니는 벌레와 같다고, 자신을 밟는 사람들의 발밑에서 아무것도 할 수 없는 존재처럼, 멸시를 받되 그저 수동적으로 가만히 있어야만 하는 처지라고 느끼셨습니다. 그분은 뼈는 없고 살로만 되어 있는 가장 연약한 피조물에 자신을 비유하셨습니다. 사람에게 밟힐 때면 몸을 뒤틀고 몸부림칠 뿐, 어떤 저항의 능력도 없이 다만 고통하는 힘만 가진 존재 말입니다."[10]

그리스도께서 수치를 당하셨다는 사실은, 수많은 그리스도인에게 영감을 주었습니다. 기독교 작가인 필립 얀시는 이 주제에 대해 많은 묵상을 하며, 그분이 당한 수치에 대해 이렇게 묘사합니다.

> 로마인들과 유대 지도자들은 이 희생자에게 씌워진 죄목을 모방해서 조롱하기로 했다. 메시아라고? 그래? 좋아. 어디 한번 예언 좀 들어 보자. 쿵. 누가 당신을 때렸지? 찰싹. 어디 말해 봐. 주둥이 좀 열어. 선지자님. 메시아라며, 모르는 게 많네. 그렇지? 왕이라고 했지? 이봐 대장, 이것 좀 날라. 여기 우리의 왕이 있어. 흐음, 그렇다면 꼰대한테 무릎을 꿇어야지. 이게 뭐라? 왕한테 왕관이 없다니? 오, 그러면 안 되지. 자 임금님, 우리가 왕관을 씌워 드리지. 푹. 어때? 약간 따가워? 내가 고쳐 줄게. 이봐, 가만히 좀 있어! 참, 우리가 얼마나 점잖은지 봐. 자, 이제 옷이 필요하겠지. 등이 피투성이니 좀

가려 줘야지. 무슨 일이야, 폐하께서 넘어지셨나? 하루 종일 이런 식으로 사람 놀리는 게임을 했다.[1]

그분은 단지 사람에게만 수치를 당하신 것이 아니었습니다. 그분은 단지 사람에게만 버림받으신 것이 아니었습니다. 그분이 가장 사랑하는 분, 자신의 영원한 아버지 하나님께도 버림을 받으셨습니다. 그리스도께서 우리의 죄를 뒤집어 쓰셨기 때문에, 우리가 마땅히 받아야 하는 성부 하나님의 혐오와 진노를 받으셨습니다. 그분은 죄를 짓지 않으셨음에도 불구하고요. 미국의 신학자인 마이클 호튼은 이 진리를 아래와 같이 표현해 줍니다.

> (십자가에서) 그는 범죄한 피조물과 의로우신 아버지, 모두에게 원수다. 예수님이 십자가를 져야 한다는 생각으로 고민하신 이유는 십자가형으로 느끼게 될 육체적 고통(물론 이것도 무시할 수 없지만)보다는 **자신이 본성적으로 가장 혐오하던 것이 된다는 사실에 대한 극심한 공포와 관련이 있다.** 진리이던 그가 세상에서 참으로 구제 불가능한 위선자가 되어야 했다. 지극히 순결해 여성을 보고도 흑심을 품지 않던 그가 역사에서 가장 파렴치한 강간범이 되어야 했다. 순전한 이타심으로 항상 사랑하던 유일한 분이 하나님의 창조 세계에서 가장 혐오스러운 흉악범이 되어야 했다. 그는 인종차별주의자와 살인자와 중상자와 모략하는 자와 절도범과 폭군이 되어야 했다. 원래 본성적으로 그런 자가 아니라 우리 죄를 담당한 대리자로

서 그렇게 되어야 했다.[12]

제가 개인적으로 아는 사람이 범죄를 저지른 적이 있습니다. 제 생각에는 파렴치한 범죄였는데, 그래도 그 사람 곁에는 (비록 소수긴 했지만) 지지해 주고 한편이 되어 주는 사람들이 있었습니다. 하지만 그리스도 곁에는 아무도 없었습니다. 모두가 그분의 이름을 더럽혔습니다. 그리고 모두가 그분의 이름을 가치 없는 것으로 여겼습니다. 심지어 성부 하나님마저도요. 그리고 그분이 혐오를 받으심으로, 우리가 사랑을 받게 되었습니다. 그분의 이름이 멸시를 받음으로, 우리의 이름이 영광을 받게 되었습니다.

그리고 그렇게 영광을 받은 우리는, 우리를 위해 자신을 희생하시고 부활하신 예수 그리스도의 이름을 찬양하고, 무엇보다도 귀하게 구별합니다. 기도를 시작하는 당신이 이것을 기억했으면 합니다. 그분이 얼마나 큰 일을 하셨는지를 오래 묵상하십시오. 그리고 조심스레 입을 열어 마르틴 루터처럼 기도하십시오.

오 아버지, 저희 죄를 시인합니다.
은혜를 베푸셔서 심판하지 마소서.
은혜를 부으셔서 아버지의 거룩한 이름이
우리 안에 높여지게 하소서.

어떻든지, 무슨 일을 하든지
아버지를 찬양하고 높일 목적으로
생각하고 말하고 행동하게 하소서.
저희 자신의 영광이 아니라
아버지의 영광을 구하는 것을
항상 가장 앞세우게 하소서.
자녀인 저희들이 아버지인 하나님을
사랑하고 경외하고 높이도록 인도하소서.[13]

4장

나라가 임하소서

마 6:10 나라가 임하시오며.

제가 20대를 보낼 때까지는 대부분의 교회가 지금 우리가 읽고 있는 개역개정 4판 대신 개역한글판 성경을 읽고 사용했습니다. 그때는 마태복음 6:10이 "나라이 임하옵시며"라고 기록되어 있었고, 암송도 그렇게 했습니다(지금도 암송은 개역한글 버전으로 하는 교회들이 있을 것입니다). 당시 저는 "대체 '나라이 임하옵시며'라는 말이 무슨 뜻이지?"라고 생각했습니다. 즉, 말 자체를 이해하지 못했습니다. 얼마 안 가 영어 성경에 "Your kingdom come"이라고 되어 있는 것을 보고 그 말이 "당신의 나라가 임하기를 원합니다"라는 말이라는 것을 알게 되었지요.

그런데 이후에는 말은 이해되었지만, 그 말의 의미가 이해되지 않았습니다. '그렇다면 대체 하나님 나라는 뭐고, 그 나라가 임한다는 것은 무슨 의미지? 게다가 하나님 나라를 임하게 해 달라는 기도를 왜 하는 거야?' 하는 생각이 들었지요. 아마 많은 분들이 비슷한 생각을 하실 것 같습니다. 그래서 이번에는 이 말의 의미가 무엇인지, 그리고 우리가 기도를 해야 하는 이유는 무엇이며 어떻게 기도해야 하는지를 배워 보도록 하겠습니다.

하나님 나라의 정의: 그리스도의 통치

우선 정확히 해 둘 것이 있습니다. 여기 '나라'라고 번역된 단어는 '왕국'(헬라어 '바실레이아'βασιλεία)을 의미합니다. 즉 일반적인 모든 종류의 나라를 말하는 것이 아니라, 나라 중에서도 왕과 백성으로 이루어진 왕국을 가리킵니다. 혹시 국가의 3요소가 무엇인지 아시나요? 보통 '국민, 영토, 주권'을 가리켜 국가를 구성하는 필수적인 3요소라고 하지요.[1] 그런데 우리나라 사람들은 국토가 좁아서 그런지 '국가'라고 하면 그저 '영토'로만 생각하는 경우가 많습니다. 그래서 한국 교회 성도들도 '하나님 나라' 하면 아직도 '죽은 후에 우리가 갈, 저 위에 있는 하늘'만 생각하기 십상이지요. 그러나 이렇게만 생각하면 다음과 같은 말씀들을 이해하기가 어려워집니다.

> 그러나 내가 하나님의 성령을 힘입어 귀신을 쫓아내는 것이면 하나님의 나라가 **이미 너희에게 임하였느니라**. (마 12:28)

> 그가 우리를 흑암의 권세에서 건져 내사 그의 사랑의 아들의 **나라로 옮기셨으니**. (골 1:13)

두 말씀 다 우리가 이미 하나님 나라에 있으며 하나님 나라가 우리 가운데 임했음을 말해 주고 있습니다. 하나님 나라를 그저 공간으로만 생각하고, 죽은 후에 우리가 가야 할 곳으로만 여긴다면 도저히 이해할 수 없는 말씀들이지요. 하지만 "나라가 임하시오며"의 '나라'는 왕국을 가리킵니다. 국민, 영토, 주권 중 무엇이 강조되어 있나요? 주권입니다! 즉, 주권이 왕에게 있는 국가를 가리킵니다. 그래서 신약성경을 면밀히 살펴보면, 하나님의 나라는 사실 하나님의 주권적 통치를 의미한다는 것을 알 수 있습니다.[2] 더 정확히는, "예수 그리스도를 통해 인간 역사에서 역동적으로 작용하는 하나님의 통치"를 가리켜 하나님 나라라고 말할 수 있습니다.[3]

> 할렐루야 찬양하세.
> 내 모든 죄 사함 받고
> 주 예수와 동행하니
> 그 어디나 하늘나라. (찬송가 438장)

하나님 나라의 특징: 사랑의 나라

이러한 하나님 나라의 정의를 생각한다면, 천국의 특징 역시 생각해 볼 수 있습니다. 하나님이 사랑이시기에, 하나님이 다스리시는 나라는 사랑의 나라입니다. 18세기 설교자 조나단 에드워즈는, "천국은 사랑의 나라입니다"라는 설교에서 하나님 나라의 특징을 아름다운 언어로 묘사합니다.

천국에는 영원한 삼위일체 하나님이신 이 사랑의 샘이 개방되어 있어, 어떠한 장애도 없이 이 사랑의 샘으로 나아갈 수 있습니다. 천국에서는 이 영광스러운 하나님이 충만한 영광 가운데서, 사랑의 빛으로 나타나시며 비춰십니다. 천국에는 사랑의 원천이 흘러넘쳐 사랑과 기쁨의 시내와 강을 이루어 모든 사람이 마시며, 헤엄칠 수 있습니다. 그렇습니다. 사랑이 흘러넘쳐 사랑의 바다를 이룹니다.[4]

특별히 다음의 언급은 제게 큰 위로가 되었습니다.

천국에는 사랑스러운 대상만 있습니다. 천국에는 혐오스럽거나 더러운 사람이나 사물이 없습니다. 천국에는 악하거나 불결한 것이 없습니다. 요한계시록 21장 27절은 이렇게 말합니다. "무엇이든지 속된 것이나 가증한 일 또는 거짓말하는 자는 결코 그리로 들어오지 못하되." 천국에는 자연적이거나 도덕적인 결함이 있는 것은 아무것도 없습니다. 천국에 있는 모든 것은 보기에 사랑스러운 것입니다.…아버지가 사랑스러운 것처럼, 모든 자녀도 사랑스럽습니다. 몸의 머리가 사랑스러운 것처럼, 몸의 모든 지체도 사랑스럽습니다.…성도들로만 구성된 천국의 교회 안에는 사랑스럽지 않은 사람은 한 사람도 없습니다. 이 세상에서처럼 성도인 체하지만 사실은 비그리스도인이며 미워하는 마음으로 행동하는 거짓 신앙고백자들도 한 사람도 없습니다. 천국에는 어떤 경우에도 공격해야 하거나 미워하는 감정을 품거나 미워하는 행동을 해야 할 대상이 하나도

없습니다. 천국에는 모든 대상이 서로를 사랑합니다.[5]

    영원한 사랑이신 분께서, 우리를 사랑하십니다. 성부 하나님은 성자 하나님을 사랑하시는 만큼이나 우리를 사랑하십니다. 그 사랑이신 분이 우리를 향해 "내가 너희를 사랑한 것같이 너희도 서로 사랑하라"고 명령하셨고(요 13:34), 모든 백성은 그 명령을 즐거이 순종하며 서로 사랑합니다. 또한 서로를 볼 때 사랑스러운 마음이 솟아오릅니다. 이것이 완성될 하나님 나라의 이상입니다.

    어떻게 이것이 가능할까요? **통치하시는 하나님이 사랑이실 뿐 아니라, 그 통치가 완전하기 때문입니다.** 우리는 리더가 얼마나 중요한지 경험을 통해 잘 알고 있습니다. 대학교의 조별 과제를 책임지는 조장을 잘못 만나면 조별 과제는 엉망이 되고, 어떤 팀원은 혹사당하고 다른 팀원은 태업을 하게 됩니다. 회사의 리더를 잘못 만나면 회사는 실적을 내지 못하고 사내 문화는 불신과 경쟁으로 망가집니다. 하물며 국가의 리더를 잘못 만나면 어떻게 되겠습니까? 나라 전체가 엉망이 될 것입니다. 그러나 그렇게 엉망이 된 조직도, 좋은 리더가 헌신적으로 섬겨 갑자기 훌륭한 팀이 되는 예는 적지 않습니다. 그렇다면, 완전한 삼위 하나님이 다스리시는 나라는 그 무엇보다 행복하고 완전하지 않겠습니까?

하나님 나라를 바라는 기도

그렇다면 하나님의 통치를 받는 하나님의 교회는 당연히 사랑의 나라이지 않겠습니까? 하지만 현실은 그렇지 않습니다. 교회의 리더가 하나님의 말씀에 불순종하며 이기심과 자기중심성에 갇혀 있을 때, 교회의 문화는 뒷담화와 정죄로 물들고 복음 안에서 사랑의 영광을 맛보기는커녕 지옥의 현시를 맛보게 됩니다. 그나마 괜찮은 문화를 가지고 있는 건강한 교회라 하더라도 현실은 녹록지 않지요.

> 사랑 가운데 성도들과 함께 하늘에 거하는 것,
> 아 그것 참 영광스러운 일일세.
> 내가 아는 성도들과 이 땅 위에서 함께 거하는 것,
> 아 그건 좀 다른 이야기지.[6]

왜 그럴까요? 그분의 통치가 아직 완전히 임하지는 않았기 때문입니다. 이 똑같은 진리를 다른 말로 표현해 보자면, 우리는 그분께 아직 완전히 순종하지 않습니다. 또 다른 말로 표현해 볼까요? 우리가 그분께 불순종하는 것을 그분은 오래 참고 계십니다. 많은 사람들은 "교회는 하나님이 통치하시는 하나님 나라가 되어야 마땅한데, 왜 현실 교회는 이렇게 엉망이지?"라며 못마땅해합니다. 여기에 대한 성경의 대답은 "주의 약속은

어떤 이들이 더디다고 생각하는 것같이 더딘 것이 아니라. 오직 주께서는 너희를 대하여 오래 참으사 아무도 멸망하지 아니하고 다 회개하기에 이르기를 원하시느니라"(벧후 3:9)입니다.

하나님이 자신의 완전한 통치를 펼치시려고 모든 불순종을 일거에 몰아내신다면, 저를 포함한 그 누구도 하나님의 구원을 얻지는 못할 것입니다. 그래서 성경은 "우리 주의 오래 참으심이 구원이 될 줄로 여기라"(벧후 3:15)고 말해 줍니다. 우리는 한편으로 교회에 사랑이 넘치지 않는다는 사실에 실망하지만, 다른 한편으로는 사랑 없는 우리를 하나님이 사랑으로 오래 참으시고 용납하신다는 사실에 위안을 얻을 수 있습니다. 그리고 하나님이 궁극적으로 하나님 나라를 완성하시고 완전한 사랑의 나라를 펼치실 것이라는 사실에 소망을 가질 수 있습니다.

그래서 우리는 기도하는 것입니다. "당신의 나라가 임하기를 원합니다!" 이는 한편으로는 하나님의 나라, 그분의 통치가 이 땅에, 그리고 교회에 완전히 임하기를 바라는 기도입니다. 당신이 "나라가 임하시오며!"라고 기도할 때, 이 말을 더 풀어서 기도할 수도 있습니다. 스위스 신학자 칼 바르트가 했던 기도처럼요.

세계 도처에 있는 그리스도교 공동체들에 속한 이들, 동서방 양 진영에서 자문하고 조언하며 다스리고 결정하는 책임을 맡은 이들, 이곳저곳에서 모욕당하고 억압받는 이들, 가난하고 병들고 노쇠한 모든 이들, 의욕을 잃은 모든 이들, 낙심하고 혼란스러운 모든 이

들, 정의와 자유와 평화를 갈망하는 온 세계의 사람들, 이들의 염려와 필요, 어려운 상황을 우리가 아는 것과 모르는 것까지 당신 앞에 내어놓습니다. 우리가 당신의 전능한 은총, 모든 불의와 곤궁을 영원히 끝장내 정의가 살아 숨 쉴 새 하늘과 새 땅을 만드시는 은총의 손 안에 있음을 우리가, 많은 사람이, 모두가 보게 하소서.[7]

또한 일제 강점기, 복음을 전하며 부흥을 주도했던 감리교 목사인 박재봉 목사와 같이 이렇게 기도하는 것이기도 하지요.

아버지여, 그러므로 원합니다. 이 미약한 나와 또 식어진 이 강산의 모든 교회에 성령의 맹렬한 불을 던져 주소서. 온 땅의 교회들은 오늘날 고목과 시체처럼 불도 없고 피도 없고 사랑도, 눈물도 또한 믿음도 없습니다. 약동하는 영원한 생명이 없습니다. 자비하신 아버지여, 나를 불쌍히 보소서. 나의 사랑하는 조선의 모든 교회들을 긍휼히 여겨 주소서. 이 나라의 백성을 권고하소서. 아버지의 생명과 성화를 던지셔서 다 살려 주소서. 우리는 즐겨 그 타는 나무가 되려 합니다.[8]

그리고 많은 청교도들과 같이 이렇게 기도하는 것이기도 합니다. 그분의 통치가 내 안에 이루어지게 해 달라는 기도지요.

나를 가르치셔서

주님의 뜻에 순종하게 하시고

주님의 법을 즐거워하게 하시며

주님의 뜻이 아니면 어떠한 것도 품지 않게 하시고

주께서 하시는 모든 일이

나의 유익을 위한 것임을 믿게 하소서.[9]

이처럼 다채롭고 아름답게, 당신의 언어로 직접 기도를 드려 보십시오. 혹시 지금 기도하고 싶은 마음이 드셨나요? 그렇다면 책을 여기서 잠시 접어 두셔도 좋습니다. 잠시라도 좋으니 간절히, 당신의 언어로 기도해 보십시오. 그게 망설여진다면 앞에서 인용한 기도문들을 읽으며 기도하셔도 좋습니다. 이전에 전혀 해 본 적 없는 방식의 기도가 시작될 것입니다.

하나님 나라를 갈망하기

하지만 우리는 이렇게 기도하지 않습니다. "당신의 나라가 임하게 하옵소서!"라는 기도를 하기는커녕, 거의 기도하지 않는 경우가 많지요. 왜 우리는 하나님 나라를 갈망하지 않는 것일까요? 땅의 나라에 안주하기 때문이 아닐까요? 영국의 작가이자 그리스도인인 C. S. 루이스는 이러한 마음을 절묘하게 집어냅니다. 그는 선배 악마 스크루테이프가 후배 악마 웜우드에게 보내는 서른한 통의 가상 편지(즉 소설)인 『스크루테이프의 편지』에서 세상에 안주하는 마음을 이렇게 표현합니다.

> 풍요로운 중년기를 보낼 경우에는 우리의 입지가 한층 더 확고해진다. 풍요로움은 인간을 세상에 엮어 놓거든. 풍요로운 중년기를 보내는 인간은 '세상에서 내 자리를 찾았다'고 생각하지. 사실은 세상이 자기 속에서 자리를 찾은 것인데도 말이야.[10]

비정규직으로 일하던 사람들은 안정된 직장을 가졌을 때 '아, 드디어 내가 세상에서 자리를 잡았구나' 하고 생각합니다. 사업이 불안하다가 일정한 매출과 수익을 올리기 시작할 때, 월세나 전세를 전전하다가 번듯한 아파트가 생겼을 때 우리는 자리를 잡았다고 생각합니다. 저 역시 교회를 개척한 후 몇 년을 고생하다가 "드디어 자리를 잡았다"라고 말한 적이 있지요. 하지만 진짜 이루어진 일은, 우리가 세상에서 자리를 잡은 것이 아니라 세상이 우리 안에 자리를 잡은 것일 수 있습니다. 스크루테이프의 말을 계속 들어 봅시다.

> 갈수록 높아지는 명성, 넓어지는 교제권, '나는 중요 인물'이라는 의식, 열중할 수 있는 즐거운 일의 가중되는 압력 등은 '이 땅이야말로 편안히 안주할 수 있는 고향'이라는 인식을 심어 주는데, 이것이야말로 우리가 원하는 바다. 너도 알게 되겠지만, 일반적으로 중년층이나 노년층보다는 청년층이 죽음을 훨씬 덜 꺼리는 법이지. 원

수(예수님을 가리킴)가 이 하찮은 짐승들한테 영생을 주어서 자기의 영원한 세계에서 살 수 있게 했다는 것은 참으로 이상한 일이지만, 어쨌든 그는 인간들이 그 밖의 장소에서 고향처럼 편안한 느낌을 갖기가 쉽지 않도록 꽤나 효율적으로 대비해 두었다.[11]

간단히 표현하기는 어렵지만, 삶을 살아가다 보면 모든 것이 잘 되어 가고 안정적인데도 불구하고 불안함으로 남는 무언가가 있습니다. 내가 가지고 있는 것을 다 잃을지도 모른다는 두려움도 있지만, 이 모든 것을 가졌는데도 불구하고 공허하다는 느낌 역시 있지요. 왜 그럴까요? 이는 하나님께로부터 오는 일종의 시그널일 수 있습니다. "네 진정한 본향은 그 자리가 아니다. 너는 여기서 완전한 안식을 취할 수 없단다. 너는 여기서 이방인이고 나그네이며 순례자일 뿐이란다."

하나님 나라의 왕을 바라보기

그러한 의미에서 이 기도는 자기부인의 기도이며, 하나님을 향한 무한한 충성을 다짐하는 기도이고, 복종치 않는 자신의 죄를 죽이겠다는 기도입니다. 그렇기에 이 기도의 진정한 의미를 안다면 기도하기가 쉽지는 않습니다. 그렇다면 어떻게 해야 할까요? 이 기도에서 임하기를 구하는 그 나라의 왕을 바라볼 때, 자신을 부인하는 이 기도를 즐거이 할 힘이 생깁니다.

혹시 좋은 리더를 갈망한 적이 있습니까? 좋은 목회자와 함께 교회생활을 하다가 그 목회자가 은퇴한 경우, 좋은 후임이 오기를 갈망할 것입니다. 나쁜 목회자와 함께 시간을 보냈다면 더욱 그렇겠지요. 새롭게 취임한 사장이나 부장이나 팀장을 맞이한 구성원들은 새로운 리더가 좋은 사람이기를 갈망할 것입니다. 좋은 리더 아래에서 즐겁게 일하고 있는 사람이라면, 그 리더가 떠나지 않기를 갈망할 것입니다. 이와 마찬가지로, 그 나라의 왕이신 예수 그리스도가 얼마나 좋은 분이신지 아는 사람은 그분이 나를 통치하시려 할 때 기꺼이 자신을 내어놓을 것입니다. 그리고 "당신의 통치가 임하소서! 당신의 나라가 임하기를 원합니다!"라고 더 적극적으로 기도하겠지요.

그리스도를 보십시오. 그분은 왕으로 이 땅에 오셨습니다. 그래서 그분이 공생애를 시작하실 때 "하나님의 나라가 가까이 왔으니 회개하고 복음을 믿으라!"고 말씀하신 것이지요(막 1:15). 그분이 그 나라의 왕이시고, 통치권을 가지고 다스리려 하시니 그 나라는 이미 온 것입니다.[12] 물론 하나님의 오래 참으심으로 인해 아직 완성되지는 않았지만, 이미 왕은 통치를 시작했습니다.[13] 그런데 그 왕은 어떤 왕입니까? 복음서를 자세히 살펴보면, 이 왕의 독특한 특징을 발견하게 됩니다.

예수님이 사역을 하실 때, 많은 사람들이 그분께 물었습니다. "당신이 그 왕입니까? 당신이 메시아입니까?"(참고. 마 11:3) 그분이 기적을 베푸실 때마다, 권능 있게 말씀을 선포하실 때마다 묻습니다. 하지만 예수님은 절대로 명료한 답을 주시지 않습니다. 심지어 자신이 메시아임을 절대 알리지도 못하게 하시지요(막 1:43-44; 9:30-31).[14] 왜 그러셨을까요? 당시 백성들이 기대한 '세상을 통치하는 신적인 왕'인 메시아는 일종의 군사적·정치적 리더였고, 로마 제국을 엎고 이스라엘 민중을 해방시키는 왕이었기 때문입니다. 그러나 예수님은 사람들이 자신을 그렇게 인식하기를 원하지 않으셨습니다.[15]

그러다가 예수께서 자신이 왕이심을 분명히 드러내시는 때가 옵니다. 빌라도는 예수님을 향해 묻습니다. "네가 왕이냐?"(참고. 요 18:33) 왜 그랬을까요? 예수님이 기소된 죄목이 스스로를 왕으로 주장했다는, 즉 쿠데타를 꾀했다는 것이었습니다. 당시 로마는 반역죄에 대해 아주 가혹했고, 심지어 로마 시민이라 하더라도 십자가형으로 다스렸습니다.[16] 그래서 빌라도는 예수님에게 네가 왕이냐고 물은 것이지요. 그리고 여기서 예수님은 대답하십니다. "내가 왕이니라"(요 18:37).

그러나 빌라도 입장에서, 이 예수라는 사람은 좀 이상합니다. 보통 쿠데타 세력이라면 군대를 규합하고 반정부 사상을 퍼뜨리는 일이라도 할 텐데, 이 사람은 그저 열두 명의 제자들을 이끌고 다니는 뜨내기 철학자처럼 보였기 때문입니다. 빌라도는 마음속으로 예수님이 무죄라고 확신합니다. 하지만 유대인들과 군중의 눈치를 보며 결국 예수님께 십자가형을 내리지요. 그리고 요한복음은 그분의 십자가 처형을 아주 생생하게 그려

냅니다. 그중에 다음과 같은 놀라운 장면이 등장합니다.

> 빌라도가 패를 써서 십자가 위에 붙이니 '나사렛 예수 유대인의 왕'이라 기록되었더라. 예수께서 못 박히신 곳이 성에서 가까운 고로 많은 유대인이 이 패를 읽는데 히브리와 로마와 헬라 말로 기록되었더라. 유대인의 대제사장들이 빌라도에게 이르되 "유대인의 왕이라 쓰지 말고 자칭 유대인의 왕이라 쓰라" 하니 빌라도가 대답하되 "내가 쓸 것을 썼다" 하니라. (요 19:19-22)

이 장면은 놀랍습니다. 요한은 예수님이 십자가에 달리시는 장면을 마치 대관식처럼 묘사합니다. 그분은 단순히 '자칭 유대인의 왕'이 아닌 유대인의 왕, 아니 온 세상의 왕이었습니다. 그래서 당시로서는 '온 세상'의 언어였던 히브리어와 라틴어와 헬라어로 기록되었습니다. 세상은 전쟁에 승리해 사람들을 무릎 꿇게 만든 사람을 왕으로 섬기며, 세상의 모든 왕들이 그렇게 자신의 권력을 가졌지만, 이 왕은 완전히 다릅니다. 이 왕은 십자가에서 사람들을 위해 죽으심으로 등극하신 왕입니다. 세상의 많은 왕들은 사람들 위에 군림함으로 자신의 왕권을 행사하지만, 우리 구주께서는 사람들 아래에서 섬기시며 자신의 왕권을 행사하셨습니다. 다른 모든 왕들은 사람들을 불러다 자기 발을 내밀면서 씻기라고 명하지만 우리가 믿는 왕은 제자들을 불러 그들의 발을 씻겨 주셨습니다.

다른 신들은 강했습니다. 하지만 당신은 약했습니다.

그들은 괴롭혔으나, 당신은 비틀거리며 보좌로 가셨습니다.

우리가 받은 상처는, 하나님이 받으신 상처를 보면서만

이해할 수 있습니다.

어떤 신도 받지 않은 상처를, 당신은 받으셨습니다.

(에드워드 실리토)

그 나라의 왕이 당신을 압제하는 왕이 아니라 섬기는 왕임을 볼 때, 우리는 그 나라의 왕이 사랑이심을 다시 한번 확신할 수 있습니다. 또한 그 나라의 왕에게 순복하는 것이 기쁜 일임을 믿을 수 있지요. 그리고 그 나라의 통치가 내게, 또한 세상에 임할 때 우리가 꿈꾸던 이상이 우리에게 임할 것도 믿을 수 있습니다. 그리스도께서 치르신 대관식을 묵상하십시오. "당신의 나라가 내게, 그리고 교회에, 온 세상에 임하기를 원합니다!"라는 기도를 더 기쁨으로 할 수 있게 될 것입니다.

5장

하나님 나라와 염려

마 6:10 나라가 임하시오며.

마 6:25 그러므로 내가 너희에게 이르노니 목숨을 위하여 무엇을 먹을까, 무엇을 마실까, 몸을 위하여 무엇을 입을까 염려하지 말라. 목숨이 음식보다 중하지 아니하며 몸이 의복보다 중하지 아니하냐. 26공중의 새를 보라. 심지도 않고 거두지도 않고 창고에 모아들이지도 아니하되 너희 하늘 아버지께서 기르시나니 너희는 이것들보다 귀하지 아니하냐. 27너희 중에 누가 염려함으로 그 키를 한 자라도 더할 수 있겠느냐. 28또 너희가 어찌 의복을 위하여 염려하느냐. 들의 백합화가 어떻게 자라는가 생각하여 보라. 수고도 아니하고 길쌈도 아니하느니라. 29그러나 내가 너희에게 말하노니 솔로몬의 모든 영광으로도 입은 것이 이 꽃 하나만 같지 못하였느니라. 30오늘 있다가 내일 아궁이에 던져지는 들풀도 하나님이 이렇게 입히시거든 하물며 너희일까 보냐, 믿음이 작은 자들아. 31그러므로 염려하여 이르기를 무엇을 먹을까, 무엇을 마실까, 무엇을 입을까 하지 말라. 32이는 다 이방인들이 구하는 것이라. 너희 하늘 아버지께서 이 모든 것이 너희에게 있어야 할 줄을 아시느니라. 33그런즉 너희는 먼저 그의 나라와 그의 의를 구하라. 그리하면 이 모든 것을 너희에게 더하시리라. 34그러므로 내일 일을 위하여 염려하지 말라. 내일 일은 내일이 염려할 것이요 한 날의 괴로움은 그날로 족하니라.

"나라가 임하시오며"라는 기도는 무슨 의미입니까? 앞 장에서 이미 살펴본 것을 간단히 정리하자면 그분의 통치권이 이 땅에, 그리고 우리의 마음에 임하게 해 달라는 기도입니다. 우리는 이 기도를 통해서 최소한 다음 네 가지를 기도합니다. 첫째, 하나님의 사랑과 통치가 이 나라와 온 세계에 임하게 해 주소서. 둘째, 하나님의 사랑과 통치가 가득한 새 하늘과 새 땅이 오게 해 주소서. 셋째, 하나님의 사랑과 통치가 우리 이웃들에게 임하여, 이웃들이 하나님을 왕으로 모시며 사랑하고, 이웃을 섬기며 사랑하게 해 주소서. 넷째, 하나님의 사랑과 통치가 나 자신에게 임하여, 철저히 당신께 순종하게 하소서.

미국의 윌리엄 제섭 대학교(William Jessup University)에서 신학을 가르치고 있는 데이비드 팀스 교수는 2008년에 『주기도문을 살기』라는, 대단히 재미있는 책을 썼습니다.[1] 우리가 기도를 한다면 무언가를 소망한다는 것이 아니겠습니까? 그렇다면 자연스럽게 그 소망에 맞추어 삶이 형성됩니다. 예를 들어 내가 소망하는 것이 다이어트라면, 식이를 조절하며 운동하는 삶을 살겠지요. 그처럼 우리가 주기도문으로 기도하며 주기도문의 내용을 소망한다면 어떻게 살아야 하는지에 대한 이야기를 하는 책입니다.

거기서 데이비드 팀스는 "당신의 나라가 임하기를 원합니다"(Your kingdom come)라는 기도는 자연스레 "나의 나라는 끝났습니다"(My kingdom done)라고 기도하는 것과 같다고 말합니다. 당신의 나라가 임하기를 바라면서 내 나라가 계속 건재하기를 바라는 것은 어불성설이라는 것이지요. 우리가 "당신의 나라가 임하기를 바랍니다"라고 말할 때 우리는 "이제 내가 내 주권을 포기하겠습니다. 내 삶은 나의 것이 아니라 당신의 것입니다"라고 말하는 것과 같다는 것입니다.

예수님은 이 말의 의미가 무엇인지 조금 더 깊이 이해하도록 보충 설명을 해 주십니다. 33절에서 우리 주님은 "그런즉 너희는 먼저 그의 나라와 그의 의를 구하라. 그리하면 이 모든 것을 너희에게 더하시리라"고 말씀하십니다. 여기서도 '나라를 구하라'는 명령을 하시지요. 그런데 이 명령은 '염려하지 말라'는 권면이 있는 25-34절의 일부입니다. 그러므로 이 부분은 "나라가 임하시오며"라는 기도의 보충 설명이라고 볼 수 있습니다. 그리고 보충 설명의 핵심은, **그의 나라를 구하는 사람은 염려하지 말아야 한다는 것**입니다.

염려는 사실 죄처럼 보이지 않습니다. 어떤 목사가 누군가를 미워하거나, 음욕을 품고 있는 것을 들킨다면 사람들은 아마도 "저 사람은 나쁜 목사야"라고 말할 것입니다. 하지만 그가 염려한다면? 보통 공감해 주려 하거나 같이 염려하지요. 염려 자체는 죄가 아니기 때문입니다. 그러나 염려는 많은 죄를 불러일으킵니다. 존 파이퍼는 "재정에 대한 염려는 탐욕과 욕심과 사재기와 절도를 유발시킨다. 어떤 일이 성공할 것인지 염려하게 되면 당신은 급해지고 무뚝뚝하며 퉁명스럽게 변한다. 관계를 염려할 때 당신은 주눅이 들고 다른 사람에 대해 무관심하며 주의를 기울이지 않게 된다. 누군가 당신에게 어떻게 반응할 것인가를 염려하다 보면 당신은 진실을 가리게 되고 거짓말을 하게 된다"라고 말합니다.[2] 이러한 의미에서 염려를 정복하는 것은 죄를 대항하는 방법일 뿐 아니라, 행복하게 살아갈 수 있는 비결이기도 합니다.

하지만 누군들 염려를 원해서 하겠습니까? "오늘 염려를 세 번밖에 하지 않았군. 앞으로 다섯 번은 더 해야지"라고 말하는 사람은 없습니다. 그렇다면 우리는 염려를 어떻게 대해야 하겠습니까? 우선 염려가 어디에서 기인하는지를 생각해 볼 필요가 있습니다.

염려는 어디서 비롯되는가

예수님은 25-34절에서 염려하지 말라는 말씀을 세 번이나 반복하십니다(25, 31, 34절). 그리고 갑자기 "그런즉 너희는 먼저 그의 나라와 그의 의를 구하라"(33절)고 말씀하시지요. 여기서 '그런즉'을 주목하십시오. 염려하지 않는 것과 그의 나라를 구하는 것 사이에 인과관계가 있다는 말씀입니다. 즉 예수님은 "너희는 염려하지 마라. 그리고 염려하지 않을 수 있도록, 하나님 나라를 늘 구하거라" 이렇게 말씀하시는 것이지요. 그렇다면 어떤 관계가 있는 것일까요?

염려는 대체로 미래의 것을 통제하고 싶어 하는 욕구에서 비롯됩니다. 염려는 실재가 아닌, 잠재적 가능성에 대한 걱정이지요. 미래를 통제하고 싶어 하는 열망이 없다면, 사실 염려는 존재하기 어렵습니다. 예를 들어 보겠습니다. 대학을 졸업하기 전 누구나 그렇듯, 저도 구직 활동을 열심히 했었습니다. 그리고 여러 군데 원서를 넣고 결과를 기다리다 떨어지기를 거듭했습니다. 하루는 정말 가고 싶은 회사에서 떨어졌다는 소식을 들었는데, 그날은 평상시 잠을 잘 자던 저도 뒤척이며 잠을 이루기 힘들었습니다. 미래에 대한 염려 때문이었습니다. '이렇게 계속 취직을 못하면 나는 인생 쓰레기와 잉여인간이 되지 않을까?'(좀 과격한 생각이긴 했지요.) 이런 생각도 들었습니다. '이거 신학교로 가라는 하나님의 부르심인가?(하나님은 이런 식으로 부르시지 않습니다.) 이러다가 목사나 선교사가 되는 거 아니야? 그러면 나는 가난하고 힘들고 찌질해지고 불행해질 거야.'

그리고 저는 목사가 되었습니다. 물론 곧바로는 아니고, 직장에 들어가서 수년간 직장생활을 하다가 부르심을 받아 목사가 되었습니다. 그리고 (감사하게도) 목사가 된 지금 저는 그 어느 때보다 행복합니다. 물론 다른 직업을 가졌어도 그러한 은혜를 주셨겠지만, 제가 가지고 있는 계획대로 인생이 돌아가지 않으면 불행해질 거라는 생각은 오산이었지요. 제가 인생을 통제할 수도 없거니와, 통제할 필요도 없다는 것을 알게 된 것입니다. 생각해 보면 그때의 염려는 불필요한 것이었습니다. 하지만 저는 쓸데없이 염려를 반복하며 부모님께 짜증을 내거나, 우울한 얼굴로 다니며 주변 사람들에게 민폐를 끼쳤지요.

염려의 원인은 통제하고 싶은 마음입니다. 이러한 생각을 재치 있게 꼬집은 말이 있습니다. 수학자이자 기독교 변증가였던 블레즈 파스칼은 『팡세』에서 "왕위를 잃은 왕 말고는 자기가 왕이 아닌 것을 불행하게 생각할 사람이 누가 있겠는가?"라고 말하지요.[3] 맞습니다. 혹시 대선에서 대통령이 되지 못할까 두려워하시는 분이 계신가요? 아마 없을 것입니다. 물론 자신이 유력한 정당의 대선 후보이거나, 유력 정치인이라면 두려워하겠지요. 하지만 대다수 국민들은 그런 것을 염려하지 않습니다. 마찬가지로 우리가 미래를 통제할 수 없다는 것을 확실히 인정한다면, 우리가 우리 삶의 왕이 아니라는 것을 인정한다면 불행하거나 염려하지 않을 것입니다.

16세기 종교개혁자인 마르틴 루터와 필리프 멜란히톤은 종교개혁의 동지였고 깊은 신뢰를 나누는 사이였습니다. 멜란히톤은 삶의 여러 문제들에 대해, 그리고 종교개혁의 미래에 대해 대단히 염려를 많이 하는 사람이었지요. 그때마다 루터는 멜란히톤에게 이렇게 말했습니다. "필리프가 세상을 지배하는 것을 그만두게 하라고."[4]

저도 작년 처음 팬데믹이 교회를 강타했을 때, 하루 종일 염려하느라 많은 시간을 낭비했습니다. 그러던 중 남은(南隱) 김인서(1894-1964) 목사의 기도를 읽게 되었습니다.

하늘도 아버지의 것,
세계도 아버지의 것입니다.
물에 노는 고기와 하늘에 나는 새도 당신의 것이요,
만산 만야의 오곡백과가 다 아버지의 것입니다.
그런데 나는 염려하고 걱정합니다.
당신의 손은 강한 나라를 폐하시고
억울한 자를 신원하십니다.
그런데 나는 무서워하고 두려워합니다.
하나님의 나라는 화려하고 즐겁고 영원합니다.
그런데 나는 죽음을 무서워하고 인생을 슬퍼합니다.[5]

물론 이 기도를 읽었다고 당장 염려에서 자유로워진 것은 아니었습니다. 하지만 무어라 기도해야 하는지 배울 수 있었지요. 제 인생은 제 것이 아닙니다. 당연히 시광교회도 제 것이 아니지요. 그리고 제가 심히 염려하며 가졌던 마음의 본질에는 교회를 내 사업장처럼 생각했던 죄가 있다는 것을 깨달았습니다. 즉 염려의 가장 깊은 심연에는 교만이 도사리고 있는 것입니다.

염려를 어떻게 이길 것인가

그렇다면 염려의 근원을 알았으니 이제 우리가 낮아지면 될까요? 그냥 겸손해지는 것이 답입니까? 물론 답이지만, 예수님은 더 깊은 차원에서 우리를 격려하십니다. 오히려 우리의 고귀한 신분을 기억하라고 하십니다. 여기서 이런 생각이 들지 모르겠습니다. "염려는 우리가 왕이 되려고 하기 때문에 생기는 것이라고 하지 않았나? 그러면 답은 스스로를 하찮게 여기는 것이어야 하잖아. 왜 갑자기 자신을 고귀하게 여기라는 거야?" 일단 다음의 말씀을 생각해 봅시다.

> 공중의 새를 보라. 심지도 않고 거두지도 않고 창고에 모아들이지도 아니하되 너희 하늘 아버지께서 기르시나니 **너희는 이것들보다 귀하지 아니하냐**. (마 6:26)

> 오늘 있다가 내일 아궁이에 던져지는 들풀도 하나님이 이렇게 입히시거든 **하물며 너희일까 보냐**, 믿음이 작은 자들아. (마 6:30)

예수님은 공중의 새와 들풀을 예로 드십니다. 그리고 그들도 하나님이 먹이시고 입히십니다. 그러면서 예수님은 "너희는 이것들보다 귀하지 아니하냐?" "하물며 너희일까 보냐?"라고 반문하십니다. 우리는 새와 들풀보다 훨씬 귀하다는 것이지요.⁶ 예수님의 말씀은 이것입니다. "너희는 하나님이 아니다. 그러나 너희는 하찮지도 않다. 너희는 하나님께 정말 소중한 존재다. 그러니 염려하지 마라."

우리는 늘 양극단으로 치우치는 성향이 있습니다. 우리는 기도를 합니다. 그러나 겸손한 자녀로 하나님께 기도하는 것이 아니라 왕이요 주권자로 하나님께 나아가 기도합니다. 물론 말로는 "겸손히 구합니다. 제게 재물을 주세요"라고 기도할 수 있습니다. 하지만 내심으로는 **어떠한 방식으로 재물을 주실지에 대한 방법까지도 결정**하고 있습니다. 내심으로는 "하나님, 제가 재물이 없어서 그런데, 이번에 주식을 사서 투자하려 했던 회사 주가가 크게 오르는 방식으로 제게 재물을 주세요"이지요. 그리고 하나님이 내 삶을 먹이시고 돌보시며 재물을 주시기를 바라는 것이 아니라, 그저 주식이 오르기를 바랍니다. 이 경우 하나님은 왕이 아닙니다. 내가 왕이며 하나님이 신하가 되는 것이지요.

그리고 시간이 지나서 주식이 폭락했다 합시다. 그러면 우리는 분노합니다. 사실 하나님은 "주가가 오르는 것이 아닌, 다른 방식으로 네게 재물을 줄 거야. 그리고 너를 결코 버리지 않고 먹이겠다"는 마음으로 기도에 응답하고 계신데도, 우리는 '아니, 그렇게 기도했는데 주가가 폭락하다니! 하나님이 나를 버리신 것이 틀림없어!' 하고 생각하는 것입니다. 하나님은 우리의 기도에 응답하시되, 그분의 방식으로 응답하십니다. 그분은 우리를 돌보시되, 그분의 방식으로 돌보십니다. 그러므로 우리가 원하는 방식으로 응답받지 못했다 해서 우리의 기도가 거절된 것은 아닙니다.

오히려 이때 주님의 말씀을 들어 보십시오. "또 너희가 어찌 의복을 위하여 염려하느냐. 들의 백합화가 어떻게 자라는가 **생각하여 보라**"(마 6:28). 더 깊이 생각해 봅시다. 우리가 염려하는 것은 우리가 깊이 생각하지 않기 때문입니다. 사람들은 흔히 생각이 많거나 복잡해서 염려한다고 말하지만, 실제로 우리는 깊이 생각하지 않기 때문에 염려하는 것입니다. 두 가지 진리를 동시에 생각하십시오. 우리가 하나님이 아니라는 것과 우리가 하나님께 귀한 존재라는 것. 그렇다면 우리는 "그래, 내가 하나님이 아니기 때문에 응답받는 방식까지 내가 결정할 수는 없는 거야. 그렇다고 내가 버림받은 것도 아니야. 하나님은 나를 돌보고 계시고, 새와 들풀을 먹이시고 입히시는 하나님은 나를 훨씬 소중하게 여기고 계셔. 나를 상상도 못한 방법으로 인도하고 계실 거야"라고 말할 수 있는 것입니다.

그러니 떠오르는 염려에 자신을 맡기지 마십시오. 이것은 생각하지 않는 행동입니다. 오히려 생각을 하십시오. 밀려오는 생각에 휘둘리지 말고, 내가 하나님이 아니라는 것과 하나님께 나는 정말 소중한 존재라는 것을 자신에게 반복하여 말해 주십시오. 영국의 설교자 마틴 로이드 존스의 표현을 빌리자면, 자아가 자신에게 말을 걸게 하지 마시고 자신이 자아에게 말을 거십시오!

'자아'가 우리에게 말을 걸게 하지 말고 우리가 자아에게 말을 걸어야 합니다! 이 말이 무슨 뜻인지 알겠습니까?…인생에서 대부분의 불행은 우리가 자아에게 말하는 대신 오히려 자아의 말을 듣는 데 있음을 모르겠습니까? 아침에 눈을 뜰 때 바로 떠오르는 생각이 어떤 것들인지 보십시오. 내가 의식적으로 그 생각을 하는 것이 아닙니다. 그 생각이 절로 떠올라 나한테 먼저 말을 걸고 어제 있었던 문제나 그 밖의 일들을 상기시키는 것입니다. 누군가 먼저 내게 말을 겁니다. 그 누군가가 누구일까요? 내 자아입니다. 시편 기자의 대처법이 바로 이것이었습니다. 자아가 자신에게 말을 걸게 두지 않고 자신이 먼저 자아에게 말을 거는 것이었습니다. "내 영혼아, 네가 어찌하여 낙심하는가?"라고 묻는 것이었습니다. 자기 영혼이 압박하며 짓눌러 올 때, 그는 벌떡 일어나 말했습니다. "잠깐, 내 말을 들어 봐. 내가 말할 거야."[7]

염려를 극복할 때에 가능한 기도

염려가 가득할 때 할 수 없는 기도가 있습니다. 바로 하나님 나라와 그분의 영광을 위한 기도입니다. 예컨대 진로 문제라든지 관계 문제, 건강, 재정 등의 문제 때문에 염려에 사로잡혀 있다고 합시다. 교회를 갔는데 설교자가 당신에게 미전도 종족을 위해, 그리고 가난하고 소외된 이웃을 위해 기도하자고 한다면 어떤 생각이 들까요? '내가 불우 이웃인데 무슨 이웃이나 미전도 종족을 위해 기도를 해? 다 쓸데없는 소리!' 이렇게 생각되지 않나요? 교회를 위해서나 나라를 위해서 기도하자는 말을 들으면 '그건 사역자들이나 직분자들이 해야 하는 기도 아냐?' 하는 마음이 들기도 하지요.

여기서 주님의 말씀을 자세히 들어 봅시다. 그분은 여러 예를 들면서 염려하지 말라고 말씀하시고, 하나님이 우리에게 필요한 모든 것을 잘 아신다고 합니다. 그리고 "그런즉 너희는 먼저 그의 나라와 그의 의를 구하라. 그리하면 이 모든 것을 너희에게 더하시리라"(33절)라고 말씀하십니다. 바꾸어서 표현해 볼까요? "너희들은 내 나라를 염려하여라. 네 삶을 염려하지 말거라. 내가 네 삶을 책임져 줄 것이고, 네게 필요한 모든 것을 더하여 줄 거란다."

16세기 영국의 여왕 엘리자베스 1세는 막강한 부와 권력을 가지고 있었습니다. 170센티미터가 넘는 키에, 대단히 호방하고 진취적인 성격을 가진 사람이었다고 합니다. 당시 이름을 날렸던 스페인의 무적함대를 격파하기도 하고, 수많은 치적을 남긴 강력한 여왕이었지요. 엘리자베스 여왕은 신세계를 정복하여 영국을 강대국으로 만들 계획을 세웠는데, 그걸 위해서 해양 기술을 가지고 있는 한 남자를 보내기를 원했습니다. 그래서 그 남자를 불러서 자신의 계획을 설명하고 신세계로 가라고 명령했지요. 하지만 그 남자는 여왕에게 이렇게 말했습니다.

"폐하, 저는 이제 막 자그마한 사업을 시작했고, 제가 떠나 버린다면 이 사업이 망해 버릴 것입니다." 그러자 엘리자베스 여왕이 말했지요.

"네가 내 사업을 신경 쓴다면, 내가 네 사업을 신경 써 주도록 하지."[8]

이것이 무슨 말입니까? "네가 망하든 말든 나는 내 사업이 중요하니 알 바 아니다!"라는 말입니까? 오히려 이러한 말이지요. "정신 차려, 이 친구야. 나는 내 사업이 정말 잘되기를 바란다고. 그런데 네가 하는 사업이 망할 것 같아서 네가 못 나가겠다고 한다면, 내가 네 사업을 망하게 둘 거 같아? 내 모든 힘과 권력을 다해서 네 사업을 보호하지 않겠어?" 이해가 되십니까? 당신이 하나님 나라가 임하기를 위하여 기도하며 힘을 다할 때, 하나님이 당신의 개인적 삶을 신경 쓰지 않으시겠습니까? 예컨대, 당신이 미전도 종족을 위해 25분 기도하고 개인적 삶을 위해 5분 기도했다 해서 그분이 "네가 5분만 기도했으니 네 삶은 신경 쓰지 않고 미전도 종족에게만 더 큰 은혜를 베풀겠다"고 하실까요? 우리가 염려를 거둘 때, 하나님은 우리를 통해 하나님 나라가 임하게 하심과 동시에 우리 삶을 책임지실 것입니다.

주께서는 내가 구하기도 전에 내게 필요한 것을 아십니다.

내 영혼이 잘되지 않으면 결코 잘되었다 여기지 않게 하시고
주님께 대하여 부요하지 않으면 결코 부요하다 믿지 않게 하시며
구원의 지혜가 있지 않으면 결코 지혜롭다 여기지 않게 하소서.
주님의 나라와 그 의를 먼저 구하게 하시고
어떠한 것이든 영원과 관련하여 보게 하시며
내 영혼의 일을 무엇보다 염려하게 하소서.[9]

내 나라를 포기할 때 얻는 자유

내 나라를 포기한다면, 그분이 내 삶의 왕이 되신다면, 그분이 그분의 나라를 나를 위해서 움직이실 것입니다. 우리가 기꺼이 "나라가 임하시오며"라고 기도하며 우리의 권리와 주장을 내려놓고, 삶에 대한 우리의 염려를 내려놓는다면, 그분이 모든 것이 합력하여 선을 이루도록 하실 것입니다(롬 8:28). 그럴 때 비로소 우리는 자유를 얻게 됩니다. 어떤 자유입니까? 내가 더 이상 내 삶의 책임자가 될 필요가 없는 자유, 내 삶과 내 가족을 궁극적으로 책임지지 않아도 되는 자유를 누리게 되는 것이지요.

그 자유를 우리가 누리게 하시기 위해, 그리스도께서 친히 우리의 왕이 되셨습니다. 그 왕이 하신 일을 생각해 봅시다. 예수님은 공중을 나는 새와 들의 백합화, 들풀을 사용하셔서 "하물며 너희일까 보냐?"라고 물으십니다. 우리가 이것들보다 훨씬 더 귀하기 때문에 염려하지 말라고 말씀하시기 위해서요. 그

런데 조금 더 깊이, 곰곰이 생각해 보면 우리는 새나 백합화, 들풀보다 더 대접받을 자격이 있는 존재가 아닙니다.

왜 그런가요? 새, 백합화, 들풀은 하나님께 반역한 적이 없습니다. 그들은 죄를 저지르지 않았습니다. 그들은 우리 인간보다 훨씬 더 적은 것들을 받았고, 우리는 훨씬 더 많은 것을 받았습니다. 우리는 하나님의 형상으로 지음 받았고, 모든 좋은 것을 하나님께로부터 다 받았는데도 하나님께 범죄하지 않았습니까? 지금도 그렇게 범죄하고 있고요. 하나님의 사랑을 받는 것은 우리에게 당연하지 않습니다. 그분이 우리를 이렇게 살뜰히 살펴 주시는 것 역시 전혀 당연하지 않고요. 우리에게 당연한 것은 그분의 진노와 저주를 받는 것뿐입니다.

그러나 그리스도께서, 우리가 하나님께 소중한 존재로 여김 받게 하기 위해 그분이 우리 대신 버림을 받으셨습니다. 그분이 **성부 하나님 앞에서 공중 나는 새와 들풀보다도 못한 대접을 받으셨습니다.** 영원한 하나님이신 분이, 성부 하나님께 가장 소중하고 귀한 분이 십자가에서 백합화보다도 못하게 버림받으셨습니다. 그리스도께서는 한결같이 하나님의 나라와 그 의를 구하셨지만, 성부 하나님은 '이 모든 것을 더하여' 주지 않으셨습니다. "먼저 그의 나라와 그의 의를 구하라. 그리하면 이 모든 것을 너희에게 더하시리라"는 말씀은 예수님에게만큼은 적용되지 않았지요. 왜요? 받을 자격이 없는 우리에게 적용하시기 위해서요!

당신이 염려한다면, 마치 이렇게 말하는 것과 같습니다. "하나님이 당신의 가장 소중한 아들을 나를 위해 버리시긴 했지만, 내 미래는 안 돌봐 주실 것 같군요." 그럴 리가요! 바울의 선포를 들어 보십시오. "우리가 아직 죄인 되었을 때에 그리스도께서 우리를 위하여 죽으심으로 하나님께서 우리에 대한 자기의 사랑을 확증하셨느니라!"(롬 5:8)

그분을 신뢰합시다. 그리스도께로 나아갑시다. 당신을 위해 하찮게 여겨지신 그분이 바로 당신의 왕입니다. 그 왕을 바라보며, 그 나라와 그 의를 먼저 구합시다. 왕은 자신의 사업에 관심이 많으십니다. 그리고 그분의 사업은 바로 당신입니다. 그렇다면 당신은 기꺼이 "내 나라가 끝나고, 당신의 나라가 임하소서!"라고 기쁘게 기도할 수 있지 않겠습니까?

6장

뜻이 이루어지이다

마 6:10 뜻이 하늘에서 이루어진 것같이 땅에서도 이루어지이다.

사람들이 하는 기도 중에서 '무엇무엇을 주시옵소서' 다음으로 많이 하는 기도는 아마도 '무엇무엇에 대한 하나님의 뜻이 무엇인지 알게 해 주세요' 또는 '하나님의 인도를 구합니다' 하는 기도일 것입니다. 그리스도인들은 모든 것을 하나님께서 다스리신다고 믿고, 또한 그분의 섭리대로 모든 것이 진행될 것을 믿기에 이러한 기도를 합니다. 구체적으로는 "이 사람이 저를 위해 주님이 예비하신 그 짝인가요?"를 비롯해서 "제가 학업을 계속해야 할까요? 아니면 취직을 해야 할까요?" "이직을 하는 것이 하나님의 뜻인가요?" "지금 시점에서 주식을 팔아야 할까요?" 등등 다양하지요.

이러한 기도는 한편으로는 경건하지만, 다른 한편으로는 두려움과 불안감을 야기합니다. 많은 그리스도인들은 마치 "하나님의 특별하고 구체적인 지시가 없으면 인생의 중요한 문제를 결정할 수 없다"고 생각하는 듯합니다.[1] 그래서 비상한 꿈을 꾼다든지, 자신의 상황에 딱 맞는 설교를 듣는다든지, 기도 중에 무언가 신비한 체험을 한다든지 하는 것이 없으면 결국 아무것도 결정하지 못하지요. 미국의 목회자 케빈 드영은 여기에 대해

"우리 가운데 너무나 많은 사람이 결정하지 않는 것과 방황하는 삶이 마치 영적 민감성의 표시인 양 우리의 불안정과 일관성 부재와 끝없는 자기 탐구를 하나님의 뜻을 찾는 것으로 착각해 왔다"고 꼬집습니다.[2]

이러한 불안 가운데서, "뜻이 하늘에서 이루어진 것같이 땅에서도 이루어지이다" 하고 겸손히 하나님의 뜻이 성취되기를 구하는 기도는 우리에게 안식과 위로를 줄 수 있습니다. 이 기도가 어떻게 우리를 쉬게 하는지, 어떻게 자유롭게 하는지 이해하기 위해서는 여기서 '뜻'이라고 번역된 단어(헬라어로 '텔레마'θέλημα)가 무슨 의미인지 알아야 합니다. 신약학자 도널드 카슨은 이 단어가 "의를 행하라는 하나님의 요구들(마 7:21; 12:50)과 구속사에서 어떤 사건들을 일으키고자 하시는 그분의 계획(18:14; 26:42)을 포함한다"고 말합니다.[3] 즉 하나님의 뜻은 두 가지 의미를 가지고 있다는 것이지요.

하나님의 두 가지 뜻: 감추어진 뜻과 나타난 뜻

이 두 가지 뜻은 다음의 신명기 말씀에 잘 나타나 있습니다.

> **감추어진 일**은 우리 하나님 여호와께 속하였거니와 **나타난 일**은 영원히 우리와 우리 자손에게 속하였나니 이는 우리에게 이 율법의 모든 말씀을 행하게 하심이니라. (신 29:29)

여기서 우리는 '감추어진 일'과 '나타난 일'을 볼 수 있습니다. 감추어진 일이란 하나님은 알고 계시지만 우리에게는 감추어진 모든 것, 즉 우리의 미래나 현재 벌어지고 있는 일들에 대한 하나님의 뜻을 가리킵니다.[4] 미래에 우리가 가지게 될 직업, 해야 할 일, 만나게 될 배우자 등은 모두 감추어진 일입니다. 이 모든 것이 성경에 다 기록되어 있지는 않습니다. 내 배우자가 누구일지는 성경에서 발견할 수 없을 것입니다. 하지만 하나님의 거대한 계획 안에서는 그 모든 것이 예비되어 있지요. 다음 성경 구절들을 읽어 볼까요?

> 과연 헤롯과 본디오 빌라도는 이방인과 이스라엘 백성과 합세하여 하나님께서 기름 부으신 거룩한 종 예수를 거슬러 **하나님의 권능과 뜻대로 이루려고 예정하신** 그것을 행하려고 이 성에 모였나이다.
> (행 4:27-28)

> 내 형질이 이루어지기 전에 주의 눈이 보셨으며 나를 위하여 정한 날이 하루도 되기 전에 **주의 책에 다 기록이 되었나이다.** (시 139:16)

> 참새 두 마리가 한 앗사리온에 팔리지 않느냐. 그러나 **너희 아버지께서 허락하지 아니하시면** 그 하나도 땅에 떨어지지 아니하리라.
> (마 10:29)

이 말씀들은 세 범주의 일들이 모두 하나님의 계획과 뜻 안에서 이루어진다고 말합니다. 헤롯과 본디오 빌라도가 예수 그리스도를 죽이려 하는 역사상 가장 거대한 일들뿐 아니라, 한 개인이 엄마 배 속에서 잉태되고 태어나는 작은 일들, 그리고 시장에서 참새 두 마리가 팔리는 아주 작은 일까지 하나님의 계획과 뜻 밖에서 이루어지는 일은 없습니다. 그러나 이 모든 일들은 감추어져 있는데, 이는 하나님이 우리에게 그 세부 사항을 알려 주지 않기로 작정하셨다는 것입니다.

그렇다면 나타난 일은 무엇입니까? 이는 하나님이 성경을 통해 선명하게 계시하신 하나님의 뜻입니다. 성경은 도처에서 하나님의 명령을 하나님의 뜻이라고 부릅니다. 예를 들면 예수님은 "나더러 주여 주여 하는 자마다 다 천국에 들어갈 것이 아니요 다만 하늘에 계신 내 **아버지의 뜻대로 행하는** 자라야 들어가리라"(마 7:21)라고 말씀하셨고, 사도 요한은 "이 세상도, 그 정욕도 지나가되 오직 **하나님의 뜻을 행하는** 자는 영원히 거하느니라"(요일 2:17)라고 말했지요. 이는 성경 전체를 통해 발견할 수 있는, 하나님의 명령들입니다. 그렇다면 신명기 말씀의 결론은 무엇일까요? 바로 "알지 못하는 미래를 하나님께 맡기고, 순종할 수 있으며 우리에게 주어진 하나님의 율법을 따르는 것"입니다.[5]

감추어진 뜻을 신뢰하는 기도

그렇다면 우리는 어떻게 기도해야 할까요? 다시 말해 "아버지의 뜻이 이루어지이다"라는 기도는 어떤 기도일까요? 그것은 바로, 감추어진 하나님의 뜻은 자꾸 알아내려고 노력하기보다는 신뢰하면서 하나님을 의지하게 해 달라고 기도하고, 나타난 하나님의 뜻은 부지런히 알려고 하며 순종하게 해 달라고 기도하는 것이겠지요. 우리는 이 반대로 행하기 십상입니다. 감추어진 뜻에 대해서는 자꾸 알려고 하고, 나타난 뜻인 성경을 알려는 노력은 게을리하지요.

이러한 삶은 신앙생활에서 여러 부작용을 낳습니다. 예컨대 하나님의 말씀인 성경을 읽거나 성경을 설명하는 설교를 듣는, 일상적이고도 통상적인 방법으로는 위로를 얻을 수 없게 됩니다. 교의학자인 박영돈 교수는 그 부작용 중 하나를 이렇게 지적합니다.

> 작은 일에 충성하는 것을 하나님이 귀히 보신다는 말씀을 설교를 통해 수없이 들어 보았을 것이다. 그러나 똑같은 말씀을 예언자가 "네가 지금 작은 일에 충성하고 있구나. 착한 종아, 내가 너를 귀히 여기노라. 내가 앞으로 너에게 더 큰 일을 맡기리라"는 식으로 말한다면 설교를 통해 누리지 못한 큰 위로를 받는다. 왜 그럴까? 만약 예언자들이 하나님이 말씀하셨다고 말하는 대신 내 마음에 이런 감

동이 왔다는 식으로 솔직하게 말한다면 교인들이 그렇게 큰 은혜를 받을까? 주님이 말씀하셨다고 단언함으로써 마치 주님이 예언자의 입을 통해 나에게 직접 말씀하신다고 믿도록 교인들의 심리를 교묘히 조종하기 때문이 아니겠는가? 그들이 일부러 사람들을 속이기 위해 그렇게 주장한다고 생각하고 싶지는 않다. 그들 중에는 교인들을 위로하고 권면하기 위한 선한 의도를 가지고 그런 예언 사역을 하는 이들도 있으리라고 본다. 필자가 염려하는 것은 그들의 주장이 야기하는 혼란이다.[6]

조금 더 슬픈(그러나 재미있는) 부작용도 있습니다. 결국 '하나님의 뜻'이라는 말을 휘둘러 자신의 책임을 피하려는 부작용이지요. 케빈 드영은 재미있는 예화를 들려줍니다.

나는 내 룸메이트가 자기가 좋아하던 예쁜 아가씨에게 과감히 고백하고 난 뒤 그것에 대해 속상한 마음을 털어놨던 일을 결코 잊지 못할 것이다. 그들은 긴 산책을 했다. 그는 그 아가씨가 자신의 애정 고백에 대해 보답해 주리라고 확신했다. 그러나 알고 보니 그녀는 그에게 전혀 관심이 없었다. 그녀는 착하고 훌륭한 그리스도인이었다. 그녀는 잘못된 신학을 가질 의도는 없었을 것이다. 하지만 "댁에게 관심 없어요"라거나 "당신을 좋아하지 않아요" 혹은 "귀찮게 쫓아다니지 마세요"라고 말하는 대신 그녀는 그에게 온갖 영적인 말을 동원해 자신의 의사를 표현했다. "당신에 대해 엄청 기도해

봤는데요, 성령님께서 안 된다고 말씀하셨어요." "안 된다고요?" 혼란에 빠진 내 룸메이트가 묻자 그녀는 "네, 절대 안 된대요"라고 대답했다. 불쌍한 친구―그는 자신이 짝사랑하던 여자에게 거절당했을 뿐 아니라 성령님에게도 거절당한 셈이다.[7]

하나님이 우리에게 분명히 알리기로 하지 않으신 미래의 일과 감추어 두신 목적을 굳이 알아내려는 마음은, 결국 우리에게 불안감과 좌절을 낳습니다. 사실 이렇게 하나님의 뜻을 알려고 하는 이유 이면에는 불안과 두려움이 도사리고 있습니다. 하나님께서 '점지해 두신' 뜻대로 살지 않으면 우리가 어려움이나 고통을 겪을지도 모른다는 두려움 말이지요. 그리고 여기에는 하나님의 성품에 대한 오해가 숨어 있습니다. 우리가 그분의 뜻대로, 마치 로봇처럼 순종하지 않으면 우리를 치시는 분이라고 잘못 생각하는 것입니다.

하지만 하나님은 선하신 분입니다. 우리가 어떤 일을 결정하고 행할 때 그분의 마음에 들지 않는다고 매를 드시는 분이 아닙니다. 오히려 우리에게, 자유롭게 결정하고 기도하며 그분을 신뢰하라고 말씀하십니다. 물론 그분은 모든 것을 아시며 계획하신 분입니다. 하지만 하나님은 우리에게 그 모든 것을 감추어 두셨습니다. 그리고 우리는 그 계획 안에서 자유롭게 결정하고 책임을 지며 살아갑니다. 그 삶 안에서, 하나님은 우리를 돌보시고 보호하시며 진정한 책임을 지시지요. 그리고 그 계획 안에는 우리가 당하는 고난 역시 들어 있습니다. "자녀이면 또한 상속자 곧 하나님의 상속자요 그리스도와 함께한 상속자니 우리가 그와 함께 영광을 받기 위하여 고난도 함께 받아야 할 것이니라"(롬 8:17).

그렇다면 우리는 하나님을 신뢰하며 다음과 같이 기도할 수 있습니다.

나의 사랑하는 아버지, 오랫동안 사업을 준비했습니다. 정직하게, 바르게, 신실하게, 나타난 하나님의 뜻에 따라 사업을 해 보려고 합니다. 하지만 감추어진 하나님의 뜻(이 사업이 잘될지 안될지)은 잘 모르겠습니다. 그러나 당신을 신뢰하려고 합니다. 저를 도와주세요. 그러나 제 뜻대로 마옵시고, 아버지의 뜻대로 해 주세요.

나의 사랑하는 아버지, 이제 학업을 접고 취직을 하려고 합니다. 지금까지 많은 것을 배우게 하신 하나님께 감사하며, 이 지식들을 가지고 삶에 적용하며 일하며 하나님을 섬기려고 합니다. 하나님께서 가르쳐 주신 뜻에 따라 세상을 섬기겠습니다. 하지만 감추어진 하나님의 뜻(취직을 하게 될지, 언제 하게 될지, 어떤 회사로 가게 될지)은 모르겠습니다. 그래도 하나님을 신뢰하고 싶어요. 저를 도와주세요. 그러나 제 뜻대로 마옵시고, 아버지의 뜻대로 해 주세요.

나의 사랑하는 아버지, 오랫동안 그녀를 짝사랑했습니다. 그녀는 신실한 그리스도인이고, 저는 그녀를 신실하게 사랑하고 섬기려고 합니다. 당신의 나타난 뜻에 따라서 말이지요. 하지만 감추어진 하나님의 뜻(그녀와 잘될지 안될지)은 잘 모르겠습니다. 당신을 신뢰하려고 합니다. 저를 도와주세요. 그러나 제 뜻대로 마옵시고, 아버지의 뜻대로 해 주세요.

이 모든 내용을 시적으로 함축하여 쓴 기도문이 있습니다. 20세기 미국의 신학자이며 윤리학자였던 라인홀드 니버의 기도입니다.

하나님, 제게
바꿀 수 없는 것을 받아들이는 평온과
바꿀 수 있는 것을 바꾸는 용기를,
그리고 그 차이를 분별하는 지혜를 주옵소서.

한 번에 하루를 살게 하시고
한 번에 한 순간을 누리게 하시며,
어려운 일들을 평화에 이르는 좁은 길로 받아들이며,
죄로 가득한 세상을, 내가 갖고 싶은 대로가 아니라
그분께서 그리하셨듯 받아들이게 하시고
제가 그분의 뜻 아래 무릎 꿇을 때,
그분께서 모든 것을 바르게 만드실 것을 믿게 하소서.

그래서 이생에서는 올바른 행복을
내생에서는 영원토록 그분과 함께 다함이 없는 행복을 누리게 하옵
소서. 아멘.[8]

삶의 어떤 상황에서도, 담대하고 용기 있게 결정하고 실천하십시오. 그리고 미래와 결과를 주께 맡기십시오. 그리고 앞의 기도를 하나님께 올리십시오. 주께서 우리를 돌보실 것을 확신하면서 말입니다.

나타난 뜻을 순종하게 해 달라는 기도

그렇다면 나타난 뜻에 대해 "아버지의 뜻이 이루어지이다" 하는 기도는 어떻게 해야 할까요? 혹시 내 마음과 생각이 하나님의 뜻에 굴복하게 해 달라고 간구해 보셨습니까? 내 안에 있는 죄를 죽여 달라고, 하나님의 뜻이 이것인데 내가 그 뜻을 원하지 않으니 내가 하나님의 뜻을 좋아하게 해 달라고 간절히 구한 적이 있습니까?

우리에게는 본성적인 딜레마가 있습니다. 하나님의 뜻이 선하고 옳다는 것은 믿지만, 실제로 그렇게 살아가기는 싫은 것이지요. 이렇듯 모순적인 마음을 발견한 4세기의 교부 아우구스티누스는, "순결을 주소서. 절제를 주소서. 그러나 지금은 마옵소서"[9]라고 기도하기도 했습니다. 아우구스티누스는 이 표현을

통해서 하나님의 뜻이 옳다고 믿지만 따르기 싫어하는 자신의 마음을 폭로한 것입니다.

그렇다면 우리는 어떻게 기도해야 할까요? 그분의 말씀을 따를 마음을 달라고 구할 수 있습니다. 다시 아우구스티누스의 말을 인용하자면, "명하시는 바를 주시옵고, 원하시는 바를 명하소서"[10]라고 기도하는 것이지요. 예를 들어 볼까요? 십계명을 생각해 봅시다. 십계명을 하나씩 생각하며, 그 계명을 지킬 마음을 달라고 구하는 것입니다. 다음을 봅시다.

	십계명	계명을 따르는 기도
1	너는 나 외에는 다른 신들을 네게 두지 말라.	제 삶에서 하나님보다 더 사랑하는 것을 발견하게 하시고, 하나님의 아름다움을 보여 주셔서 당신을 더 사랑하게 하소서.
2	너를 위하여 새긴 우상을 만들지 말라.	제가 하나님의 말씀을 왜곡하지 않게 하시고, 하나님을 더 알아 가서, 제가 만든 우상이 아닌 진짜 하나님을 섬길 수 있게 하소서.
3	너는 네 하나님 여호와의 이름을 망령되게 부르지 말라.	제가 하나님을 경외하고 두려워하게 하소서. 그러면서도 존경하고 사랑하게 하소서.
4	안식일을 기억하여 거룩하게 지키라.	오직 하나님의 뜻과 명령 안에서만 안식하게 하소서.
5	네 부모를 공경하라.	부모를 비롯하여 내 위에 있는 권위를 공경하게 하소서.
6	살인하지 말라.	이웃을 사랑하고 내 안의 미움을 다스리게 하소서.

7	간음하지 말라.	성적으로 순결하고 깨끗하게, 신실하게 하소서.
8	도둑질하지 말라.	이웃의 것을 빼앗으려 하지 않고 도리어 내 재물로 이웃을 섬기는 마음을 주옵소서.
9	네 이웃에 대해서 거짓 증거하지 말라.	정직하고 진실하게 말하며, 이웃을 험담하기보다는 그들을 보호하게 하소서.
10	탐내지 말라.	탐심이라는 제 마음을 보시고, 저를 용서해 주시며, 제 마음의 물질과 명예를 향한 갈망이 하나님을 향한 갈망으로 바뀌게 하소서.

십계명에 대해 더 깊이 알수록 이 기도 역시 더 풍성해질 것입니다. 십계명을 더 깊이 공부해 보고, 또한 공부한 계명들을 가지고 기도해 보십시오. 당신의 삶이 변화되는 것을 서서히 경험할 것입니다.[11] "아버지의 뜻이 이루어지이다"라는 말은 이렇듯 하나님의 뜻이 내 안에, 내 삶에 이루어지기를 간절히 구하는 것입니다. 그때 우리는 성경이 "너희 안에서 행하시는 이는 하나님이시니 자기의 기쁘신 뜻을 위하여 너희에게 **소원을 두고 행하게** 하시나니"(빌 2:13)라고 하신 말씀을 체험할 것입니다.

하나님 뜻대로 될까 봐 두려울 때

그럼에도 우리는 "아버지의 뜻이 이루어지이다"라고 기도할 때 마음의 저항을 느낍니다. 저를 비롯하여 정말 많은 사람들이,

자신의 인생이 하나님의 뜻대로만 될까 봐 두려워합니다. 삶이 하나님의 뜻대로 되면 내가 고난을 많이 겪거나, 삶이 힘들어지거나, 선교사나 목회자 같은 내가 하기 싫은 일로 나를 인도하실 것 같은 두려움이 있는 것이지요. 왜인지는 모르겠지만 하나님은 내가 부자가 되는 것을 그다지 좋아하지 않으실 것 같고, 내가 원하는 대로 살아가는 것을 싫어하실 것 같은 느낌이 있지 않습니까?

아이들도 보통 그런 생각을 합니다. 저는 어렸을 때, 부모님이 제 삶을 망치는 것 같다고 생각했습니다. 항상 소리를 지르면서 "그 칼은 집으면 안 돼!"나 "젓가락을 콘센트에 꽂으면 안 돼!" "그걸 먹으면 안 돼! 뱉어!" 같은 말씀을 하셨지요. 부모님은 제가 원하는 것은 무엇이든 막는 분들 같았습니다. 저는 늘 부모님이 제 인생을 망친다고 생각했지만, 사실 부모님은 매일 제 삶을 구하고 계셨습니다. 그분의 뜻대로 되기를 원한다는 것은, 이러한 우리의 연약함과 어리석음을 겸허히 인정하고, 사랑 넘치는 하나님의 뜻이 내 어리석은 뜻보다 훨씬 지혜롭다는 것을 인정하는 것입니다.

그러므로 말씀대로 산다고 망하지 않는다는 것, 하나님의 뜻을 따른다고 해서 내가 불행해지지 않는다는 것을 신뢰하십시오. 예를 들어 재정적 압박이 있을 때, 삶을 살다가 경제적으로 어려워졌을 때, 이 말씀들을 신뢰합시다.

내가 어려서부터 늙기까지 의인이 버림을 당하거나 그의 자손이 걸식함을 보지 못하였도다. (시 37:25)

나의 하나님이 그리스도 예수 안에서 영광 가운데 그 풍성한 대로 너희 모든 쓸 것을 채우시리라. (빌 4:19)

미래가 어찌될까 두렵다면, 이미 내린 결정 때문에 후회하고 있다면, 하나님이 나를 정말 선하게 인도하실지에 대해 회의가 든다면, 하나님께 순종한 것이 원통하고 답답하다면 다음의 말씀을 굳게 신뢰해 보는 것입니다.

우리가 알거니와 하나님을 사랑하는 자 곧 그의 뜻대로 부르심을 입은 자들에게는 모든 것이 합력하여 선을 이루느니라. (롬 8:28)

무엇보다 예수 그리스도를 생각해 보십시오. 성경에는 두 아담이 있다고 말합니다. 한 아담은 인류의 대표로서, 하나님께서 선하게 만드셨지만 타락하여 범죄한 아담입니다. 다른 한 아담 역시 자기 백성들의 대표로서, 자기 백성 모두의 죄를 지시고 십자가에서 처벌받으신 예수 그리스도이십니다. 하나님께서는 이 두 아담 모두에게 명령하셨습니다. 두 아담 모두 계명을 받았습니다. 이 두 계명을 비교해 볼까요?

선악을 알게 하는 나무의 열매는 먹지 말라. 네가 먹는 날에는 반드시 죽으리라 하시니라. (창 2:17)

이를[내 목숨을] 내게서 빼앗는 자가 있는 것이 아니라, 내가 스스로 버리노라. 나는 버릴 권세도 있고 다시 얻을 권세도 있으니 이 계명은 내 아버지에게서 받았노라 하시니라. (요 10:18)

두 계명을 조금 깊이 묵상해 볼까요? 첫째 아담은 동산 모든 나무의 열매를 마음껏 먹되, 선악을 알게 하는 나무의 열매는 먹지 말라고 명령받았습니다. 먹으면 죽는다는 경고도 받았지요. 바꿔 말하자면 이런 계명을 받은 셈입니다. "**내 명령을 따라라. 그러면 너는 생명을 누리리라!**" 하지만 예수 그리스도는 어떻습니까? 그분이 받은 명령은 자기 양 무리를 위해 목숨을 버리라는 것이었습니다. 즉 그분은 "**내 명령을 따라라. 그러면 너는 죽으리라**"는 명령을 받으셨습니다.

첫째 아담은 "순종하라. 그러면 내가 너와 함께하리라"는 계명을 받았습니다. 그러나 둘째 아담은 "순종하라. 그러면 내가 너를 버리리라"는 계명을 받았지요.

첫째 아담은 "순종하라. 내가 너를 사랑하리라"는 계명을 받았습니다. 그러나 둘째 아담은 "순종하라. 내가 너를 향해 진노와 저주를 내리리라"는 계명을 받았지요.

예수님 외의 그 누구도 이렇게 가혹한 명령을 받지 않았습니다. 그러나 예수님은 이 명령에 순종하셨습니다. 그분이 순종하셨기에, 그분이 우리 대신 죽음을 당하시고 우리 대신 하나님의 저주와 진노를 받으셨기에, 불순종한 우리가 그분의 사랑을 받고 그분의 생명을 누릴 수 있게 되었지요. 더 정확히 표현해 보자면, 두 번째 아담인 예수 그리스도 안에서 우리는 완전히 다른 명령을 받습니다.

첫째 아담은 "순종하라. 그러면 내가 너와 함께하리라"는 계명을 받았습니다. 그러나 우리는 그리스도 안에서 "내가 너와 함께하리라. 그러니 내게 순종하라"는 계명을 받지요.

이게 뭘 의미하는지 아십니까? 하나님께서 우리에게 이렇게 약속하시는 겁니다. "너희들이 불순종해도 너희들을 버리거나 떠나지 않을 것이다. 물론 내버려 두지도 않겠다. 너희들이 내 명령에 순종할 때까지, 내 뜻을 철저히 따를 때까지 내가 너희들을 키워 낼 것이다. 때로 징계를 받기도 할 것이고, 때로는 내가 함께하지 않는 것처럼 보이는 순간을 경험하기도 하겠지만, 나는 너를 떠나지 않을 것이다. 영원히 사랑할 것이다."

우리의 삶이 우리의 원대로 되지 않는다고 절망할 필요가 없습니다. 하나님을 신뢰하십시오. 예수 그리스도께서는 가장 가혹한 명령에도 불구하고 성부 하나님을 신뢰하셨습니다. 가장 가혹한 명령 앞에서도 "나의 원대로 마시옵고 아버지의 원대로 하옵소서"(마 26:39)라고 기도하셨습니다. 우리를 위해서 말이지요. 그러한 그분의 사랑을 받아들이십시오. 그렇다면 당신도 이렇게 기도할 수 있을 것입니다.

> 모든 것이 주님의 뜻에 달려 있음을 생각하니 기쁘고
> 모든 것을 주님의 뜻에 맡기니 또한 기쁩니다.[12]

7장

기도의 본질

마 6:10 뜻이 하늘에서 이루어진 것같이 땅에서도 이루어지이다.

마 26:36 이에 예수께서 제자들과 함께 겟세마네라 하는 곳에 이르러 제자들에게 이르시되 "내가 저기 가서 기도할 동안에 너희는 여기 앉아 있으라" 하시고 37베드로와 세베대의 두 아들을 데리고 가실새 고민하고 슬퍼하사 38이에 말씀하시되 "내 마음이 매우 고민하여 죽게 되었으니 너희는 여기 머물러 나와 함께 깨어 있으라" 하시고 39조금 나아가사 얼굴을 땅에 대시고 엎드려 기도하여 이르시되 "내 아버지여 만일 할 만하시거든 이 잔을 내게서 지나가게 하옵소서. 그러나 나의 원대로 마시옵고 아버지의 원대로 하옵소서" 하시고 40제자들에게 오사 그 자는 것을 보시고 베드로에게 말씀하시되 "너희가 나와 함께 한 시간도 이렇게 깨어 있을 수 없더냐. 41시험에 들지 않게 깨어 기도하라. 마음에는 원이로되 육신이 약하도다" 하시고 42다시 두 번째 나아가 기도하여 이르시되 "내 아버지여 만일 내가 마시지 않고는 이 잔이 내게서 지나갈 수 없거든 아버지의 원대로 되기를 원하나이다" 하시고 43다시 오사 보신즉 그들이 자니 이는 그들의 눈이 피곤함일러라. 44또 그들을 두시고 나아가 세 번째 같은 말씀으로 기도하신 후 45이에 제자들에게 오사 이르시되 "이제는 자고 쉬라. 보라, 때가 가까이 왔으니 인자가 죄인의 손에 팔리느니라. 46일어나라. 함께 가자. 보라, 나를 파는 자가 가까이 왔느니라."

우리는 하나님의 두 가지 뜻을 살펴보며, 그분의 감추어진 뜻에는 신뢰를 드리고, 드러난 뜻에는 순종을 드려야 한다는 이야기를 했습니다. 이것이 바로 "뜻이…이루어지이다"라는 기도의 의미입니다. 그런데 예수님은 우리가 기도할 때 아버지의 "뜻이 하늘에서 이루어진 것같이 땅에서도" 이루어지기를 구하라고 가르치십니다. 이것은 무슨 의미일까요? 우리는 이 말씀의 의미를 헤아려 보면서, 우리 기도의 본질이 무엇인지 생각해 볼 수 있습니다.

기도의 본질: 아버지의 뜻에 나를 맞추는 것

많은 종교인들이 기도를 합니다. 그리고 그리스도인도 기도를 하지요. 그리고 정말 많은 사람이 기도를 오해합니다. 내가 원하는 바를 신에게 아뢰고 힘을 다하면, 신이 그걸 듣고 내 뜻을 성취시켜 주는 것이 기도라고 생각하지요. 그 과정 가운데서 어느 만큼의 정성과 공로를 표현해야 응답을 받을 수 있느냐에 대해서는 사람들마다 다양한 생각을 가지고 있습니다. 하지만 성경이 가르치는 진정한 기독교는 다릅니다. 기독교에서 말하는 기도의 본질은 내 뜻을 하나님께 관철시키는 것이 아니라, 하나님의 뜻을 받아들이는 과정입니다. 그래서 기도하는 중, 하나님은 다양한 방식으로 우리에게 자신의 뜻을 보이시고 설득하십니다. 이러한 의미에서 기도는 **우리의 일이기도 하지만, 궁극적으로는 하나님의 일입니다.**

여기서 우리는 주기도문의 "뜻이 하늘에서 이루어진 것같이"라는 표현을 좀더 깊이 생각해 볼 수 있습니다. 이 말은 무슨 의미일까요? 지금 하늘에 누가 있습니까? 물론 삼위 하나님이 계십니다. 그리고 영광스러운 승리의 죽음을 맞이하고 그리스도 안에서 안식하고 있는 선배 신앙인들, 즉 성도들이 있습니다. 그리고 하늘에서 하나님의 뜻을 섬기는 천사들이 있지요. 하늘의 모든 천사들과 성도들은 모두 하나님의 뜻을 기쁘게 따릅니다(참고. 시 103:21). 그러므로 이 기도는 "하늘에서 이미 천사들이 하나님을 영화롭게 하고, 하나님의 왕권을 인정하며, 하나님의 뜻을 실현하는 것처럼" 땅에서도 그러한 일이 일어나게 해 달라는 기도입니다.[1] 옛 교리문답은 이러한 진리를 다음과 같이 표현합니다.

하이델베르크 교리문답 124문: (주기도문의) 셋째 간구는 무엇입니까?
답: "뜻이 하늘에서 이룬 것같이 땅에서도 이루어지이다"로, 이러한 간구입니다.

"우리와 모든 사람들이 자기 자신의 뜻을 버리고, 유일하게 선하신 주님의 뜻에 불평 없이 순종하게 하옵소서. 그리하여 각 사람이 자신의 직분과 소명을 하늘의 천사들처럼 즐거이 그리고 충성스럽게 수행하게 하옵소서."

이러한 의미에서, 기도는 하늘을 땅에 내리는 행위라고 볼 수도 있습니다. 실제로 이러한 일이 어떻게 이루어질까요? 예를 들어, 당신이 하나님께 무언가를 구하는데 그 구하는 것이 하나님의 뜻과 다르다고 합시다. 그렇다면 하나님은 당신의 요청을 거절하시고 그분의 뜻이 무엇인지 서서히 가르치십니다. 때로는 말씀으로, 때로는 여러 환경적 요인을 사용하셔서요. 그리고 이 과정 중에서 우리는 고뇌합니다. 하지만 오래 참으시는 하나님은 우리를 끊임없이 설득하십니다. 그 과정 중에서 우리는 서서히 하나님의 뜻을 받아들이는 연습을 하게 되지요. 하나님은 결국 우리 입에서 "아버지의 뜻대로 되는 것이 내게 제일 좋습니다. 내 원대로 마시옵고 아버지의 원대로 하옵소서"라는 말이 터져 나올 때까지 일하십니다.

하나님은, 그분이 아시는 모든 것을 당신이 알았다면 구했을 바로 그것을 당신에게 주십니다. 우리를 사랑하시기 때문입니다. 이 말이 이해가 잘 안 되십니까? 팀 켈러는 이 진리를 다음과 같이 재미있는 예를 들어 설명해 줍니다.

신학교에 들어갈 때 여자 친구가 있었는데 얼마 지나지 않아 그쪽에서 관계를 정리하고 싶어 했다. 그래서 열심히 기도했다. "오, 주님! 그 친구 없이는 살 수가 없습니다. 정말 그가 필요합니다. 제발 우리 사이가 깨지지 않게 해 주세요." 나중에는 그릇된 기도임을 깨달았다. 훗날 캐시를 만나 결혼한 것을 생각하면 도리어 좋은 일이었다. 하지만 당시엔 기분이 완전히 달랐다. 하나님이 내 기도를 외면하시나? 그런 듯 보이지만 실은 아니다. 배우자를 찾기 위한 기도의 핵심에 함께 사역할 동역자를 얻고자 하는 소망이 자리 잡고 있었기 때문이다. 그건 물릴 수 없는 기본적인 요청이었다. 그런데 그 아가씨를 두고 드렸던 간구에는 오류가 있었다. "바로 이 친구가 내 돕는 배필일 것"이라고 단정했던 것이다.…기도로 씨름하는 상황에서는 만사를 두루 꿸 힘이 있다면 반드시 구했을 때 바로 그것을 주시리라는 자신감을 가지고 하나님 앞에 나아가도 좋다.[2]

하나님께서는 팀 켈러가 캐시를 만나 사랑하고 살아가는 것이 가장 좋다고 계획하셨지요. 그리고 팀을 가장 잘 알고 계신 하나님은, 그가 "오, 주님! 그 친구 없이는 살 수가 없습니다. 정말 그가 필요합니다. 제발 우리 사이가 깨지지 않게 해 주세요"라는 기도를 할 때 그 친구가 아니라 지금의 아내인 캐시를 만나는 것이 가장 좋다는 것을 알고 계셨기에, 이 기도를 거절하셨습니다. 만일 팀 목사님이 그 기도를 할 때 이 모든 것을 알았다면, 분명 "주의 뜻대로 되기를 원합니다"라고 구했을 것입니다. 그는 비록 당시에 그렇게 기도하지 않았지만, 하나님은 그의 기도를 마치 "캐시를 만나게 해 주세요!"라고 기도한 것처럼 들으셨습니다. 이처럼 하나님은, 그분이 아시는 모든 것을 당신이 알았다면 구했을 바로 그것을 당신에게 주십니다.

예를 하나 더 들어 볼까요? 당신이 사업을 한다고 합시다. 그런데 당신이 사업을 하는 목적이 오직 돈뿐이며, 돈을 벌기 위해서는 어떤 나쁜 짓도 마다하지 않는 사람이라고 합시다. 이는 하나님 보시기에 악하고, 결국 당신을 불행하게 할 것입니다. 그럼에도 불구하고 당신은 계속 "제가 하는 사업이 잘되게 해 주세요! 성공하게 해 주세요!"라고 기도합니다. 그렇다면 하나님은 어떻게 일하실까요? 때로는 하나님이 성공을 주시기도 합니다. 하지만 성공을 거두었을 그때, 허무함을 느끼게 하심으로 하나님 없는 삶이 얼마나 무의미한지 깨닫게도 하시지요. 또는 하나님이 실패하게도 하십니다. 그렇게 함으로 하나님만이 당신의 유일한 안식임을 깨닫게 하시는 것입니다.

하나님은 거절하시기도, 이루어 주시기도 합니다. 그렇게 우리를 키워 가시지요. 그리고 마침내 우리의 입에서 "하나님! 제가 무슨 일을 하든, 성공하든 실패하든, 제 삶의 목적은 당신입니다!"라는 말이 튀어나올 때까지 우리를 인도하십니다. 사업을 처음 시작할 때에 "제가 하는 사업이 잘되게 해 주세요! 무슨 일이 있든 성공하게 해 주세요!"라고 기도했지만, 모든 것을 알았다면 "제가 성공하든 실패하든 당신의 뜻대로 되기를 원합니다. 제가 하나님의 방법대로 사업하게 해 주세요!"라고 기도했을 것입니다. 당신은 이렇게 기도하지 않았지만, 하나님은 당신이 마치 "아버지의 뜻대로 되기를 원합니다!"라고 기도한 것처럼 기도를 들으시는 것입니다. 다시 한번 강조하지만 하나님은, 그분이 아시는 모든 것을 당신이 알았다면 구했을 바로 그것을 당신에게 주십니다.

왜 기도하는가

자, 그렇다면 이런 질문이 떠오를 수 있습니다. "하나님 마음대로 하실 거면, 그냥 마음대로 하시면 되지 않습니까? 왜 우리가 기도해야 합니까? 그냥 마음대로 하시면 되잖아요." 게다가 성경은 "너희가 얻지 못함은 구하지 아니하기 때문"이라고 말하는데(약 4:2) 이 말씀은 대체 무슨 의미일까요? 이건 구하면 얻게 된다는 말이 아닌가요? 사실 이러한 질문은 신학자들에게 아주 오랜 논쟁거리였고, 또한 간단히 답하기도 어려운 질문입니다.

그럼에도 예를 들어서 말해 보겠습니다. 하나님은 창세전에 A라는 친구를 구원하기로 정하셨고, 그것이 하나님의 뜻입니다. 하지만 하나님의 정하심은 단순히 구원의 유무뿐 아니라, 구원의 방식에도 있었습니다. 즉 A를 구원하시기 위해 B의 기도를 사용하기로 작정하셨다고 합시다. A를 구원해 달라는 B의 기도에 응답하시는 방식으로 A를 구원하기로 정하신 것입니다.

그렇다면, B가 A를 위해 기도해야 하나님이 그 수단을 사용하여 A를 구원하시지 않겠습니까? 그런데 B가 A를 위해 기도하기는커녕 자신을 위해서도 기도하지 않는다면, 하나님이 어떻게 하실까요? 말씀으로, 또 다른 여러 방식으로 B를 기도하도록 만드십니다. 그리고 B는 "저 자신을 위해서도 기도하지 않는 삶이 얼마나 비참한지 알았습니다. 이제부터는 저를 위해서뿐 아니라 A를 위해서도 기도하겠습니다"라는 기도를 시작하도록 하시지요.

이렇게 되면 하나님은 A를 구원하시는 일과 동시에 B를 기도하는 사람으로 만들어 내시는 일을 하십니다. 더 정확히는, B가 하나님을 갈망하고 하나님과 교제하도록 이끄시는 동시에 A를 구원하시는 것이지요. 즉 하나님은 기도를 통해 어떤 일을 이루시는 데만 목적을 두시지 않습니다. 기도를 통해 사람을 만들어 가시는 데 중요한 목적이 있으시지요. 따라서 우리는 기도를 하면서 변화되어 갑니다.

계속 기도하는 사람은 하나님의 뜻을 좋아하게 됩니다. 그 뜻을 알아 가게 됩니다. 그 뜻에 순종하게 됩니다. 즉 하나님 나라가 그 안에서 이루어지는 것이지요. 그래서 박영돈 교수는 기도를 이렇게 표현합니다. "기도는 하나님의 자녀 된 우리들이 하나님 아버지와 함께 세상을 통치하는 법을 배우는 것입니다. 하나님이 우리를 그분과 함께 만유를 다스릴 상속자로 미리 훈련하시는 도구인 것입니다."[3]

생각해 보십시오. 어떤 제국을 다스리는 황제가, 자신의 제국 전체를 통치할 지도자들을 뽑고 훈련한다고 합시다. 황제가 제일 신경 쓰는 것은 무엇일까요? 자신의 뜻대로 제국이 통치되도록, 자신의 뜻을 그들에게 가르쳐 그들이 황제의 뜻을 익숙하게 따르도록 만드는 것이 아닐까요? 마찬가지로, 그리스도인들은 그리스도와 더불어 온 우주를 통치할 왕들로 부르심 받았습니다(롬 8:17; 벧전 2:9). 온 우주와 피조물들, 심지어 천사들마저 통치할 왕으로 말입니다. 그렇다면 하나님은 우리가 이 사명을 수행할 수 있도록 무엇을 하시겠습니까? 그분의 뜻을 가르치시고 그분의 뜻을 우리가 좋아할 수 있도록 돕지 않으시겠습니까? 그 수단이 바로 기도입니다.

마음으로 따르기 힘든 하나님의 뜻

그렇다면 우리는 기도를 통해 하나님의 뜻을 알아 가고, 하나님의 뜻을 좋아하는 사람으로 훈련될 필요가 있습니다. 하지만 우리는 자주 하나님의 뜻을 싫어합니다. 하나님의 뜻이 옳지 않다고 생각하지는 않더라도, 좋아하지 않는 것이지요. 감정은 신앙 생활에서 아주 중요합니다. 우리가 감정을 좇아 살기 때문입니다. 생각해 보십시오. 혹시 우리 중에서 죄를 의무적으로 짓는 사람이 있습니까? "오늘 죄를 세 개밖에 안 지었군. 다섯 개 정도는 더 지어야겠어. 노력해야지!" 이런 사람은 없습니다. 오히려 자기가 좋아서 죄를 짓지요. 역으로, 하나님의 뜻이 옳다는 것을 몰라서 어기는 것이 아닙니다. 마음으로 즐거워하지 못하기 때문에 따르지 않는 것입니다.

우리는 하나님의 나타난 뜻을 즐거워하지 않습니다. "너희 원수를 사랑하며 너희를 박해하는 자를 위하여 기도하라"(마 5:44) 하신 말씀을 생각해 봅시다. 따르기 쉬운가요? 순종하기 힘들고 어렵지 않습니까? 마음에 저항감이 생기는 분들도 많을 겁니다. "너희를 인도하는 자들에게 순종하고 복종하라"(히 13:17)와 같은 말씀도 그렇습니다. 우리는 대체로 이러한 말씀들에 저항감을 가지고 있습니다. 그래서 "과연 이 말씀들은 어떻게 해석해야 하는 것인가?"라고 질문하며 명시적인 의미에서 도망가려고 하기도 하지요.

마찬가지로 우리는 하나님의 감추어진 뜻도 좋아하지 않습니다. 우리는 끊임없이 질문합니다. "내가 태어난 집구석은 왜 이렇게 엉망이지?" "우리 가족은 왜 이 모양이지?" "내가 낳은 자식이지만 저 녀석은 무슨 생각인 거지?" "나는 왜 이렇게 못생기게 태어났을까?" "왜 내게 이런 일들이 일어나는 거지?" 이 모든 질문들은 사실, 모든 것을 섭리하신 하나님이 무언가 잘못했다는 생각을 마음에 품고 던지는 질문일 수 있습니다. 물론 이해할 수 있습니다. 정말 가혹한 고난과 고통을 당한 사람들이 이러한 질문을 던지지 않기란 불가능하니까요. 성경에도 이러한 질문을 던진 사람들이 있습니다. 시편을 펼쳐 보십시오. 욥기를 펼쳐 보십시오. 수도 없이 발견할 수 있을 것입니다.

하지만 천국은 하나님의 뜻을 기뻐하는 마음에 있습니다. 천국이 행복한 이유는 모두가 하나님의 뜻을 따르기 때문입니다. 모두가 하나님의 나타난 뜻에 순종하는 사람들의 모임이라면, 모두가 서로 사랑하겠지요(이웃을 사랑하는 것이 하나님의 뜻이니까요). 그렇다면 천국은 대단히 행복할 것입니다. 이 말이 와 닿지 않는다면, 반대로 지옥을 생각해 보도록 하지요. 지옥이 왜 고통스러울까요? 모두가 자기 뜻대로 되기를 원하기 때문입니다.

예를 들어 봅시다. 우리 사회에는 교통법규가 있습니다. 이 법은 사회 구성원들이 다 지킬 때에 행복하고 안전하게 살아갈 수 있도록 제정됩니다. 교통법규를 잘 지키면 사고가 날 일이 거의 없을 것입니다. 그리고 안전하고 빠르게 이동할 수 있겠지요. 하지만 우리는 종종, 나는 법을 지키지 않지만 남은 지키는 세계를 바랍니다. 나는 신호 위반을 하고 과속을 해도 괜찮지만, 다른 사람들은 신호를 잘 지킨다면 내게 제일 큰 이익이 아니겠습니까? 그런데 모두가 이렇게 똑같이 생각한다고 해 보십시오. 질서는 무너지고 아수라장이 될 것입니다. 지옥이 따로 없겠지요.

지옥에는 하나님의 뜻을 따르지 않는 사람들이 모여 있습니다. '네 이웃을 사랑하라'는 명령을 나는 지키고 싶지 않지만 내 이웃들은 나에게 지켜 주기를 바라는 것. 나는 다른 사람들을 인정하거나 섬기고 싶지 않지만 다른 사람들은 나를 인정하고 섬겨 주기를 원하는 것. 그런 마음을 가진 사람들로만 꽉 차 있는 것. 이미 끔찍하게 느껴지지 않나요? 지옥은 그리 멀리 있지 않습니다. 이러한 지옥의 본질을, C. S. 루이스는 『천국과 지옥의 이혼』이라는 책에서 등장인물의 입을 빌려 이렇게 말해 줍니다.

"세상에는 딱 두 종류의 인간밖에 없어. 하나님께 '당신의 뜻이 이루어지이다'라고 말하는 인간들과, 하나님의 입에서 끝내 '그래, 네 뜻대로 되게 해 주마'라는 말을 듣고야 마는 인간들. 지옥에 있는 자들은 전부 자기가 선택해서 거기 있게 된 걸세. 자발적인 선택이라는 게 없다면 지옥도 없을 게야. 진지하고도 끈질기게 기쁨을 갈망하는 영혼은 반드시 기쁨을 얻게 되어 있네. 찾는 이가 찾을 것이요, 두드리는 이에게 열릴 것이니라."[4]

우리는 여기서 우리 안에 이미 지옥이 있음을 발견합니다. 물론 우리가 예수 그리스도를 믿음으로 받아들일 때 지옥의 정죄에서 벗어나긴 했지만, 우리 영혼의 지옥이 갖고 있는 영향력에서 완전히 벗어난 것은 아닙니다. 우리는 하나님의 뜻대로 되는 것이 옳고 행복한 길이라는 것을 알지만, 감정적으로 그것을 받아들이기 힘들어합니다. 하나님의 뜻이 선하다고 믿기는 하지만, 우리 마음에는 끊임없이 "왜?"라는 질문이 떠나지 않습니다.

아버지의 뜻을 따르기 힘들어하신 예수님

다행히 우리에게는 위로가 있습니다. 예수님도 아버지의 뜻을 따르기 힘들어하셨다는 사실입니다. 예수님도 성부 하나님의 뜻 앞에서 괴로워하시며 "왜?"라고 물으셨다는 사실도 위로가 되지요. "나의 하나님, 나의 하나님, 어찌하여 나를 버리셨나이까?"(마 27:46) 그분 역시 하나님의 가혹한 뜻 앞에서 괴로워하셨고, 그 괴로운 뜻을 피하고자 세 번이나 하나님 앞에 간구하셨습니다. "내 아버지여 만일 할 만하시거든 이 잔을 내게서 지나가게 하옵소서"(마 26:39).

그리스도께서 겟세마네에서 기도하실 때, 그분은 정말 거대한 공포와 고독 앞에 서 계셨습니다. 많은 사람들은 그리스도께서 느끼신 두려움을 보고 이상하다고 생각합니다. 물론 그분이 당하실 육체적 고통을 생각하면 겁이 나는 것은 사실이겠지만, 수많은 순교자들은 예수님이 보이신 모습보다 훨씬 의연하고 담대한 모습을 보였습니다. 16세기 프로테스탄트 종교개혁 시기 네덜란드에서 박해받던 순교자들은 동료 그리스도인들에게 이렇게 말했지요. "우리가 전능하신 분의 이름을 위해 고난을 받고 그분의 복음을 위해 박해를 당하는 것이 그분의 뜻인 만큼, 우리는 끈기 있게 그 뜻에 순종하고 기뻐합니다.…[우리는] 사랑으로 우리의 적을 용서합니다."[5]

예수님은 네덜란드의 순교자들보다 믿음이 없으셨던 것일까요? 그렇지 않습니다. 예수님이 당하신 고난과 순교자들이 당한 고난은 그 질에 있어서 완전히 차원이 다른 것이었습니다. 예수님의 고난에 대해, 신약학자 윌리엄 레인은 이렇게 말해 줍니다.

> 끔찍한 슬픔과 불안감 때문에 예수님은 "이 잔을 내게서 지나가게 하옵소서"라는 기도를 하시는데, 이것은 단순히 어두운 운명 앞에서 느끼는 공포의 표현도 아니고, 또 물리적 고통과 죽음을 미리 내다보셨기 때문에 겁을 먹고 계신 것도 아니다. 오히려 이 공포는 전적으로 **아버지와 함께 살아가시는 분만이 가지는 공포**다.…즉 그분은 유다의 배신 직전에…천국이 아니라 지옥을 보고 계셨던 것이다.[6]

예수님은 하나님의 임재를 잃어버리고 있었습니다. 겟세마네에서 그분은 지옥을 보고 계셨습니다. 자신이 하나님의 진노와 저주를 받으리라는 것을 보고 계신 것입니다. 순교자들은 비록 육체적 고통을 당하긴 했지만, 그 어느 때보다도 더 깊이 하나님의 임재를 느꼈습니다. 그 깊은 임재가 그들을 위로했고, 당당하게 했으며, 넉넉히 버티게 해 주었습니다. 그러나 그리스도는 달랐습니다. 그분은 한 번도 경험해 본 적 없는 하나님의 부재(不在)를 느끼셨습니다. 18세기의 목회자이자 신학자인 조나단 에드워즈는, 그분이 겟세마네에서 겪으신 공포를 이렇게 표현합니다.

하나님이 그분을 지옥불 입구에 세워 두셨습니다. 그분이 그 맹렬하고 격렬한 불꽃을 들여다보시도록, 이 지옥을 알고도 자발적으로 죄인들을 위해 들어가야 할 곳을 보시도록 말입니다. 만약 그리스도께서 잔을 받아 마시기 전에 온전히 그것을 알지 못하셨다면, 그것은 사람으로서의 온전한 행위가 되지는 못했을 것입니다. 하지만 그분이 하시는 일이 무엇인지 아시고 잔을 취하셨을 때, 우리를 향한 그리스도의 사랑은 무한히 더욱 놀랍게 드러나며, 하나님을 향한 그분의 순종은 무한히 더 완벽해집니다.[7]

겟세마네에서, 그분은 그냥 사라져 버리실 수도 있었습니다. 군병들은 아직 오지 않았고, 제자들은 깊이 잠들어 있었습니다. 그분은 그냥 아버지의 뜻을 거절해 버리실 수 있었습니다. 사실 성부 하나님은 예수님에게 지금 이렇게 묻고 계신 것입니다. "네가 내 백성을 위해 지옥을 경험하는 것이 내 뜻이다. 정말 너는 이 뜻을 받겠느냐? 내가 사랑하는 내 백성을 너도 사랑하느냐? 너는 그들을 위해 자발적으로 고통을 당하겠느냐?"

예수님은 얼마든지 이렇게 말씀하실 수 있었습니다. "싫습니다. 성부 하나님! 제가 왜 저들을 위해 희생해야 합니까? 지금까지도 이미 저들을 위해 충분히 희생했습니다. 내가 왜, 나를 위해 기도하지도 않고 그저 잠만 자고 있는 저들을 위해 죽어야 합니까? 내가 왜 밥 먹듯 죄를 저지르는 이정규를 위해, 내가 그를 위해 죽었어도 그 이야기를 하찮게 여기는 자를 위해 죽어야 합니까?" 그러나 그분은 그렇게 하지 않으셨습니다. 그분은 말씀하셨습니다. "내 아버지여, 만일 내가 마시지 않고는 이 잔이 내게서 지나갈 수 없거든 아버지의 원대로 되기를 원하나이다"(마 26:42).

당신이 하나님의 뜻을 따르려면 자기부인이 필요합니다. 그러나 예수님이 하나님의 뜻을 따르기 위해서는 더 큰 자기부인이 필요했습니다. 그리고 그분은 그 무거운 십자가를 지셨습니다. 당신을 위해서요. 이 세상 어떤 종교도 신이 자기를 부인하고 자기 뜻을 억눌러 복종한 경우는 없습니다. 신이 직접 자기를 부인했다고 말하는 종교는 기독교 외에 없습니다! 예수 그리스도께서 그 일을 하셨습니다.

> 그는 근본 하나님의 본체시나 하나님과 동등됨을 취할 것으로 여기지 아니하시고 오히려 자기를 비워 종의 형체를 가지사 사람들과 같이 되셨고 사람의 모양으로 나타나사 자기를 낮추시고 죽기까지 복종하셨으니 곧 십자가에 죽으심이라. (빌 2:6-8)

담대히 그분의 뜻을 구하기

우리 중 많은 사람들이 하나님의 뜻을 따르고 구하기 힘들어합니다. 그러나 너무 낙심하지 마십시오. 당신의 구주 역시 그 뜻을 따르기 힘들어하셨습니다. 물론 우리야 우리 죄악된 본성 때문에 주의 뜻을 따르기 힘들어하는 것이고, 그분은 그분이 진 짐이 너무나도 무거웠기 때문에 그리하셨던 것이지만, 그래도 주님은 당신의 마음을 아십니다. 단순히 전지하시기 때문에 아는 것이 아니라, 경험하셨기 때문에 아십니다.

많은 분들이 "하나님 뜻대로 살고 기도하는 거, 못해 먹겠습니다. 왜 이렇게 나를 힘들게 하십니까!" 하는 마음이 들 것입니다. 그러나 예수님 역시 성부 하나님께 "저 죄인들과 더불어 살아가는 거, 못해 먹겠습니다. 왜 이렇게 저를 힘들게 하십니까!"라고 따지실 수 있었음을 생각해 봅시다. 하나님께 감사하게도, 그분은 그렇게 하지 않으셨습니다. 괴로우셨지만 잠잠히 십자가로 가셨습니다.

"뜻이 하늘에서 이루어진 것같이 땅에서도 이루어지이다"라고 기도합시다. 이는 우리가 온 세상을 통치하는 데 꼭 필요한 훈련입니다. 우리 주님도 이 훈련을 똑같이 하셨습니다. 겟세마네에서 말입니다. 그분도 기도하고 거절당하시기를 세 번 반복하셨습니다! 그리고 그분이 거절당하셨기에, 우리가 받아들여지게 되었습니다. 그분이 버림받으셨기에, 하나님께서 우리를 안으실 수 있었습니다. 그러니 이 훈련을 받아들이십시오. 그분의 뜻을 추구하십시오. 존 웨슬리처럼, 이렇게 기도합시다.

제 의지를 바칩니다.
저 자신의 뜻이 제겐 없게 하소서.

주님이 원하시는 것, 오직 그 뜻만을 품게 하소서.

당신처럼 모든 일에서 하나님의 영광만을 위하게 하시고

그것이 제 모든 행동의 목적이 되게 하소서.[8]

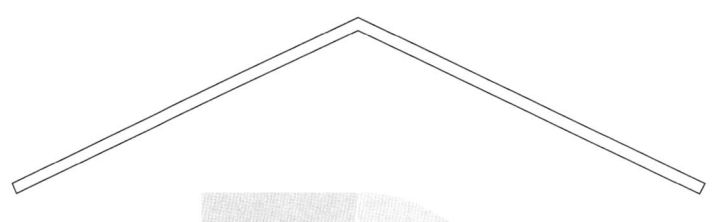

3부
땅이 하늘을 향해 올라가는 기도

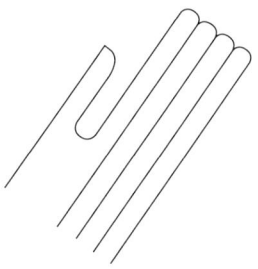

땅의 사정이 있습니다. 우리는 굶주립니다. 죄를 짓습니다. 그리고 악한 자들과 시험에 시달립니다. 하나님께서는 이 모든 것에 깊은 관심을 가지고 계시며, 우리를 돕고자 하십니다. 우리는 이제 우리 자신을 위해 기도하는 세 가지 간구를 살펴보면서, 우리 자신을 주께 드리고 그분을 받는 기도를 시작하려 합니다.

8장

일용할 양식을 주옵소서

마 6:11 오늘 우리에게 일용할 양식을 주시옵고.

반가운 기도가 왔습니다! 우리 구주께서는 이제 일용할 양식을 구하라고 명하십니다. 게다가 이 기도는 중요한 기도입니다. 『밥심으로 사는 나라』라는 제목의 주기도문 강해집을 낸 박영돈 교수는 "밥을 구하는 것이 주기도의 중심"이라고 봅니다.[1] 전적으로 옳을 뿐 아니라, 참으로 위로가 되는 말입니다. 왜냐하면 많은 사람들이 기도에 대해 잘못된 양극단의 입장을 취하고 있기 때문입니다.

한쪽 극단은 기도를 마치 자판기의 동전처럼 취급합니다. 무엇을 구하든 정성을 다해 구하면 무조건 응답받는다는 것입니다. 만일 응답받지 못했다면 믿음과 정성이 부족했다고 말합니다. 금액이 부족해서 자판기가 작동하지 않았다는 것이지요. 다른 한쪽은 기도를 일종의 사명으로만 취급합니다. 밥과 같이 삶에서 필요한 것을 구하는 것은 저급한 것이고, 세계 선교나 하나님의 영광 같은 것만 구해야 할 것처럼 말합니다. 그렇지 않으면 일종의 기복(祈福)주의적인 기도라는 것이지요. 우리 대다수는 이 양극단 사이에서 어느 한쪽에 치우쳐 있는 경우가 많습니다.

이 양편의 극단 이면에는 모두 하나님에 대한 오해가 숨어 있습니다. 기도를 자판기의 동전처럼 취급하는 오해 이면에는 하나님을 자판기로 보는 오해가 있지요. 우리에게 무엇이 좋은지, 어떤 것이 좋지 않은지 전혀 판단하지 않으시는 하나님으로 생각하는 것입니다. 다른 극단 즉 기도를 오직 사명으로만 보는 극단 이면에는 하나님이 우리의 일상적 삶에는 관심이 없으시고 그저 하나님의 일만 하기를 바라는 분이라는 오해가 있습니다. 양편 모두 하나님을 사랑이시며 주권적이고 선하신 분으로 보지 않습니다. 하지만 하나님은 선하신 분입니다. 우리가 "오늘 우리에게 일용할 양식을 주시옵고"라는 이 기도의 의미를 이해한다면, 하나님의 선하심을 더 알게 될 것입니다.

일상에서 필요한 모든 것을 공급해 주소서

우선 이 기도의 의미는 삶을 살아갈 때 우리에게 필요한 모든 것을 달라는 것입니다. 여기 '양식'이라고 번역된 헬라어 '아르토스'(ἄρτος)는 '빵'이라는 뜻입니다. 우리나라 문화를 반영해서 번역하자면 '밥'이지요. 그런데 이 말은 단순히 밥만 달라는 의미가 아닙니다. 본문을 볼 때 "그러면 반찬은 구하면 안 되는 건가?" 하는 식으로 해석하면 안 된다는 것이지요. '양식'은 육체적 삶을 유지하기 위해 필요한 모든 것을 의미합니다.[2] 마이클 윌킨스라는 신약학자는 여기서의 양식을 가리켜 "일부로서 전

체를 나타내는 일종의 제유법"이라고 말해 줍니다.[3]

이는 단순히 먹는 것뿐 아니라 우리가 살아가는 데 필요한 모든 것을 달라는 기도입니다. 우리에게는 먹을 것뿐 아니라 거할 집과 입을 옷이 필요합니다. 즉 **생계**를 위한 필요를 가지고 있습니다. 또한 **관계**를 위한 필요 역시 가지고 있지요. 우리에게는 가족의 사랑이 필요하고, 친구도 필요합니다. 우리는 사랑받고 사랑하고 싶은 욕구를 가지고 있습니다. 또한 이 모든 것이 지속적으로 안전하게 유지되기를 바랍니다. 즉 **안정**이 필요합니다. 또한 우리에게는 **즐거움**에 대한 욕구가 있습니다. 문화를 즐기고 누리고 만들어 내면서 삶을 향유하고 싶은 것입니다.

그래서 당신이 만일 비정규직이고, 삶이 불안정해서 괴롭다면 안정적인 직업을 달라고 담대하게 구할 수 있습니다. 친구가 없어 외롭다면 친구를 달라고 구할 수 있지요. 만일 당신이 '나는 태어나서 지금까지 뮤지컬 한 편 본 적이 없는데, 이 비싼 뮤지컬 티켓을 어떻게 구하겠어?'라고 생각했다면, 그것을 담대하게 구하셔도 됩니다. 하나님이 매일 심심하면 뮤지컬 보러 다니는 사람의 마음을 감동하셔서 공짜 표를 주실지도 모릅니다. 그러한 방식으로, 기도한 사람에게는 문화적 욕구를 채워 주시고, 표를 준 사람은 탐욕에서 구원하실 수도 있습니다. 이 문제에 대해서는 담대하십시오. 생계나 관계, 안정, 즐거움의 욕구를 채워 달라고 주께 구하십시오.

공급의 통로를 베푸시고 유지하도록 하소서

필요한 것을 공급해 달라는 이 기도는, 또한 공급할 통로를 주시고 유지하도록 해 달라는 기도이기도 합니다. 하나님은 양식을 하늘에서 뚝 떨어뜨리시는 것이 아니라, 직업을 주시고 일을 하며 수입이 생기게 하시는 방식으로 양식을 베푸십니다. 그래서 성경은 "누구든지 일하기 싫어하거든 먹지도 말게 하라 하였더니 우리가 들은즉 너희 가운데 게으르게 행하여 도무지 일하지 아니하고 일을 만들기만 하는 자들이 있다 하니 이런 자들에게 우리가 명하고 주 예수 그리스도 안에서 권하기를 조용히 일하여 자기 양식을 먹으라 하노라"(살후 3:10-12)라고 말해 주지요.

따라서 우리는 이러한 통로를 우리에게 달라고 구할 수 있으며, 그렇게 구해야 합니다. 가만히 앉아서 "밥 주세요. 집도 주세요"라고 구하기보다는, 자신의 재능과 힘을 사용할 수 있는 일이나 수고할 수 있는 사명을 달라고 구해야 하지요. 우리가 이렇게 기도할 때, 하나님은 우리의 생계와 삶을 책임지실 뿐 아니라 우리에게 소명을 주셔서 감당하게 하십니다. 그리고 세상을 섬기게 하시지요. 따라서 이 기도는 "하나님과 세상을 섬기는 자리를 제게 주셔서 하나님으로부터 섬김을 받게 해 주세요" 하는 기도입니다.

좋은 기도문을 하나 소개하고 싶습니다. 이 기도문을 누가 썼는지는 알 수 없지만, 저는 읽으면서 많은 눈물을 흘렸습니다. 특히 이 기도문을 우리 교회 성도들에게 소개한 후 많은 위안이 되었다는 이야기를 들었습니다. 당신이 직장인이거나 학생이라면 출근이나 등교할 때 읽어 보시고 기도해 보십시오. 혹시 주부라면 폭풍 같은 아침 시간을 보내고 잠시 쉬는 시간이 생겼을 때 읽어 보십시오. 아직 직업이 없으신 분들도 무언가를 준비하다 지쳤을 때 읽어 보십시오. 저도 주일 밤, 힘든 사역을 마치고 집에 왔을 때 읽어 보곤 합니다.

일당 노동자의 기도

오 하나님,
저는 제 두 손으로 열심히 일해서 일용할 양식을 받고 있습니다.
그 수고의 대가로 일용할 양식과 옷가지를 사고 있습니다.
매일 새벽부터 해 지는 저녁 늦게까지
무거운 짐은 저를 지치게 만들고
뜨거운 태양은 저를 피곤하게 합니다.

저와 제 가족의 생활을 지탱하기 위해서는
매일 이 많은 노동을 하는 일 외에는 다른 방법이 없습니다.
매일 쉬지 않고 일하고, 매일 밤 짧은 잠을 자면서,
아침이 되면 다시 늦은 밤까지 일할 수 있을 것이라는

희망을 가지는 것 외에는

아무런 희망도 제겐 없습니다.

이 모든 조건에도 불구하고, 저는 불평하지 않겠습니다.

대신, 오늘까지 건강과 넘치는 생기로 지켜 주신 것과

매일 필요한 것을 넉넉히 주시는 것에 대해

진실로 감사드리며,

주님의 거룩한 이름을 찬양합니다.

매일 아침 일찍 일어나서 잠자리에 들 때까지

그토록 많은 땀을 흘리며 일용할 양식을 얻으려 노력하는 일도

하나님이 제게 복을 주시지 않는다면

오 주님,

헛된 일이 됩니다.

나의 하나님, 저로 하여금 게으르지 않도록 하소서.

포도원에서 열심히 일하는 다른 사람들과 함께 일하도록

저를 불러 보내 주소서.

주님께 봉사하는 데 소홀히 하지 않게 하시고

결코 다른 사람에게 짐이 되지 않게 하소서.

그런 후에 이 땅 위에서의 마지막 밤이 다가왔을 때

이 땅에서 제가 했던 모든 노동에 걸맞은
좋은 상을 허락하소서.[4]

여담으로, 자신이 삶을 낭비하고 있다고 생각하는 분들에게는 이 기도가 자극과 도전이 될 것입니다. "일용할 양식을 주옵소서"라는 기도는, 매일 오락과 유흥으로 삶을 보내는 사람들이 할 수 없는 기도입니다(게임이나 유흥이 나쁘다는 것이 아닙니다). 이렇게 기도하는 사람 옆에서 "제가 이따가 대전 게임을 하는데 꼭 이기게 해주세요"라고 진지하게 기도하기는 부끄러울 수 있습니다(물론 프로게이머라면 진지하게 할 수 있겠지요). "넷플릭스에 신작이 빨리 나오게 해 주세요. 넷플릭스에 재미있는 드라마가 하나도 없습니다!"라고 기도하지도 않을 것입니다. 그것이 욕구라 하더라도요(물론 문화콘텐츠 제작자라면 다를 수 있습니다).

그러나 마음과 힘을 다해 삶을 살아가는 사람들에게는 이 기도가 참으로 깊은 위로가 될 것입니다. 그리고 주께서 주신 삶을, 그분의 공급과 보호에 기대며 의미 있게 힘껏 살아가고자 하는 마음을 얻을 수 있을 것입니다. 다시 한번 앞의 기도를 음미하면서, 마음으로 따라 해 보십시오. 마음이 낮아지고 겸허해질 것입니다. 그리고 소망과 위로 역시 얻게 될 것입니다.

공급하신 것을 누릴 힘을 주소서

일용할 양식을 달라는 이 기도는 한편으로 일용할 양식을 누릴 수 있는 능력을 달라는 기도이기도 합니다. 작년 여름, 높은뜻연합선교회 대표 김동호 목사의 인터뷰를 들었습니다.[5] 그는 2019년 폐암을 선고받고 20퍼센트의 폐를 절단하는 수술과 수차례에 걸친 고통스러운 항암 치료를 받았습니다. 거기서 그분은 지옥 같은 항암 치료 과정 역시 하나님의 은혜로 인해 천국처럼 행복했다고 고백합니다. 그런데 그 와중에 대단히 재미있는(그리고 슬픈) 한마디가 제 마음을 울렸습니다.

"돈 있으면 뭘 해요. 먹지를 못하는데. 돈, 암만 모으면 뭐 해. 잠도 못 자는데. 그래서 제가 하나님 앞에 하도 못 먹어서 픽픽 쓰러지니까 '일용할 양식을 주옵시고'가 아니라 정말로 기도했어요. **일용할 양식을 좀 먹게 좀 해 주십시오.**"

어떤 분들은 '나는 돈이 많으니, 일용할 양식을 달라는 기도는 굳이 필요하지 않아'라고 생각할 수도 있습니다. 하지만 주께서 건강을 주시지 않으면 내 손안에 가지고 있는 것도 누릴 수 없습니다. 따라서 "일용할 양식을 주옵소서"라는 기도 안에는 "하나님께서 내 삶에 건강을 주시고 이 모든 것을 누릴 수 있는 능력을 주십시오" 하는 기도도 포함되어 있는 것입니다.

일용할 양식을 구하는 기도에는 삶 전반에 걸쳐 필요한 모든 것을 달라는 내용이 포함되어 있습니다. 이렇듯 삶 전체를 주님께 의지하며 주님을 신뢰한다는 마음의 표현이기도 합니다. 그래서 저도 매일 "제가 제 가족을 책임질 수 있도록 힘을 주십시오. 우리 시광교회 성도들을 잘 섬길 수 있을 만큼 건강하게 해주세요" 하고 기도합니다. 당신도 매일 그렇게 기도하십시오. 아래의 기도문을 참고해서, 자신의 언어로 기도해 보십시오.

하늘에 계신 하나님 아버지.
나를 돌보시는 내 사랑하는 아버지.
오늘을 주심에 감사드리며,
오늘 하루도 일용할 양식을 주시길 구합니다.
오늘 양식을 공급하시려 제게 주신 통로인 일들을
잘 감당하게 하소서.
그리고 주실 양식을 누릴 수 있도록
오늘 필요한 건강을 주소서.

가족과 성도들, 동료 및 친구들과 더불어 누리는
좋은 관계를 허락하시고
제가 이 좋은 관계를 형성할 수 있도록
제게 겸손과 용기를 주소서.

오늘 하루 순적하고 안정적으로 살아가게 하시되,
고난을 허락하신다면 하나님을 신뢰하며 감당하게 하소서.
이 모든 것을 아버지의 뜻대로 하소서.
제 인생, 아버지의 뜻대로 되는 것이 제일 좋습니다.

이 기도 안에는 생계, 관계, 안정, 즐거움에 관한 간구가 모두 들어 있습니다. 이 기도를 매일 그대로 읽으셔도 좋고, 당신의 언어로 바꾸어 기도한다면 더욱 좋을 것입니다. 예컨대 당신이 학생이라면, "양식을 공급하시려 제게 주신 통로인 일들을 잘 감당하게 하소서"라는 말을 "제게 맡기신 학업을 잘 감당하게 하소서"라고 기도할 수 있겠지요. 아이들도 충분히 이 내용을 자신에게 맞추어 기도할 수 있을 것입니다. 중요한 것은, 매일 기도하는 것입니다.

이 기도가 지적해 주는 두 가지 죄

이 기도를 깊이 묵상해 보면, 이 기도가 우리의 죄에 대해 말해 준다는 것을 알게 됩니다. 특히 '일용할'이라는 단어를 깊이 생각해 보면, 우리 안에서 교만과 두려움이라는 두 가지 죄를 발견할 수 있습니다.

첫 번째는 교만입니다. 양식을 위해 기도하지 않는 교만 말입니다. '일용할'이라는 말은 우리가 이 기도를 매일 해야 한다는 것을 말해 줍니다. "나는 돈이 많은걸. 일용할 양식이라니 너무 우습군. 나는 이미 평생 먹을 것을 쌓아 놓았어. 그러니 이 기도는 내게 필요 없어." 이러한 교만입니다. 사실 많은 현대인들은 기도 없이도 먹고 살아갈 힘을 스스로 가지고 있다고 착각합니다. 기술의 발전과 풍요는 인간으로 하여금 하나님의 도움 없이도 살 수 있다는 생각을 하게 만들었지요.

과학과 기술의 발전은 그 자체로 좋은 것이고 하나님의 선물입니다. 다만 인간은 하나님이 만드신 좋은 것인 과학과 기술을 하나님의 자리에 올려놓고 거기서 소망과 안식을 찾으려 하는 우를 범합니다. 즉 하나님께 기도하지 않고 기술을 사용하여 문제를 해결하려는 것이지요. 그리스도인 기업가들의 경우에는 경영 기술이 기도의 자리를 대체합니다. 상담 기술이 하나님과의 교제를 통해서만 얻을 수 있는 위안을 대체합니다. 공부 기술이 하나님께 구해야만 얻을 수 있는 지혜의 자리를 대체하고, 심지어 목회 기술이 목회자의 기도를 대체하는 식이지요. 우리는 기도하기보다는 기술을 부리려 합니다. 기도하고 나서 겸허히 기술을 사용하는 방식이 아니고요. 그래서 프랑스의 신학자이자 사회학자인 자끄 엘륄은 이렇게 말합니다. "인간은 기술적인 업적을 기도 응답처럼 받아들인다."[6]

기술을 폄하하려는 것이 아닙니다. 오히려 올바른 방식으로 기술을 사용하는 법을 찾으려는 것이지요. 기술의 주인이 하나님이시기에, 기도 없는 기술은 공허할 수밖에 없습니다. 그래서 호주의 신학자 찰스 링마는 이렇게 이야기합니다.

> 기도는 교환 기술이 아닙니다. 거래 기술도 아닙니다. 오히려 기도는 연약함의 기술입니다. 기도는 우리의 피조물 됨과 하나님의 위대하심, 사랑과 자비의 풍성하심을 인정하는 시간입니다. 우리가 얼마나 연약한지 말씀드리고 하나님이 개입하시고 보호해 주셔야 한다는 사실을 고백하는 시간입니다. 우리의 죄악과 허물을 인정하고 하나님의 은혜와 용서, 능력을 구하는 시간입니다.…기도는 우리가 하나님께 빈손으로 나아감을 깨닫는, 우리의 연약함을 드러내는 기술입니다.[7]

"일용할 양식을 주옵소서"라는 기도는, 우리의 교만을 폭로합니다. "나는 기도가 필요하지 않아. 나는 스스로 해결할 수 있어. 내 창고에는 음식과 재물이 쌓여 있어"라고 말하는 사람에게는, "어리석은 자여, 오늘 밤에 네 영혼을 도로 찾으리니 그러면 네 준비한 것이 누구의 것이 되겠느냐"(눅 12:20)고 물으시는 주님의 부드러운 책망이 필요합니다.

두 번째는 두려움입니다. 본문은 '일용할'(daily) 양식을 구하라고 합니다.[8] 하지만 우리는 자주 '주용할'(weekly)이나 '월용할'(monthly), 또는 평생 먹고 살 양식을 주시기를 욕망할 때가 많지요. 이 말을 오해하지 마십시오. 저축도 하지 말고 보험도 들지 말라는 의미가 아닙니다. 매일매일, 하루하루를 하나님을 의지하고 신뢰하지 않으면 안 된다는 말씀입니다. 그리고 그렇게 하루하루 하나님을 신뢰하는 사람들을 하나님이 늘 돌보아 주시고 함께하신다는 약속이기도 합니다.

그럼에도 우리는 많은 것을 미리 쌓아 놓고 평안하고 싶어 합니다. 건물주나 주식 부자가 되어 "영혼아, 여러 해 쓸 물건을 많이 쌓아 두었으니 평안히 쉬고 먹고 마시고 즐거워하자"(눅 12:19)라고 말하고 싶은 것이지요. 이러한 생각 이면에는 하나님께서 내 삶을 매일 돌보아 주지는 않으실 것 같다는 두려움과 불신이 숨어 있습니다. 하지만 "일용할 양식을 주십시오"라는 기도는 우리에게 하나님께서 내일도 우리를 돌보실 것이라는 확신을 가지라고 요구합니다. 또한 미래를 향한 염려와 두려움을 주께 맡기라는 급진적 요구를 합니다. 그래서 김영봉 목사는, 물질에 희망을 걸고 있는 사람들에게 이 기도는 "참으로 위험한 기도"라고 말합니다.[9]

그렇다면 교만과 두려움을 넘어 이 기도를 담대하게 할 수 있는 용기는 어떻게 얻을 수 있을까요? 두려움을 극복하기는 쉽지 않습니다. 게다가 삶에서 "내가 기도했지만, 하나님을 신뢰하고 기도했지만 하나님께 배신을 당했다"고 느끼며 절망하는 사람들에게, 하나님을 신뢰하라는 권면은 저항감마저 불러일으킵니다. 눈에 보이지 않는 하나님은, 왠지 전적으로 믿기에는 무언가 불안합니다.

전적으로 믿기에는 불안한 하나님?

사실 이것은 에덴동산에서 아담이 가졌던 불안이기도 합니다. 아담이 지은 첫 번째 죄 역시 결국 먹는 문제와 연관된 것이었습니다. 아담의 마음 안에도 교만과 두려움이 있었지요. 그는 하나님을 신뢰하지 못했습니다.[10] 하나님은 동산 모든 나무의 열매를 마음껏 먹으라고 하셨습니다(창 2:16). 그 열매는 아담이 씨를 뿌려 수확한 것이 아니고, 하나님께서 조건 없이 공짜로 주신 것이었습니다. 하나님은 아담의 삶을 기꺼이 책임지시고, 그를 돌보기를 원하셨습니다. 그리고 딱 하나만 금지하셨지요. 그것이 선악을 알게 하는 나무의 열매였습니다.

왜 하나님은 선악과를 금지하셨을까요? '선악을 알게 하는 나무'는 일종의 도덕적 자율성을 상징합니다.[11] 즉, 무엇이 선하고 무엇이 악한지를 스스로 결정하는 마음을 말하지요. 하나님이 선악과를 금지하실 때, 그분은 "무엇이 선하고 악한지를 결정하는 존재는 나다. 나를 신뢰하고 따르렴"이라고 말씀하신 것과 같습니다. 다시 말하자면, 선악과를 먹지 않는 것은 (내가 하나님이 아니고) 하나님을 하나님으로 섬기는 것과 같습니다. 어쨌든, 하나님은 명시적으로 그 이유를 아담에게 가르쳐 주시지는 않으십니다.[12] 왜 그러셨을까요? **아담은 이유를 알아서 순종하는 것이 아니라, 하나님의 성품을 믿고 순종해야 했기 때문입니다.**

아이들을 키우다 보면, 이 말을 하게 될 때가 분명히 있습니다. 너무 어린 아이가 스마트폰과 같은 전자기기를 가지고 싶어 할 때, 우리는 그들에게 거절하는 이유를 다 납득시킬 수 없습니다. 여러 이유를 말해 줄 수 있지만, 아이는 완전히 납득하지 못할 것입니다. 그럴 때 할 수 있는 말은 하나밖에 없습니다. "엄마를 믿어. 엄마는 너를 사랑해. 때가 되면, 네가 꼭 필요할 때가 되면(저는 어렸을 때 이 말이 제일 싫었습니다!) 사 줄 거야. 지금은 다 설명할 수 없어. 이유를 알아서가 아니라, 엄마가 너를 사랑하는 것을 믿고 순종하렴."

그때 뱀이 등장합니다. 아담과 하와는 같이 있었습니다.[13] 그리고 뱀은 (아담이 아니라) 하와에게 말하지요. 하와는 하나님께 선악과를 먹지 말라는 명령을 직접 들은 사람이 아니었습니다. 뱀은 하와에게, 마치 어디서 들은 것처럼 이렇게 말합니다. "동산에 있는 나무의 열매 중 너희들이 먹을 수 있는 나무는 하나도 없다며? 이렇게 맛있고 좋은 과실을 만들어 놓고 하나도 먹지 못하게 했다던데?"(참고. 창 3:1) 이 말은 한편으로는 명백한 거짓말이었고, 다른 한편으로는 "하나님이 너희들을 괴롭힌다며?"라고 말하는 이간질이기도 했지요.

아담은 여기서 이렇게 말할 수도 있었습니다. "무슨 소리야! 하나님은 우리가 심지도, 거두지도 않은 좋은 나무의 열매들을 모두 우리에게 주셨어. 물론 하나를 금지하시긴 했지만, 그리고 그 이유에 대해 우리가 다 알지는 못하지만, 나는 하나님을 신뢰해. 이렇게 우리를 아름답게 만드시고 좋은 것을 주시는 분이 우리를 괴롭게 하실 리 없어. 그분이 먹지 말라고 하셨다면, 거기에는 반드시 선한 이유가 있는 것이 분명해. 그러니 나는 하나님을 따를 수 있어." 이것이 아담이 했어야 하는 말이지요. 그러나 아담은 방관합니다. 하와로 하여금 계속 뱀을 상대하게 하지요. 아담은 책임지지 않습니다. 그리고 죄를 저지릅니다.

그는 교만했습니다. "왜 선악과를 못 먹게 하는 것이지? 나는 권리가 있어!" 그리고 그는 불안해했습니다. "왜 선악과를 못 먹게 하는 것이지? 왜 이 신은 나를 이렇게 괴롭히는 걸까?" 기도가 응답되지 않을 때 우리가 교만과 불안을 왔다 갔다 하는 것처럼요. "왜 내게 응답해 주시지 않는 거지? 분노하겠어!" 또는 "왜 응답해 주시지 않지? 왜 하나님은 나를 괴롭히는 걸까?" 일상의 삶에 관한 한, 우리는 계속 이 두 마음을 오갑니다. 그리고 이 두 마음 뒤에는 하나님의 선하심에 대한 회의가 있지요. 우리는 어떻게 이 회의를 확신으로 바꿀 수 있을까요?

우리를 위해 굶주리신 주님

마태복음 4장에 보면, 예수께서 굶주리신 장면이 나옵니다. 그분이 광야로 가셨지요. 어떤 사람들은 예수님의 이 행위가 사역 전에 능력을 받기 위한 금식인 것처럼 생각하지만, 실제로는 그저 하나님의 명령에 순종한 것이었습니다. "성령이 곧 예수를 광야로 몰아내신지라"(막 1:12). 광야에는 먹을 것이 없습니다. 그래서 그분이 굶주리신 것입니다. 즉 하나님은 예수님께 이렇게 명령한 것입니다. "나가라. 광야로 가라. 굶주려라. 목말라야 한다." 그분은 명령의 이유를 듣지 못하셨습니다. 그리고 40일 동안 굶주렸을 그때에, 사탄이 찾아옵니다.

"네가 만일 하나님의 아들이어든 명하여 이 돌들로 떡덩이가 되게 하라!"(마 4:3) 무슨 말일까요? "네 아버지 하나님이 정말 선하신 분이라면, 그리고 네가 정말 그분의 사랑을 받는 아들이라면, 왜 그분은 너를 굶주리게 하는 것이지? 반역하라! 너도 신성이 있잖아. 떡을 만들어 먹어!" 그런데 예수께서는 대답하십니다. "기록되었으되 사람이 떡으로만 살 것이 아니요 하나님의 입으로부터 나오는 모든 말씀으로 살 것이라 하였느니라"(마 4:4). 무슨 말일까요? "물론 나는 배고프다. 그러나 나를 광야로 보내신 분은 내 아버지시고, 나는 그분의 성품을 믿는다. **그분이 내게 굶으라고 말씀하셨다면, 그 말씀이 내게 생명을 줄 것이다! 떡이 아니라!**" 그분은 하나님의 선하심을 신뢰하셨습니다.

첫째 아담이 받은 명령과 둘째 아담(예수님)이 받은 명령을 비교해 봅시다. 첫째 아담은 "이 모든 것을 마음껏 먹으려무나. 그러나 이 한 가지는 안 된다" 하는 명령을 받았습니다. 그러나 아담은 불순종했습니다. 둘째 아담에게 하나님은 뭐라고 명령하셨습니까? "나가라. 먹을 수 있는 빵과 마실 수 있는 물이 없는 곳으로 가라. 그리고 굶어라. 그리고 빵을 만들어서 먹지도 말아라." 이게 둘째 아담이 받은 명령입니다. 첫째 아담보다 훨씬 더 가혹하지요. 그러나 그분은 순종하셨습니다.

왜입니까? 모든 것을 만드시고 다스리시는 분이, 모든 부요를 가지신 분이, 모든 것을 하루아침에 없앨 능력을 가지신 분이 왜 이렇게 가혹한 명령을 받으시고, 거기에 순종하셨습니까? 왜 그분은 가난한 목수로 오셔서 30년 동안이나 일을 하지 않으면 먹고 살아갈 수 없는 상황에 처하셨습니까? 그분은 아마도 일용직 노동자로서, 앞에 언급한 "일당 노동자의 기도"와 비슷한 기도를 매일 드리며 사셨을 것입니다. 모든 것을 "내 것이다!"라고 선포하실 수 있는 분이, 왜 굶주리셔야 했습니까?

> 우리 주 예수 그리스도의 은혜를 너희가 알거니와 부요하신 이로서 너희를 위하여 가난하게 되심은 그의 가난함으로 말미암아 너희를 부요하게 하려 하심이라. (고후 8:9)

우리가 먹을 수 있는 이유는, 그분이 굶주리셨기 때문입니다. 우리가 가족을, 친구를, 교회를 가질 수 있는 이유는 그분이 모두에게 버림받으셨기 때문입니다. 우리가 하나님께 사랑받을 수 있는 이유는 그분이 하나님께 버림을 받으셨기 때문입니다. 우리가 하나님께 "아빠 아버지여!"라 부르짖으며 밥을 달라 떼를 쓸 수 있는 이유는, 그분이 하나님으로부터 "광야로 가서 굶어라!" 하신 명령을 받고 순종하셨기 때문입니다.[14]

하나님이 자신의 영원한 아들을 굶기면서까지 우리를 먹이시는 분이라면, 왜 그분의 선하심을 의심하겠습니까? 교만과 두려움을 내려놓고, 그분을 바라봅시다. 그리고 담대히 구합시다. "오늘 우리에게 일용할 양식을 주십시오!"

9장

위대한 기도

마 6:11 오늘 우리에게 일용할 양식을 주시옵고.

마 7:7 구하라 그리하면 너희에게 주실 것이요, 찾으라 그리하면 찾아낼 것이요, 문을 두드리라 그리하면 너희에게 열릴 것이니, 8구하는 이마다 받을 것이요, 찾는 이는 찾아낼 것이요, 두드리는 이에게는 열릴 것이니라. 9너희 중에 누가 아들이 떡을 달라 하는데 돌을 주며 10생선을 달라 하는데 뱀을 줄 사람이 있겠느냐. 11너희가 악한 자라도 좋은 것으로 자식에게 줄 줄 알거든 하물며 하늘에 계신 너희 아버지께서 구하는 자에게 좋은 것으로 주시지 않겠느냐.

저는 기도의 능력에 대해 많은 이야기를 들었습니다. 신앙생활을 하는 내내 기도에 대해서 배웠고, 들었고, 실제로 기도를 했지요. 실제로 기도한 시간이 기도에 대해 배운 시간보다 적을 거라는 생각을 하니 부끄럽지만요. 제가 읽은 많은 책들이 기도의 능력과 위대함에 대해 말해 주었습니다. 그리고 그중에는 존 뉴턴이 쓴 시도 있습니다.

> 왕이신 하나님께
> 큰 간구 가지고 올지니
> 그의 은혜와 능력은 위대하여
> 어떤 간구도 너무 크지 않으리.

참 아름다운 시입니다. 그러나 (의심 많은) 저는 좀 반신반의했습니다. "로또를 구하라! 그러면 1등으로 당첨되게 해 주겠다!"는 약속은 위대하고 커 보입니다. 반면 "오늘 우리에게 일용할 양식을 주십시오"라는 기도는 별로 위대해 보이지 않지요. 복권에 당첨되게 해 달라는 기도는 그렇게 줄기차게 거절하신 하나님이 왜 우리에게 겨우 먹고살 정도의 기도는 매일 하라고 요구하시는지 참 알다가도 모를 일이었습니다. 일용할 양식을 달라는 기도는, 제겐 너무 초라하게 보였습니다. 이 기도를 깊이 묵상하기 전까지는 말이지요.

어마어마한 양의 양식을 요구하는 기도

사실 이 기도는 정말 많은 양의 양식을 달라고 구하는 기도입니다. 저는 예전에 "겨우 하루치 양식? 나는 최소한 한 끼에 그만큼의 양식이 필요하다고!"라고 말한 적이 있습니다. 하지만 본문을 잘 보십시오. 예수님은 우리에게 "오늘 **우리에게** 일용할 양식을 주시옵고"라고 기도하라고 하십니다. 예수님은 '내' 기도가 아닌 '우리' 기도를 하라고 요구하십니다.

누군가 이 기도를 하고 나서, '이제 비로소 일용할 양식 정도는 내게 있는 것 같아. 이제 이 기도는 응답되었으니 더 이상 기도할 필요 없겠어' 하고 생각할 수 있는 것이 아닙니다. 나는 잘 먹고 잘 살더라도, 내 주변의 이웃이 굶주리고 있다면 우리는 여전히 이 기도를 해야 합니다. 또한 '내' 양식을 위해서는 늘 기도하지만 '우리'의 양식을 위해 기도하지 않는다면 우리는 예수님이 가르치신 이 기도를 전혀 하지 않는 셈입니다. 실제로 박영돈 교수는, 이 기도를 가리켜 "이기주의의 죽음을 요구하는 기도"라고 말해 줍니다.[1] 그의 말을 조금 더 들어 봅시다.

주기도의 후반부를 이루는 세 간구는 사실상 모두 우리를 위한 기도입니다. 계속 '우리'라는 말이 나옵니다. 그런데 우리 각자의 내면에서는 계속 '나, 나, 나'가 터져 나옵니다. 제 두 살짜리 손자가 잘 하는 말이 바로 '나'입니다. 맛있는 것을 보면 자기에게 달라고 무조건 '나, 나'를 외치는 이 아이는 아직 '우리'라는 말을 할 줄 모릅니다. '우리'라는 의식의 부족, 그것이 어린아이의 특징입니다. 마찬가지로, 신앙이 미성숙한 사람은 주로 '나 기도'를 합니다. 한 사람의 신앙이 성숙했다는 증거는 바로 이런 '나 기도'가 '우리 기도'로 전환되는 것입니다.…우리에게 우리의 일용할 양식을 달라는 기도는, 자신만이 아니라 공동체에 속한 모든 이를 위한 양식을 구하는 기도입니다. 우리 각자에게 주어진 여분의 양식과 물질은 자신만을 위한 것이 아니라 공동체 전체를 위한 것입니다. 나에게 상대적으로 더 많은 양식과 물질이 주어진 것은 공동체 내의 가난한 이들에게 양식을 공급하시는 하나님의 도구가 되라는 뜻입니다.[2]

우리가 "하나님, 제 삶을 돌보아 주세요. 먹고살게 해 주세요. 뮤지컬 티켓도 주세요. 직업도 주세요"라고 기도하는 것은 잘못이 아닙니다. 하지만 거기에만 머물러서는 안 됩니다. "하나님, 저는 먹고삽니다. 가끔 문화도 즐기고, 안정적인 삶을 영위하고 있습니다. 하지만 제 이웃들 중에는, 우리 교회에는 아직도 일용할 양식이 없는 사람들이 있습니다. 그들을 위해 기도합니다. 그들에게 양식을 주세요. 특별히 힘들어하는 사람들이 많습니다.

그들을 돌보아 주세요"라고 기도하는 데까지 나아가야 합니다.

그러면 감사하게도, 하나님이 이렇게 응답하실 때가 있을 것입니다. "내가 네 기도를 응답하여, 네가 응답이 되게 하겠다." 무슨 의미입니까? "네 것을 주어라. 네 것을 떼어 그들을 위해 주어라." 이렇게 말씀하시는 것이지요. 애매한 말장난으로 헌금을 내게 만드는 것처럼 들리시나요? 아닙니다. 사실 깊은 기도와 응답을 거쳐 이웃을 돕고자 하는 마음과 사랑을 받은 사람들은, 이러한 응답이 얼마나 그들을 기쁘게 하고 충만하게 하는지 압니다. 기도가 끝나자마자 기꺼이 자기 주머니를 털어 나눠 줄 마음이 생기는 충만감을 아십니까? 이것이 기도의 능력입니다. 이 기도가 위대하지 않습니까? 예를 하나 더 볼까요?

조지 뮬러는 19세기 영국의 경건한 그리스도인이자 기도의 사람이었습니다. 그는 영국 브리스틀에 애슐리 다운 고아원(Ashley Down Orphanage)을 창설하여 1만 명 이상의 고아들을 돌보고 양육하며 굉장한 사역을 했지요. 그들에게 말씀을 가르치기도 하고, 여러 사역을 하며 그들을 먹이고 입혔습니다. 그러던 중에 있었던 놀라운 에피소드 하나를 소개해 드리겠습니다.

오늘처럼 돈이 달린 적이 없다. 고아들을 돌보는 집이 세 군데나 되지만, 수중에는 동전 한 닢도 남아 있지 않다. 그러나 우리는 오늘 맛있게 저녁을 먹었다. 그리고 빵을 뜯으면서 하루를 무사히 넘길 수 있었다는 것에 감사드렸다. 하지만 당장 내일부터 아이들에게 먹일 빵이 없다는 것이 문제이다. 나는 고아들을 돌보는 형제자매들과 새벽 1시까지 기도했다. 그리고 기도를 마친 후에 하나님의 도움을 기다려야 한다고, 이번에는 주께서 어떤 식으로 우리를 구해 주실지 기다려 보자고 말했다.…(다음 날) 킹스다운에 갔을 때…돌아올 때는 가까운 길로 오지 않고 일부러 클라렌스궁(Clarence Place)을 돌아왔다. 집 근처에서 한 형제를 만나 대화를 나누며 남은 길을 같이 걸었다. 그는 나를 만나러 두 번이나 고아원을 찾았지만 내가 출타 중이어서 만나지 못하고 돌아가는 중이라고 말했다. 그런데 그 형제가 가난한 신자들에게 석탄과 담요와 의복을 사 주라고 말하면서 10파운드를 건넸다. 그뿐 아니라 고아 사역에 쓰라고 5파운드를, 성경지식협회 사업에 쓰라고 5파운드를 건넸다. 1분만 늦었더라도 그를 만나지 못했겠지만 주께서 우리의 필요를 아시고 그를 만나게 허락하신 것이었다.[3]

이 이야기에서 조지 뮬러가 한 기도는 어떻습니까? 이 기도가 위대하지 않습니까? 능력이 없습니까? 아닙니다! 저는 이보다 더 위대한 기도를 보지 못했습니다. 이 기도는 "로또 당첨되게 해 주세요!"라는 기도보다 훨씬 더 위대합니다. 당신이 '우리에게' 일용할 양식을 달라는 이 기도를 일상에 녹인다면, 그로 인해 일하시는 하나님의 응답을 경험한다면 아마 당신은 이 기도의 위대함에 놀라 더 많이 기도하게 될 것입니다. 가까운 이웃과 교회를 넘어서 세상을 위해 기도하게 될 것입니다. "하나님, 우리나라의 굶는 사람들을 위해, 세계의 굶는 아이들을 위해 기도합니다. 그들에게 빵을 주십시오. 제대로 된 의료 혜택을 주십시오." 그리고 막연히 이 일을 위해 기도만 하는 것이 아니라, 이 기도가 당신의 삶을 이웃 중심으로 재형성하는 것을 보게 될 것입니다.

따라서 이 기도는 기도하는 사람의 필요를 공급할 뿐 아니라, 기도하는 사람 자체를 바꾸어 버립니다. 이것이 기도의 위력입니다. 박영돈 교수의 말처럼, 이 기도는 기도하는 사람 안에 있는 이기주의를 죽입니다. 이러한 기도의 위력을 체험하지 못한다면, 사실 당신은 기도의 능력을 아직 모르는 것입니다. 미국의 목회자 존 파이퍼는 기도의 능력을 체험하지 못하는 이유를 "기도의 본질을 오해했기 때문"이라고 말합니다.

> 믿는 자들의 손에서 기도가 작동 불량이 되는 첫 번째 이유는 아마도 우리가 전시용 무전기를 가정용 인터컴으로 전환시키려 하기 때문일 것이다.…기도는 마치 야전 사령관이 군대를 소집해서 임무를 주고, 병사 각자에게 장군이 있는 본부의 주파수에 맞춘 개인 송신기를 전달하면서 이렇게 말씀하시는 것과도 같다. "제군들, 장군께서 여러분에게 임무를 하달하셨다. 장군께서는 임무 완성을 목표로 삼고 있다. 그 목표를 이루기 위해, 장군께서는 여러분 각자가 이 무전기를 통해 장군께 직접 연락을 할 수 있게 해 주셨다. 제군들이 이 임무에 충실하고 먼저 장군의 승리를 쟁취하려고 힘쓴다면, 장

군께서는 제군들의 무전기만큼이나 여러분 가까이에 항상 계실 것이며 도움을 요청할 때 온갖 지원을 아끼지 않으실 것이다!"[4]

많은 사람들이 기도를 가정용 인터콤으로 사용합니다. 2층에 있는 사람이 1층에 있는 사람에게 "포도 한 송이 갖다 주세요"라고 말하는 것이지요. 이러한 방식의 기도는 "오늘 우리에게 일용할 양식을 주십시오"라는 기도가 의도한 바가 아닙니다. 오히려 김영봉 목사가 한 다음의 기도를 깊이 음미해 보십시오.

두려운 복

아버지, 어려움 속에서 눈물 짓는 사람이 얼마나 많은지요.
헤어날 수 없는 가난의 늪에 빠져 연명하는 일조차 벅찬 사람이
얼마나 많은지요.
하루하루 질병의 고통과 싸우며 힘겹게 살아가는 사람이
얼마나 많은지요.

지금 저는 감사하게도,
이 모든 불행과 상관없이 살고 있습니다.
제게는 이 복을 받을 자격이 없습니다.
고통에 짓눌려 사는 그들보다 나은 무엇이 제게는 없습니다.
그런데 저는 그들에게 없는 복을 누리고 있습니다.

생각이 여기에 미치니 두려움이 저를 엄습합니다.
자격도 없이 받은, 분에 넘치는 복이 두렵습니다.
남에게 없는 복이 제게는 있는 것이 두렵습니다.
제 복을 부러워하는 사람들의 시선이 두렵습니다.

아버지, 이 복을 붙들고 두려움에 떠느니
이 복을 나누며 기쁘게 살겠습니다.

제게 주신 복이 실은 저만을 위한 것이 아니라
모두를 위해 제게 맡겨진 것임을 깨달아
제 창고를 열게 하소서.
제 마음을 열게 하소서.
제 집을 열게 하소서.
제 삶을 열게 하소서.
저를 다스리시어 두려움 없는 참된 복을 누리게 하소서.[5]

이 기도를 조용히 읊조리면서 마음을 맡겨 보십시오. 그리고 "네게 있는 것 중에 받지 아니한 것이 무엇이냐"(고전 4:7)라고 말한 사도 바울의 말도 새겨 보십시오. 주께서 당신의 기도에 응답하셔서, 이웃에게 기도 응답이 되게 하십니다. 하나님이 나를 사용하셔서 이웃을 먹이시고 돌보시는 것을 보면서, '우리'에게 일용할 양식을 달라고 구한 내 기도를 들으신 것을 보게 될 것입니다. 저는 두 딸을 키우는 아빠로서, 초등학생인 첫째가 둘째를 주려고 빵을 챙겨 온 것을 보고 얼마나 기쁘고 감동을 받았는지 모릅니다. 마찬가지로 하나님은 당신이 이렇게 기도할 때 기뻐하실 것을 확신하셔도 좋습니다!

이렇게 기도할 때, 당신은 점점 조지 뮬러처럼 살게 될 것입니다. 우리는 보통 조지 뮬러 같은 신앙인들 이야기를 들으면 '저 사람이 훌륭한 것은 인정하겠는데, 나는 믿음이 부족해서 저렇게 살아갈 수는 없어. 저 사람은 믿음이 좋으니 저렇게 된 것 아니겠어?' 하고 생각합니다. 하지만 그도 우리와 같은 연약한 죄인이었습니다. 제 생각이지만, 조지 뮬러도 역시 자신의 기도로 인해 '우리의' 양식이 계속 공급되는 것을 보며 더욱 확신을 얻어 담대히 기도하지 않았을까요? 따라서, 우리는 이웃을 위해 기도하면서 우리의 삶까지 변화될 거라고 확신할 수 있습니다. 어떻습니까? 이 기도가 위대하지 않습니까?

만일 당신이 회사를 운영하는 기업인이라면 당연히 "우리 회사가 하는 사업이 잘되게 해 주십시오"라고 기도하셔도 좋습니다. 그런데 더 나은 기도가 있습니다. "하나님, 우리 회사 직원들 밥 좀 주십시오. 일용할 양식을 주십시오. 우리 회사 직원들 월급을 더 많이 주고 싶습니다" 하고 기도할 수도 있습니다. 이러한 기도는 묵상을 통해 더 깊은 데로 나아갈 수 있습니다. "그런데 돈을 많이 벌어도 서울에서 집을 사기는 힘든 일이잖아. 왜 이렇게 되었을까? 세상의 탐욕 때문이구나." 이렇게 생각하고 "하나님, 일하여 주십시오. 세상의 탐욕이 그치게 해 주십시오. 그래서 가난한 사람들이 집 한 칸 가질 수 있도록 일하여 주십시오!"라고 기도할 수 있습니다.

저 역시 교회의 성도들을 위해 이렇게 기도합니다. "하나님, 그들의 삶을 책임져 주십시오. 그들이 서울에서 집 한 칸 가질 수 있게 해 주십시오." 기도가 깊어지면 기도 내용 역시 더 커지고 위대해집니다. "하나님, 그들을 가난으로부터도 구원해 주시고, 탐욕으로부터도 구원해 주십시오. 그들이 가진 직업으로 그들도 양식을 먹게 하시고, 또한 다른 사람들에게 양식을 먹이게 하소서." 그러므로 이 기도는 위대합니다. 이 기도는 기도하는 사람을 변화시킵니다.

오 하나님.
굶주린 자들에게는 빵을 주시고
빵을 가진 우리에게는
정의에 대한 굶주림을 주소서. (어느 라틴아메리카인의 기도)[6]

거대한 헌신을 요구하는 기도

이 기도가 위대한 또 다른 이유가 있습니다. 하나님께 요구하는 헌신의 위대함이지요. 이 기도는 하나님께 정말 거대한 헌신을 요구하고 있습니다. 다시 이 기도를 묵상해 봅시다. "오늘 우리에게 일용할 양식을 주십시오." 여기서 '오늘'과 '일용할'이라는 개념을 생각해 봅시다. 많은 사람들은 이 단어를 보며 그저 하루치만 구하라는 내용으로 생각합니다. 하지만 이렇게 기도할 때, 우리는 하나님께 다음과 같이 요구하는 셈입니다. "하나님, 매일 제 기도를 들어주세요. 매일 제게 관심을 가져 주세요. 매일 제가 아버지께 요구하게 해 주세요."

사실 이 기도가 "로또 당첨되게 해 주시고, 그 다음 죽을 때까지 하나님께 양식을 구하는 기도는 안 해도 되게 해 주세요"보다 더 큰 것을 요구하는 것입니다. 당신이 주는 사람이라고 해 봅시다. 매일 구할 때마다 그날그날 양식을 챙겨 주는 것이 힘듭니까? 아니면 한꺼번에 주고 신경 쓰지 않는 것이 힘듭니까? 전자는 단순히 양식만 주는 것이 아닙니다. 나의 관심과 사랑도 주어야 하는 것입니다. 그러니 당연히 전자가 더 어렵지 않겠습니까? 매일의 양식을 달라는 기도는 하나님의 헌신을 요구합니다. 따라서 더 크고 위대한 기도이지요.

당신이 사업을 시작하는 사람이고, 자수성가하여 거대한 기업을 이룬 사람을 만날 수 있다면 무엇을 구하시겠습니까? "당신은 부자니까 제게 돈을 주세요. 사업 자금을 주셔서 제가 사업을 할 수 있게 해 주세요"라고 구할 수 있습니다. 이것도 큰 간구이지요. 그러나 당신은 이렇게 구할 수도 있습니다. "일주일에 한 번씩 나를 만나 주세요. 제가 당신 있는 곳으로 찾아갈게요. 어떻게 사업을 해야 하는지, 어떻게 직원들을 이끌어야 하는지, 재정 위기 앞에서 어떻게 처신해야 하는지 지혜를 주세요. 저를 가르쳐 주세요." 당연히 후자가 훨씬 큰 간구 아니겠습니까? 전자는 돈을 달라는 간구지만, 후자는 친구가 되어 달라는 간구니까요.

"매일 우리를 돌보아 주세요"라는 기도는 하나님의 능력만이 아니라 하나님을 구합니다. 하나님이 우리를 그분의 사랑으로 돌보아 주시길 구합니다. 그렇기에 이 기도는 참으로 안전장치가 있는 기도입니다. 안전장치라니 무슨 의미일까요? 우리는 다섯 살짜리 꼬마가 구하는 것 중에는 위험한 것도 있음을 압니다. 하지만 위험한 것을 다섯 살에만 구할까요? 열다섯 살은 어떨까요? 저는 열다섯 살에 가정용 게임기를 구했습니다. 물론 어머님은 사 주지 않으셨고, 지금 저는 그걸 다행으로 여기고 있습니다. 만약 사 주셨다면 당시 제가 읽었던 위대한 소설들을 하나도 읽지 않았을 테니까요.

그렇다면 스물다섯 살은요? 서른다섯 살은 어떻습니까? 그때는 위험한 것을 구하지 않을까요? 무한히 지혜로우시고 선하신 하나님께서 보시기에, 우리는 끊임없이 우리 삶에 위험한 것을 구합니다. 이 부분에 있어서는 가장 탁월한 사람들도 가장 어리석을 수 있습니다. 예를 들어 보지요. 중국의 통치자(이며 독재자) 마오쩌둥을 아십니까? 그는 대단히 명민하고 지혜로운 사람이었습니다. 그는 사악한 지도자였지만, 대단한 지도력과 탁월한 정신의 소유자였지요. 당대에 그를 가장 싫어한 사람들도 그가 뛰어난 인물임을 부정하지는 않았습니다.

그렇게 뛰어난 인물 역시 위험하고 어리석은 결정을 반복했습니다. 그의 집권기 어떤 정책들은 정말 어처구니없을 정도로 어리석었지요. 그중 하나가 바로 1958년부터 1960년까지 진행되었던 제사해 운동(除四害運動)이었습니다. "참새들이 곡식의 종자를 먹어서 인민들의 노고와 결실을 앗아 가기 때문"이라는 이유로, 마오쩌둥은 참새를 박멸할 것을 명령했습니다.[7] 하지만 농작물과 사람에게 해를 끼치는 다른 곤충과 벌레를 잡아먹는 참새가 거의 박멸되자, 엄청난 기근이 찾아왔습니다. 그 결과 1958년부터 1962년까지 약 4,500만 명의 중국인이 목숨을 잃었지요. 아무리 탁월한 정신의 소유자라 하더라도, 이렇게 위험한 일을 할 수 있습니다.

하나님은 지혜로우십니다. 그리고 우리를 사랑하시지요. 그래서 우리가 기도하는 위험한 것들을 다 들어주지는 않으십니다. 누군가는 이렇게 질문할 수도 있을 것입니다. "예수님은 '너희가 내 안에 거하고 내 말이 너희 안에 거하면 무엇이든지 원하는 대로 구하라. 그리하면 이루리라'(요 15:7)고 말씀하셨잖아요. 그런데 왜 이루어 주지 않으시지요?" 이건 예수님의 말씀을 오해한 것입니다. 이 말씀을 아버지가 자녀에게 하는 말로 들은 것이 아니라, 램프의 지니가 알라딘에게 한 말로 들은 것이지요.

지니가 누구인지 아시지요? 램프를 문지르면 나오는 거대한 요정입니다. 그리고 램프를 문지른 알라딘에게 무슨 소원이든

세 가지를 들어준다고 말하지요. 하지만 지니는 그 소원이 알라딘에게 좋은 것인지 나쁜 것인지 판단하지 않습니다. 그저 들어줄 수밖에 없습니다. 지니는 전능하지만 지혜롭지도, 선하지도 않습니다. 그러나 아버지는 다릅니다. "나는 너를 위해 모든 것을 줄 거야"라고 말하지만, 구하는 것을 지혜롭게 살펴보고 자녀에게 좋은 것만 주지요. 아버지가 보기에 자녀에게 위험한 것을 거절한다 하더라도, "구하는 모든 것을 주겠다"는 아버지의 말은 거짓이 아닙니다. 오히려 안전장치가 있는 진실이지요.

그러한 의미에서 하나님은 우리에게 큰돈 한번 안겨 주고 무신경으로 일관하는 지니가 아닙니다. 오히려 매일 우리의 상태를 체크하시고 돌보시며 필요한 것을 공급하시는 아버지이지요. 따라서 "오늘 우리에게 일용할 양식을 주십시오"라는 기도는 위대한 기도입니다. 단순히 양식을 구하는 기도가 아니라 하나님을 구하는 기도이기 때문이며, 돈을 달라고 구하는 것이 아니라 아버지가 되어 달라는 기도이기 때문입니다.

우리에게 좋은 것을 주시는 하나님

다음은 지금까지의 모든 가르침을 요약해 주는 말씀입니다. 주기도문을 가르치신 예수님의 말씀은 산상설교의 한 부분인데, 그 설교의 마지막 부분에서 예수님은 이렇게 말씀하십니다.

구하라 그리하면 너희에게 주실 것이요, 찾으라 그리하면 찾아낼 것이요, 문을 두드리라 그리하면 너희에게 열릴 것이니, 구하는 이마다 받을 것이요, 찾는 이는 찾아낼 것이요, 두드리는 이에게는 열릴 것이니라. 너희 중에 누가 아들이 떡을 달라 하는데 돌을 주며 생선을 달라 하는데 뱀을 줄 사람이 있겠느냐. 너희가 악한 자라도 좋은 것으로 자식에게 줄 줄 알거든 하물며 하늘에 계신 너희 아버지께서 구하는 자에게 좋은 것으로 주시지 않겠느냐. (마 7:7-11)

우리 구주께서는 마음껏 구하고, 찾으며, 문을 두드리라 하십니다. 하늘에 계신 우리 아버지께서 구하는 자에게 좋은 것으로 주실 것이라고 하십니다. 이 말씀은 '램프의 지니'가 하는 말이 아닙니다. 오히려 당신을 사랑하시는 아버지가 하시는 말씀으로 들으십시오. 수천억을 가진 아버지라도, 선한 아버지는 아이에게 돈을 막 주지 않습니다. 친척이 만 원짜리 하나라도 줄라치면 "애한테 뭐 이렇게 큰돈을 줘?" 하며 손사래 치다가 아이가 받으면 "고맙습니다, 해야지"라고 가르친 다음 그 돈 만 원을 빼앗아서 아이 이름으로 개설한 통장에 입금시키는 법입니다.*

---

* 여기서, 그리고 다른 곳에서 나는 부모-자식의 예화를 많이 사용하였는데, 예화에서 제시한 방식으로 아이들을 양육하는 것이 절대적으로 옳다고 주장하는 것이 아니다. 예를 들어 나는 아이가 받은 용돈을 부모 마음대로 가져가는 것이 무조건 옳다고 믿지 않는다. 그러나 용돈을 가져가서 통장에 입금시키는 부모의 마음 이면에는 아이의 미래를 걱정하는 사랑이 있다고 주장하는 것이다. 다른 예화들도, 독자가 행간을 보며 이해하기를 바란다.

더 좋은 부모라면 어떻겠습니까? 그렇게 축적한 부요를 다른 사람들에게 나눠 주는 자녀가 되기를 바랄 것입니다. 그것이 자녀에게 제일 좋은 것이기 때문이지요. 하나님은 선하신 아버지입니다. 자녀는 무엇이든 구할 수 있습니다. 악한 사람도 자식이 떡을 달라 하는데 돌을 주거나 생선을 달라 하는데 뱀을 주지는 않습니다. 하물며 하나님은 얼마나 더 좋은 것을 주시겠습니까? 신약학자 스캇 맥나이트는 그 이유에 대해 이렇게 말합니다. "하나님은 우리보다도 더 선하시고 전적으로 더 선하시기 때문입니다!"[8]

우리를 위해 거절당하신 주님

따라서 하나님은 우리가 돌이나 뱀을 구할 때는 절대로 주지 않으실 것입니다. 그분은 램프의 지니가 아니기 때문입니다. 그분은 우리가 떡과 생선을 구할 때는 반드시 주실 것입니다. 그 증거가 있습니다. 큰 무리가 예수님을 좇을 때, 그들이 사흘 동안 굶어서 기진해 갈 때, 예수님은 그들에 대해 "내가 무리를 불쌍히 여기노라"고 말씀하십니다(막 8:2). 그리고 제자들의 떡 일곱 개와 물고기 두어 마리를 취하여 사천 명의 무리를 먹이시지요(막 8:1-9). 이렇듯 사랑 많은 예수님을 통해 계시된 하나님은, 우리에게 떡과 물고기를 주시는 분이십니다. 우리에게 제일 좋은 것을 주시는 하나님은, 한 번도 자신의 사랑하는 자녀에게 돌과 뱀을 주신 적이 없습니다. 딱 한 번만 제외하고 말이지요.

성부 하나님은 자신의 아들에게, 그것도 영원한 아들에게 돌과 뱀을 주셨습니다. 우리는 지난 장에서 예수님이 광야에서 굶주리신 것을 보았습니다. 그것은 하나님의 명령이었고, 사탄은 (즉 **뱀**은; 참고. 계 12:9) 예수님께 "네가 만일 하나님의 아들이어든 명하여 이 **돌**들로 떡덩이가 되게 하라"(마 4:3)고 말하지요. **광야에서, 예수님이 성부 하나님께로부터 받은 것은 돌과 뱀이었습니다.** 왜요? 우리에게 떡과 물고기를 주시기 위해서요.

그분이 자신의 영원한 아버지께 버림받음으로, 우리가 받아 마땅한 버림을 그분이 대신 받으심으로, 그분이 받아 마땅한 양식을 우리가 먹게 되었습니다. 그래서 그분이 우리의 부요가 되셨습니다. 그리고 "자신만의 양식을 채우는 기도가 아니라, 너희들 모두의 양식을 채워 달라는 기도를 하여라! 내가 매일 돌보아 주겠다. 매일 돌보아 달라고 구하여라!"고 명하십니다. 작은 기도가 아니라 큰 기도를 하라고 하십니다. 이 위대한 기도를 시작하십시오. 이 위대한 기도를 통해 위대한 일을 이루시는 하나님을 보십시오!

> 왕이신 하나님께
> 큰 간구 가지고 올지니
> 그의 은혜와 능력은 위대하여
> 어떤 간구도 너무 크지 않으리.

10장

우리 죄를 사하여 주옵소서

마 6:12 우리가 우리에게 죄 지은 자를 사하여 준 것같이 우리 죄를 사하여 주시옵고.

시 51:1 하나님이여 주의 인자를 따라 내게 은혜를 베푸시며 주의 많은 긍휼을 따라 내 죄악을 지워 주소서. 2나의 죄악을 말갛게 씻으시며 나의 죄를 깨끗이 제하소서. 3무릇 나는 내 죄과를 아오니 내 죄가 항상 내 앞에 있나이다. 4내가 주께만 범죄하여 주의 목전에 악을 행하였사오니 주께서 말씀하실 때에 의로우시다 하고 주께서 심판하실 때에 순전하시다 하리이다. 5내가 죄악 중에서 출생하였음이여, 어머니가 죄 중에서 나를 잉태하였나이다. 6보소서, 주께서는 중심이 진실함을 원하시오니 내게 지혜를 은밀히 가르치시리이다. 7우슬초로 나를 정결하게 하소서. 내가 정하리이다. 나의 죄를 씻어 주소서. 내가 눈보다 희리이다. 8내게 즐겁고 기쁜 소리를 들려 주시사 주께서 꺾으신 뼈들도 즐거워하게 하소서. 9주의 얼굴을 내 죄에서 돌이키시고 내 모든 죄악을 지워 주소서. 10하나님이여, 내 속에 정한 마음을 창조하시고 내 안에 정직한 영을 새롭게 하소서. 11나를 주 앞에서 쫓아내지 마시며 주의 성령을 내게서 거두지 마소서.

이제 죄를 용서해 달라는 기도로 들어왔습니다. 많은 사람들이 "기독교는 왜 자꾸 죄를 말하면서 죄책감을 심어 주고, 회개하라고 말하느냐?"라고 불평합니다. 하지만 죄책감은 죄를 지은 인간이 아무리 부정하려고 해도 품을 수밖에 없는 상처입니다. 이것을 잘 보여 주는 소설이 있습니다.

표도르 도스토예프스키의 『죄와 벌』이지요. 가난한 대학생인 라스콜리니코프는, 자신이 인간의 법, 즉 옳고 그름을 초월한 '초인'이라고 생각합니다. 따라서 인간 세상의 도덕은 자신에게 적용되지 않는다고 생각하지요. 그리고 탐욕스러운 전당포 주인 노파를 죽여 돈을 빼앗고, 그 돈으로 가난한 사람들을 구제하겠다는 망상에 차 있습니다. 그래서 도끼로 잔혹하게 노파를 죽였고, 그 광경을 목격한 노파의 동생도 죽이고 말지요.

그러나 그는 즉시 죄책감에 빠집니다.[1] 자신은 자유인이라고 믿으며 살인을 저질렀지만, 심지어 자신이 빨리 잡히길 바라는 마음까지 들 정도로 자유를 잃어버리지요. 그리고 우연히 알게 된 매춘부 소냐의 사랑으로 인해 자신의 죄를 참회하고 자유를 얻게 됩니다. 그는 스스로를 초인이라 믿었지만, 소설의 마지막 부분에서 이렇게 고백합니다. "바로 제가 그때 고리대금업자 노파와 그의 여동생 리자베따를 도끼로 살해하고 돈을 훔친 사람입니다."[2] 그는 자신의 죄를 고백하고, 결국 소설은 그의 참회로 인해 그가 전혀 알지 못했던 새로운 자유를 알아 가기 시작했다는 언급으로 마무리됩니다.[3]

이 소설에서 가장 빛나는 부분은 아마도 라스콜리니코프가 소냐에게 자신의 죄를 처음 털어놓는 부분일 것입니다. 소냐는 그의 고백을 듣고 나서 이렇게 말합니다. "당신은, 당신은 도대체 자신에게 무슨 일을 저지른 거죠!"[4] 왜 이렇게 말했을까요? 죄는 자기파괴적이기 때문입니다. 죄는, 죄를 저지르는 사람에게 더 큰 상처를 안깁니다. 그래서 라스콜리니코프도 이렇게 말하지요. "내가 과연 노파를 죽인 걸까? 나는 나 자신을 죽였어."[5]

그러한 의미에서, 죄를 고백하는 것은 선행의 시작입니다.[6] 회개는 자신을 치료하는 일의 시작이지요. 인간을 가장 잘 아시는 예수님께서, 자신의 죄를 고백하고 용서를 구하는 기도를 가르치신 것은 어쩌면 당연한 일입니다. 따라서 이번 장에서는 다윗이 밧세바와 간음하고 밧세바의 남편인 우리야를 죽이고 난 후에 참회하며 쓴 시인 시편 51편을 보며 회개의 본질이 무엇인지 간단히 생각해 보려고 합니다. 그리고 참된 회개를 이루는 실천적 기도를 시작해 보도록 합시다.

왜 회개해야 하는가

시편 51:11에서 다윗은 이렇게 말합니다. "나를 주 앞에서 쫓아내지 마시며 주의 성령을 내게서 거두지 마소서." 이것이야말로 다윗이 생각했던, 회개의 가장 중요한 목표입니다. 죄는 인간과 하나님을 분리합니다.

> 여호와의 손이 짧아 구원하지 못하심도 아니요 귀가 둔하여 듣지 못하심도 아니라. 오직 **너희 죄악이 너희와 너희 하나님 사이를 갈라놓았고** 너희 죄가 그의 얼굴을 가리어서 너희에게서 듣지 않으시게 함이니라. (사 59:1-2)

그리스도인이라 하더라도 계속된 죄 가운데서 자신의 죄를 고백하지 않는다면, 하나님과의 관계가 일시적으로 또는 장기적으로 단절됩니다. 물론 그렇다고 하나님이 우리를 진짜로 버리시는 것은 아닙니다. 하지만 우리는 버림받은 것 같다고 느끼지요. 기도를 하더라도 허공을 치는 느낌만 들지 하나님과 교제하는 것 같지 않습니다. 성경을 읽어도 깨달음이 없고, 예배를 드려도 뜨거움과 감화가 없습니다. 즉 '주 앞에서 쫓겨남을 당하고, 성령님이 떠난 것' 같은 느낌을 경험하지요. 이러한 상황에서 변화가 없다면 결국 하나님과의 교제가 막혀 있다는 사실 자체도 고통스럽게 느껴지지 않습니다.

죄를 고백하지 않기 때문에 하나님과 거리가 멀어지고, 또한 거리가 생겼기 때문에 더욱 죄를 고백하지 않게 됩니다. 빈곤의 악순환이 지속되는 것이지요. 본래 죄 고백이라는 것, 쉬운 말로 바꾸어서 사과라는 것은 기본적으로 관계 가운데서 이루어집니다. 관계가 없으면 사과도 없습니다. 사과할 대상이 없으니까요. 당신이 학교나 회사 어디든 아무런 소속도 없다면, 밤 늦게까지 놀다가 아침에 늦게 일어나도 아무에게도 사과할 필요가 없습니다. 하지만 소속된 회사가 있고, 출근 시간이 9시인데 10시에 일어났다면, 서둘러 회사로 달려가서 잘못했다고 사과해야 합니다. 왜요? 관계 가운데서의 규칙을 어겼기 때문입니다.

마찬가지로, 하나님과의 깊은 관계를 인식하고 있는 사람들은 자주 회개합니다. 그리고 진심으로 하나님께 죄송함을 느낍니다. 하지만 하나님과의 교제가 거의 없는 사람들은 거의 회개하지 않습니다. 아예 의식하지 못하지요. 하나님과의 교제가 깊은 사람들은, 사람에게 저지른 죄에 대해서도 하나님께 죄를 고백합니다(물론 피해를 끼친 사람에게도 죄를 고백합니다). 당신이 누군가의 휴대폰을 부수었다고 합시다. 그렇다면 당신은 일차적으로 휴대폰의 주인에게 사과를 할 것입니다. 만약 주인에게 사과하지 않고 휴대폰에게만 사과한다면, 파렴치하다는 말을 (이상한 사람이라는 말과 함께) 듣게 되겠지요.

하나님과의 관계를 깊이 누리는 사람은, 사람에게 저지른 잘못을 사람에게만 고백하는 것이 아니라 그 사람의 주인이신 하나님께도 고백합니다. 그래서 다윗은 우리야와 밧세바에게 죄를 범하고 나서 "내가 주께만 범죄하여 주의 목전에 악을 행하였사오니"라고 말한 것이지요(시 51:4). 이러한 상황에서 우리가 자신의 죄를 고백한다면, 서서히 하나님이 자신과 함께 계시다는 의식이 회복됩니다. 나의 모든 잘못이 결국 하나님을 향한 것이었다는 사실을 깨닫게 되고, 하나님이 자신을 위해 아들을 주셨다는 사실에 대해 다시 감격하게 됩니다. 이러한 임재의식은 자신의 죄를 미워하는 마음과 자신이 용서받았다는 마음을 동시에 증가시킵니다. 그 결과, 자신이 죄인이기 때문에 겸손해야 한다는 마음과, 그럼에도 받아들여졌기 때문에 당당하다는 마음 모두를 낳지요.

어떻게 회개해야 하는가

첫째, 죄의 결과만 고백하는 것이 아니라 뿌리까지 고백하기
시편 51:1-3을 보십시오. 다윗은 자신의 죄를 '죄악', '죄', '죄과'라는 단어를 사용하여 묘사합니다. 이 단어들은 일반적으로 구약성경에서 죄를 가리키는 표현을 몽땅 모아 놓은 것인데, 이는 다윗이 죄에 대한 단어를 다 사용함으로 "하나님, 저는 죄인입니다. 정말 죄라는 죄는 몽땅 지은 놈입니다"라고 말하는 것과 같습니다.[7] 즉 자신이 아주 철저한 죄인이며, 단순히 죄를 지

었기 때문에 죄인인 것이 아니라, 본성상 죄인이기 때문에 죄가 쏟아져 나온다고 고백하는 것입니다.

> 내가 죄악 중에서 출생하였음이여, 어머니가 죄 중에서 나를 잉태하였나이다. (시 51:5)

사실 이러한 자기인식은, 다윗이 죄를 범하고 나서 처음 선지자 나단이 그에게 와서 회개를 촉구한 상황(삼하 12:1-6)을 보면 잘 알 수 있습니다. 다윗은 밧세바를 범하고 그의 남편을 죽였습니다. 그리고 아이가 태어났습니다. 즉 거의 1년이 지난 시점이었지요. 다윗을 찾아온 나단은, 한 성읍에 부자와 가난한 사람이 있었는데 부유한 사람이 가난한 사람의 작은 암양 새끼 하나를 빼앗아 자기에게 온 손님을 대접한 예화를 들려줍니다. 다윗은 지금 이 이야기가 자신을 향한 것인 줄도 모르고 "노하여 나단에게 이르되 '여호와의 살아 계심을 두고 맹세하노니 이 일을 행한 그 사람은 마땅히 죽을 자라'"(삼하 12:5)라고 말하지요.

그때 선지자 나단은 "당신이 그 사람이라!"(삼하 12:7)라고 말합니다. "당신이 그 사람이다. 당신은 부자이며, 왕이며, 원하는 모든 것을 다 가질 수 있다. 그런데 당신의 충직한 부하인 우리야는 딱 한 명의 아내, 자기가 정말 사랑하는 아내인 밧세바 하나밖에 없었다. 그런데 당신은 그 아내를 빼앗고 당신의 가장 충직한 부하를 죽였다!"

다윗은 이때 크게 놀랐을 것입니다. 실제로 사무엘하 11장을 보면, 다윗이 간음과 살인을 행하는 과정 중에 거의 죄책감이 없이 그 모든 것을 행합니다. 마음이 아주 무뎌져 있었던 것이지요.

그렇다고 다윗이 율법을 몰랐겠습니까? "여호와의 율법을 즐거워하여 그의 율법을 주야로 묵상"(시 1:2)하던 그가 그럴 리가요. 그는 율법을 잘 알고 있었을 것입니다. 십계명뿐 아니라 모세 오경을 다 외우고 있었을 것입니다. 그럼에도 자신이 제6계명(살인하지 말라)과 제7계명(간음하지 말라)을 동시에, 명백하게 어기고 있다는 것을 깨닫지 못했습니다. 왜 그랬을까요? 그 이유에 대해 팀 켈러는 다음과 같이 말해 줍니다. "의심할 바 없이 모종의 양심의 가책이 찾아왔지만, 다윗은 이리저리 자기 행동을 스스로에게 합리화한다. 필시 자기연민을 통해 그리했을 것이다. 그의 과중한 직무와 거기에 요구되는 희생을 감안하면, 이 정도 일탈쯤은 저지를 권리가 있다고 스스로에게 속삭였을 것이다."[8]

자신의 죄를 나단이 지적해 주자, 그때서야 비로소 어두워졌던 눈이 밝아졌지요. 그리고 놀랍니다. 자신이 그토록 나쁜 짓을 저질렀는데 그게 나쁜 짓인지 알지도 못했다는 것에 충격을 받습니다. 죄가 이토록 기만적입니다! 박영선 목사는 이 지점을 가리켜 다윗이 "자신이 얼마나 큰 죄를 저질렀는지조차 모르고 있다가 이 일을 겪고 나단의 지적을 받은 후에야 모태에서부터

이미 죄인일 수밖에 없는 자신의 실체, 아니 인간의 실체를 깨닫게 됩니다"라고 지적합니다.[9]

죄의 기만성이 어떻게 작용하는지 예를 들어 보겠습니다. 미국의 기독교 철학자 프랜시스 쉐퍼는, 기독교 신앙인이 아닌 사람들에게(물론 신앙인도 포함됩니다) 종종 이런 예화를 쓰곤 했습니다. 많은 사람이 "예수님도 모르고 성경도 안 읽어 본 사람을, 성경의 율법에 근거하여 심판하는 건 너무하지 않은가?"라고 질문합니다. 쉐퍼는, 그에 대해 하나님이 이렇게 반문하실 거라고 합니다. "그렇다면 성경 말고, 다른 사람을 판단하는 데 사용했던 도덕적 기준을 네 자신이 지켰느냐?"

그것은 마치 우리 각 사람이 목에 조그마한 녹음기를 매고 다니면서, 그 녹음기에 우리가 일생 동안 다른 사람들에 대해 내린 도덕적 판단, 예컨대 "그는 잘못했어…그녀가 잘못했어…그들이 잘못했어" 등등의 내용들을 녹음하는 것과 다름없을 것이다. 마지막 심판 때에 하나님은 그 녹음된 내용을 다시 틀어 우리가 다른 사람에 대해 내렸던 도덕적인 판단들을 우리 자신의 목소리로 듣게 하시면서, "너 자신이 그러한 기준을 지켜 왔느냐?"고 되물으신다. 우리 모두가 "아니오"라는 대답을 하게 될 것이 뻔하다. 우리는 대개 스스로 잘못되었다고 생각되는 일들을 고의로 저질러 온 경우가 비일비재하다. 설령 우리의 행위에 대해 논리적인 변명을 할 수 있는 상황을 그 녹음된 내용에서 제해 주시고, 고의로 잘못을 저지른 경우만을

고려하신다 해도 하나님은 우리를 충분히 심판하실 수 있는 정당한 근거를 가지신다.[10]

어떻습니까? 하나님의 질문에 우리는 당당하게 답할 수 있을까요? 녹음기가 작동되고 당신의 목소리가 들립니다. "저 사람은 편애가 너무 심해!" 그리고 잠시 후에 편애했던 자신의 말과 행동이 드러납니다. 또 녹음기가 당신의 목소리를 들려줍니다. "코로나가 창궐한 전염병의 시대에 놀러 가서 병이나 옮기고!" 그리고 잠시 후에 친구들과 여행 갈 계획을 짜고 있던 당신의 모습이 비칩니다. 내가 하면 로맨스요 남이 하면 불륜이지요. 우리 모두 기만적입니다. 다윗 역시 기만적이었고요. 그건 저 역시 마찬가지입니다.

회개는 이러한 죄의 기만성을 폭로합니다. 따라서 지속적인 회개를 실천하는 사람은 남을 함부로 정죄하기 어려워합니다. 타인을 정죄하는 것에 대한 정서적 걸림돌이 생깁니다. 누군가의 악행이 드러나면, '내가 저 일을 하지는 않았지만, 저 마음은 나한테도 있는데…. 두렵다' 또는 '저 청년은 참 철이 없구나. 하지만 내가 저 청년의 나이 때는 더 어리석고 무지했지' 하는 생각이 드는 것이지요. 그래서 사도 바울은 "형제들아, 사람이 만일 무슨 범죄한 일이 드러나거든 신령한 너희는 온유한 심령으로 그러한 자를 바로잡고 너 자신을 살펴보아 너도 시험을 받을까 두려워하라"(갈 6:1)고 말해 주는 것입니다.

지속적인 회개는 당신의 성품을 대단히 매력적으로 변화시킵니다. 당신은 계속해서 옳음을 추구하지만, 옳지 못한 상대를 정죄하지 않습니다. 사람들은 당신과 대화할 때 안정감을 느낍니다. 누군가 남을 비난하는 것을 즐기는 사람과 대화하면, 남을 비난하며 자신을 높이는 즐거움을 잠깐 맛볼 수는 있습니다. 하지만 헤어지고 나면 그 사람이 다른 곳에서 내 뒷담화를 할지 모른다는 불안감을 떨칠 수 없겠지요. 하지만 회개로 삶이 형성된 사람은 이러한 불안감을 안겨 주지 않습니다. 그와 함께 있으면 정죄받지 않을 거라는 확신을 가질 수 있습니다. 그러나 옳고 그름이 모호해지지도 않습니다. 그는 매력적이고 아름다운 성품을 가집니다.

둘째, 죄로 인한 고통만 피하려 하기보다 하나님과 교제하기
시편 51편에 나오는 다윗의 회개를 이해하기 위해, 우리는 다윗의 선대왕인 사울의 잘못된 회개를 이해할 필요가 있습니다. 사울 역시 하나님의 말씀에 불순종했습니다(참고. 삼상 15장). 그는 전쟁에서 하나님의 명령대로 아말렉을 진멸하지 않고, 자신이 전쟁에 이겼다고 자랑할 만한 육축들과 사람들을 따로 남겨 놓고 전쟁을 치릅니다.[11] 그가 가장 신경 쓰는 것은 하나님의 명령이 아니라, 백성들 앞에서의 인기였지요. 하지만 불순종한 사울의 의도를 하나님이 모르실 리 없었고, 선지자 사무엘은 사울이 개선할 때 제사를 지내지 않겠다고 말합니다.

그러자 사울은 회개하는 듯 보입니다. "사울이 사무엘에게 이르되 내가 범죄하였나이다. 내가 여호와의 명령과 당신의 말씀을 어긴 것은 내가 백성을 두려워하여 그들의 말을 청종하였음이니이다"(삼상 15:24). 그럼에도 본문을 자세히 읽어 보면, 그의 회개가 하나님을 향한 참된 회개라기보다는 **하나님의 심판이 무서워 두려워하는 회개일 뿐**임을 알게 됩니다. 왜냐하면 사울은 바로 다음과 같이 말하기 때문입니다. "청하오니 지금 내 죄를 사하고 나와 함께 돌아가서 나로 하여금 여호와께 경배하게 하소서"(삼상 15:25).

여기서 말하는 "여호와께 경배"하는 것은 바로 '승전 감사 제사'를 가리킵니다.[12] 고대의 전쟁은 보통 신들의 전쟁으로 인식되었고, 사실상 왕이 전쟁을 이끌고 승리하게 되면 왕 자신이 하나님께서 택하신 사람이라는 것을 만방에 알리며 명예를 높일 수 있었지요. 하지만 이 제사는 왕이 아닌 제사장 사무엘이 인도해야 했고, 사무엘이 승전 감사 제사를 인도하기 거부한다면 백성들 앞에서 자신의 명예를 드높일 기회를 잃어버리는 것이었습니다.[13] 즉, 사울이 두려워한 것은 하나님과의 관계를 잃는 것이 아니라, 벌을 받는 것이었습니다.

제가 학생 시절, 대다수의 다른 그리스도인들과는 달리 저는 시험 직전에 주일 예배를 빼먹은 적이 없었습니다. 경건했기 때문일까요? 지금 생각해 보면 그렇지 않습니다. 오히려 종교적이었기 때문이지요. 시험 직전에 주일 예배를 빠지면 하나님이 진노하셔서 치실 거라고 생각했던 것입니다. 그러한 마음이 지금도 남아 있어서, (부끄럽게도) 제가 일주일 중 경건의 모양을 가장 잘 갖추는 날은 늘 토요일 저녁입니다. 가장 방탕한(?) 날은 주일 저녁이지요. 우리 중 많은 사람들이 여기에 공감하리라 생각합니다. 이러한 방식의 예배 참석, 이러한 방식의 회개가 바로 사울 방식의 회개입니다.

하지만 다윗은 다르게 회개합니다. 다윗은 "내가 주께만 범죄하여"라고 말합니다. 이는 다윗이 우리야나 그의 아내 밧세바에게는 죄책감을 가지지 않았다는 말이 아닙니다. 오히려 자신이 사람들에게 지은 이 사악한 죄의 본질은 하나님을 향한 반역이라고 생각한다는 의미입니다.[14] 다윗의 시선은 자아로부터 하나님께로 옮겨 갑니다. 그는 이후 하나님께 벌을 받고, 밧세바와의 사이에서 낳은 아이를 잃게 되지요. 그럼에도 그는 하나님을 원망하지 않습니다.

생각해 보십시오. 만일 다윗이 회개함으로 진정 원한 것이 그냥 아들을 살리는 것뿐이었다면 아들이 죽은 후에 그가 어떻게 반응했겠습니까? 하나님을 저주하거나 무시하거나 떠났을 겁니다. 그렇지만 다윗은 "지금은 [아이가] 죽었으니 내가 어찌 금식하랴. 내가 다시 돌아오게 할 수 있느냐. 나는 그에게로 가려니와 그는 내게로 돌아오지 아니하리라"(삼하 12:23) 하고 말합니다. 한편으로는 슬픈 말입니다. 자신의 아들이 죽었다는 말이니까요. 하지만 다른 한편으로는 소망스러운 말입니다. 다윗이 죽은 후에, 그는 하늘에서 그 아이를 볼 수 있습니다. 그는 아들을 잃었지만, 헤어짐은 일시적일 뿐입니다. "나는 그에게로 가려니와."[15]

다윗은 하나님 안에서, 그가 결국은 아무것도 잃지 않으리라고 확신할 수 있었습니다. 그가 하나님과의 관계를 잃지만 않는다면, 결국 잃어버린 아들도 다시 찾을 것입니다. 그가 하나님을 잃는다면, 말 그대로 모든 것을 잃는 것입니다. 그래서 다윗은 구합니다. "주의 얼굴을 내 죄에서 돌이키시고", "나를 주 앞에서 쫓아내지 마시며 주의 성령을 내게서 거두지 마소서"(시 51:9, 11). 하나님 없이 모든 것을 가진 사람은 아무것도 가지지 못했지만, 아무것도 없어도 하나님을 가진 사람은 이미 모든 것을 가졌습니다. 참된 회개는 이렇게 하나님을 소유하고자 합니다.

셋째, 십자가를 바라보며 용서를 구하기

다윗은 이제 7-9절에서 자신의 죄를 씻어 달라고 말합니다. 아까 다윗은 1-2절에서 '죄악', '죄', '죄과'라는 세 단어를 사용하여 자신이 죄라는 죄는 몽땅 지은 악인이라는 것을 고백하였지요. 그런데 이제 다윗은 '말갛게/정결하게'(2, 7절), '씻다'(2, 7절), '지우다'(1, 9절)라는 세 단어를 사용하여 자신의 모든 죄들을 몽땅 용서해 달라고 간구합니다. 즉 다윗은 자신이 범한 죄만큼이나 풍성한 하나님의 자비와 은혜를 구하는 것입니다. 다윗은 지금 "제가 죄라는 죄는 몽땅 지었으나, 그 죄들 하나도 남김없이 용서해 주십시오"라고 간구하고 있습니다.

그리고 다윗은 7절에서 '우슬초'로 자신을 정결하게 해 달라고 말합니다. 우슬초는 부정함을 없애는 의식에 사용되던 약초로, 문둥병 환자가 나았을 때 그를 정결하게 하는 예식(레 14:4-6)과 시체를 만져서 부정해진 사람을 씻는 의식(민 19:18)에 사용되었고, 유월절에 어린양의 피를 문 인방과 설주에 뿌릴 때도 사용되었습니다(출 12:22).[16] 이것이 무엇을 상징할까요?[17] 히브리서는 우슬초를 사용하여 피를 뿌리는 의식을 가리켜 "율법을 따라 거의 모든 물건이 피로써 정결하게 되나니 피 흘림이 없은즉 사함이 없느니라"(9:22)라고 말합니다. 그리고 몇 절 뒤에서 "그리스도도 많은 사람의 죄를 담당하시려고 단번에 드리신 바 되셨고"(9:28)라고 하며 이 우슬초의 피 뿌림이 결국 예수 그리스도의 죽으심을 가리키는 것임을 말해 줍니다.[18]

다윗이 당해야 할 일을 대신 당하신 분

이것이야말로 회개의 가장 중요한 부분입니다. 회개는 우리의 죄를 속죄하려는 시도가 아닙니다. 사람들은 흔히 이렇게 생각합니다. '이렇게 회개를 열심히, 눈물을 흘리며, 많이 했으니 나를 용서해 주시겠지?' 이러한 생각은 곧 '나는 회개를 하긴 했는데 눈물도 나지 않았고, 슬프지도 않고, 열심히도 안 했으니 용서를 받지 못하겠지?'라는 생각으로도 이어지지요. 하지만 이러한 종류의 회개(?)는 "우리가 참으로 비참하며 후회하고 있으므로 용서받을 자격이 있다고 하나님을(그리고 스스로를) 설득시키려는 행위"에 불과합니다.[19]

다윗은, 그리고 우리는 우리의 죄를 속죄할 필요가 없습니다. 죗값을 치르기 위해 고행으로 벌을 받으며 회개를 할 필요도 없습니다. 정성과 열정과 노력을 들여야 용서해 주시는 것이 아닙니다. 물론 우리의 회개는 진실해야 하겠지만, 우리가 회개 때문에 용서받는 것은 아닙니다.

우리가 "주의 얼굴을 내 죄에서 돌이키시고"(시 51:9)라고 부르짖을 때 용서받을 수 있는 이유는, 하나님이 예수님을 보실 때 죄인으로 보셨기 때문입니다. 예수님은 죄가 없으시지만, 성부 하나님은 그리스도를 죄로 여기셨습니다.

> 하나님이 죄를 알지도 못하신 이를 우리를 대신하여 죄로 삼으신 것은 우리로 하여금 그 안에서 하나님의 의가 되게 하려 하심이라. (고후 5:21)

우리가 "나를 주 앞에서 쫓아내지 마시며"(시 51:11)라고 기도할 때 용서받을 수 있는 이유는, 예수님이 주 앞에서 쫓겨나셨기 때문입니다. 그분이 성부 하나님께 부르짖으셨습니다. "나의 하나님, 나의 하나님, 어찌하여 나를 버리셨나이까?"(마 27:46) 하나님은 예수님을 쫓아내셨고, 그분에게서 하나님의 사랑과 모든 임재를 거두어 가셨습니다. 우리의 죄 때문에 그분이 하나님에게서 쫓겨나셨기에 우리는 하나님 앞에서 쫓겨남을 당하지 않을 수 있습니다. 우리의 회개는, 이분을 바라보고 기뻐하며 원할 때 완결됩니다.

   십자가를 바라보십시오. 당신의 죄가 죽을 것입니다. 죄를 서서히 미워하게 될 것입니다. 팀 켈러는 이 개념을 이해하기 위한 예화를 하나 들려줍니다.[20] 당신이 정말 사랑하는 사람이 있다고 합시다. 그리고 그 사람이 칼에 찔려 죽임을 당했다고 합시다. 끔찍하지요? 그런데 형사가 범죄에 사용된 그 칼을 가지고 와서 당신에게 "혹시 이거 가지고 싶으세요? 유품으로 남겨 드릴까요?"라고 묻는다면 뭐라고 답하겠습니까? 당신 지금 미쳤느냐며 분노하지 않겠습니까? "그 칼, 다시는 보기 싫으니 치우세요. 이건 너무 폭력적이군요"라 말하지 않겠습니까? 그 칼뿐 아니라 집에 있는 칼이란 칼은 죄다, 심지어 식칼까지도 없애고 싶을 겁니다.

   당신이 회개하며 십자가를 바라볼 때, 그분이 죽으신 이유에 대해서 묵상할 수 있습니다. 저와 당신의 죄라는 칼이 그분을 찔렀습니다. 그분이 우리의 죄 때문에 죽으셨지요. 우리가 그리스도를 사랑할수록, 또한 회개할수록 그분을 십자가에 못 박았던 그 칼이, 내 죄가 미워지고 벗어나고 싶어질 것입니다. 지속적으로 죄를 고백하며, 그분을 바라봅시다. 그리고 다음과 같이 고백합시다.

이렇게 변변찮은 우리를 용서해 주소서.

그리하여 우리를 영원히

당신의 자유로운 종으로 삼아 주소서.[71]

11장

용서의 기도

마 6:12 우리가 우리에게 죄 지은 자를 사하여 준 것같이 우리 죄를 사하여 주시옵고.

용서하라는 명령은 종종 우리를 분노하게 합니다. 물론 충분히 이해할 수 있습니다. 저 역시 피해를 입었을 때 가해자를 보면 죗값을 단단히 치르게 하고 싶기 때문입니다. 그렇기에 용서하라는 명령은 공격적입니다. 그런데 근래에 이르러서는 용서하라는 말씀이 조롱당하기까지 합니다. 과거에는 용서하라는 명령을 받으면 대부분 분노했지만 용서를 하는 사람을 볼 때는 존경을 보냈습니다. '나는 용서하고 싶지 않지만, 저렇게 위대한 용서를 하다니 대단하군' 하고 생각했던 것이지요. 하지만 근래에는 용서하는 사람이 조롱이나 비아냥을 받습니다. "저런 일을 당하고도 용서한다고?! 좀 멍청한 거 아니야?" 하는 식이지요.

최근 미국 뉴욕에서 83세의 교민 할머니가 40세 남성으로부터 묻지마 폭행을 당한 사건이 있었습니다. 결국 범인은 검거되었는데, 할머니는 자신이 그리스도인이기에 그 남성을 용서하겠다고 말했지요.[1] 끔찍했지만, 그래도 용서의 아름다움이 빛나는 이야기였습니다. 그런데 이 기사에 달린 댓글은 대부분 할머니의 용서가 잘못되었다는 내용이었습니다. "용서하니 더 만만히 보는 거다"라는 말이나 '용서하면 안 된다'는 충고였지요. 분명히 할머니는 자발적으로, 자신의 신앙을 근거로 한 용서였는데도, 많은 사람들은 할머니가 잘못했다는 식으로 말했습니다. 용서가 어리석고 우스운 일이 되어 버렸지요.

하지만 사람들은 용서를 갈망하기도 합니다. 현대인은 자신에게 잘못을 저지른 사람을 용서하라는 권면을 들을 때는 분노하지만, 자신이 잘못을 했을 때는 용서를 받기 원합니다. 자신은 누구에게도 아무 잘못도 저지르지 않을 자신이 있다는 듯 용서를 비웃지만, 삶에서는 늘 누군가에게 용납되고 받아들여지기를 원합니다. 우리는 이렇게 모순적인 존재입니다. 누구를 정죄하려고 이렇게 말하는 것은 아닙니다. 저 역시 늘 용서를 갈망하니 말입니다. 이러한 갈망을, 20세기 초 미국의 작가인 어니스트 헤밍웨이는 그의 단편 "세계의 수도"에서 이렇게 표현합니다.

> 마드리드에는 파코라는 이름을 가진 소년들이 아주 많다. 파코란 프란시스코를 줄여서 부르는 애칭이다. 마드리드의 우스갯소리 중에 이런 말이 있다. 마드리드로 찾아온 어느 아버지가 「엘 리베랄」 신문의 광고란에 "파코, 화요일 정오에 몬타나 호텔로 나를 찾아오너라. 모든 것을 용서한다. 아버지가"라는 광고를 낸 적이 있다. 그랬더니 무려 800명이나 되는 젊은이들이 이 광고를 보고 몰려와 경찰 한 중대가 출동하여 그들을 해산시켜야 했다는 것이다.[2]

이렇듯 모순적인 우리에게 "우리 죄를 사하여 주시옵고"라는 간구는 참 기쁜 소식입니다. 용서받을 가능성에 대해 말해 주기 때문입니다. 하지만 "우리가 우리에게 죄 지은 자를 사하여 준 것같이"라는 말은 부담스럽지요. 용서를 명령하고 있을 뿐 아니라, 용서를 우리가 받을 수 있는 용서의 근거인 것처럼 말하고 있기 때문입니다. 만일 그렇다면 이것은 큰일입니다. 우리가 용서하지 않는다면 우리는 하나님께 용서받지 못할까요? 우선 우리는 용서가 무엇을 의미하는지 생각해 보아야 합니다.

죄는 빚이다

"우리에게 죄 지은 자를 사하여 준 것같이"라고 번역된 본문은, 헬라어 원문으로 '우리에게 빚진 자를 탕감하여 준 것같이'라고 되어 있습니다. 물론 개역 성경의 번역이 틀렸다고 볼 수는 없습니다. 여기서 빚이라는 단어는 '죄'라는 의미로도 자주 사용됩니다.[3] 본문은 은유적으로 죄 용서를 말해 주고 있는 것이지요. 그렇다면 예수님은 왜 '죄'라고 번역되는 일반적 단어 대신 '빚'이라는 단어를 사용했을까요? 누군가에게 죄를 짓는 것은 그 사람에게 빚을 지는 것과 같기 때문입니다. 역으로 말해 볼까요? 누가 당신에게 죄를 짓는다면, 당신은 그 사람이 당신에게 갚아야 할 빚이 생긴 것처럼 느낄 것입니다.

당신이 운전을 하다가 빨간 불을 보고 멈추어 섰는데, 뒤의 차가 당신의 차를 들이받았다고 합시다. 그렇다면 상대의 과실

이겠지요. 상대는 보험사를 부르고 뒤처리를 해 줍니다. 당신은 차가 조금 찌그러진 것도 고쳤고, 뒷목과 허리가 아팠는데 그것도 치료를 받았으며, 약간의 보상금도 받았습니다. 그럼에도 찝찝한 느낌은 지워지지 않습니다. 사고를 당하고 치료를 받는 과정에서 마음고생한 것을 온전히 보상받지 못했다고 느끼겠지요. 상대가 사과도 했고, 보험 처리도 했습니다. 그럼에도 사고가 나기 이전 상태로 돌아온 느낌은 들지 않습니다. 빚을 다 되돌려 받은 느낌은 들지 않는 것이지요.

이 예가 너무 작은 일이라 공감이 되지 않는다면, 다른 예를 들어 보지요. 2000년 8월 전북 익산시에서 살인 사건이 하나 발생했습니다. 택시 기사 유모 씨(당시 42세)가 범인 김모 씨(당시 19세)에게 흉기로 잔혹하게 살해당했습니다. 하지만 당시 사건 관할서인 익산경찰서는 목격자인 최모 군(당시 15세)을 용의자로 체포합니다. 최 군은 재판을 받고 징역 10년을 선고받지요. 이후 교도소에서 10년 동안 복역하고 2010년 만기 출소합니다. 억울한 누명을 쓰고 형을 산 것이지요.

이후 2003년, 경찰은 사건의 진범이 따로 있다는 첩보를 입수하고 재수사를 합니다. 하지만 검찰에 의해 반려되고, 이대로 묻히는가 싶다가 재심이 열리게 됩니다. 치열한 공방 끝에 결국 억울하게 형을 산 최모 씨는, 2016년 11월에 무죄 판결을 받아내지요. 억울하게 10년이나 징역을 산 최모 씨는 형사보상금 8억 4천만 원을 받게 됩니다. 이후 슬프게도 최모 씨는 보상금

일부를 사기 당했다고 합니다.[4]

 최 씨가 적지 않은 금액의 형사보상금을 받았다 한들, 그의 꽃다운 젊음 10년이 온전히 보상되었을까요? 그가 당했던 억울한 일에 대한 **갚음**이 이루어진 것이 맞을까요? 우리는 죄가 일어난 즉시 빚이 생긴 것을 알게 됩니다. 잘못된 수사와 기소, 재판이 이어졌고, 국가기관이 죄를 저질렀습니다. 그리고 피해자가 생겼지요. 피해자는 받아야 할 빚이 생겼고, 그 빚을 돌려받았지만 문제는 완전히 해결되지 않았습니다. 완전히 갚는 것은 불가능합니다. 아무리 강대한 힘을 가진 국가기관이라도, 시간을 돌리는 것은 불가능하기 때문이지요.

용서는 죄로 인한 빚을 탕감한다

우리는 삶을 살아가며 다양한 방식으로 피해를 입습니다. 누군가의 고의적인, 혹은 부지중의 잘못으로 인해 입은 피해는, 결국 빚을 낳습니다. 그리고 우리는 즉시 갚음 받으려 합니다. 상대방에게 상응하는 피해를 안기는 방식으로요. A가 당신에게 상처를 주는 가혹한 말을 했다 합시다. 그러면 당신 역시 A에게 모욕감을 안기는 방식으로 말합니다. 당신이 소심한 성격이라면, 그래서 상대방에게 직접적으로 상처를 안길 자신이 없다면 A를 알고 있는(그리고 A와 친하기까지 한) B를 만나서 이야기하지요. 자신에게 상처를 준 A가 얼마나 나쁜 사람인지 말하는 동시에, 자신이 얼마나 상처를 입었는지 설명함으로써 **빚을 받아내는 것입니다.** 그리고 B가 A를 나쁘게 생각하기 시작하거나, B와 A의 사이가 안 좋아지면 당신은 받아야 할 빚을 받은 것 같은 느낌이 듭니다.

  그런데 여기서 문제가 발생합니다. 당신은 공동체를 파괴하기 시작합니다. 그럴 의도는 없었겠지만 그런 일이 일어납니다. 본래 친했던 A와 B의 관계에 균열이 생깁니다. 사실 당신이 B에게 A의 잘못을 이야기할 때, 당신은 이렇게 말하는 셈입니다. "A가 이렇게 나쁜 일을 했기 때문에 너에게 이야기를 했어. 그럼에도 불구하고 네가 A와 친하게 지낸다면 너 역시 나에게 상처를 주는 거야." 물론 A가 당신에게 가혹하게 대한 것은 사실이지만, 그렇다고 A와 B의 관계에 문제가 될 만한 일을 한 적은 없습니다. 그럼에도 당신이 B에게 말함으로 인해 A와 B가 편안하게 지내기는 어려워진 것입니다.

  당신이 피해자임에도 불구하고, B에게 A의 이야기를 말함으로써 당신은 **B의 행복을 감소시킵니다.** A에게 복수하려다가 본의 아니게 B에게 피해를 끼치는 것이지요. B는 그렇게 생각하지 않을 수 있지만, 결국 B는 A를 전처럼은 대할 수 없게 됩니다. 그리고 당신은 A와 B의 관계 가운데서 자신이 누리는 행복을 스스로 깨뜨려 버리게 됩니다. 당신이 피해자임에도 불구하고요! 이 모든 것이 A의 잘못 때문이고, 따라서 B가 누리던 행복이 감소된 것도 결국 A의 잘못 때문이라고 말할 수 있습니다.

그리고 그것은 사실입니다. 그러나 그렇게 하지 않는 방법도 있습니다.

바로 A를 용서하는 것입니다! 즉 A에게 빚을 받아 내지 않기로 하는 것입니다. A가 저지른 죄 때문에 생긴 빚을 그냥 탕감하는 것이지요. B에게 이야기하지도 않고, A에게 가혹한 말로 똑같이 되돌려 주지도 않기로 합니다. **A가 내게 진 빚을 내가 대신 갚기로 하는 것입니다.** 만일 당신이 되돌려 받지 않기로 한다면, B에게 A의 잘못을 말하지 않기로 결심하고 행동한다면, 그 어떤 방식으로도 복수하지 않기로 한다면 결국 당신 안에서 그 빚은 서서히 사라집니다. 당연히 시간이 걸리겠지요. 그러나 서서히 사라져 갑니다. 물론 A가 저지른 잘못의 크기에 따라 시간과 고통은 달라질 겁니다. 어쨌든 당신이 복수하지 않기로 할 때, 결국 A가 저지른 죄 때문에 생긴 빚을 당신이 갚는 것입니다. 이런 노래를 부르면서요.

> 내가 먼저 손 내밀지 못하고 내가 먼저 용서하지 못하고
> 내가 먼저 웃음 주지 못하고 이렇게 머뭇거리고 있네.
> 그가 먼저 손 내밀길 원했고 그가 먼저 용서하길 원했고
> 그가 먼저 웃음 주길 원했네. 나는 어찌된 사람인가.
>
> 오 간교한 나의 입술이여. 오 옹졸한 나의 마음이여.
> 왜 나의 입은 사랑을 말하면서 왜 나의 마음은 화해를 말하면서

왜 내가 먼저 져 줄 순 없는가. 왜 내가 먼저 손해 볼 순 없는가.
오늘 나는 오늘 나는 주님 앞에서 몸 둘 바 모르고 이렇게
흐느끼며 서 있네. 어찌할 수 없는 이 맘을 주님께 맡긴 채로.

(CCM 그룹 다윗과 요나단, "오늘 나는")

이 노래가 가지고 있는 급진적 성격과 혁명적인 생각이 보이십니까? 이러한 노래는 이제 세상에서 찾아볼 수 없습니다. 심지어 교회에서도 부르기 어렵지요. 용서가 바보짓으로 취급받는 시대에 '내가 먼저 용서하지 못해서 죄책감을 느끼는' 사고방식은 단순히 어리석은 것이 아닙니다. 체제 전복적이고 폭력적이며 혁명적입니다! 그 폭력성은 무너뜨리고 부수며 고통스럽게 하는 것이 아니라, 오히려 치유하고 세우며 변화시키는 폭력이지요. 이 노래가 가진 폭력성은 정확히 이 세상의 악과 고통을 겨냥합니다. 그리고 세상을 사랑으로 덮는 혁명을 일으킵니다!

냉담함은 영혼의 기능을 망가뜨린다

용서하지 않기로 선택할 수도 있습니다. 냉담하게 대하는 것이지요. 대부분의 사람들은 적극적인 복수가 부담스럽기 때문에 냉담함을 선택합니다. 물리적이거나 성적인 폭력, 또는 거대한 금전적 피해를 당한 것이 아닌 한, 일상적으로 우리가 경험하는 피해에 대해서는 대체로 적극적인 복수를 선택하지 않습니다.

적극적인 복수를 하는 것과 그냥 참는 것의 손익계산을 해 본다면 그냥 참는 것이 더 이익이기 때문입니다. 그렇다고 용서를 하는 것도 아닙니다. 용서를 하는 것과 그냥 참는 것의 손익계산을 한다면 그냥 참는 것이 압도적인 이익처럼 느껴지기 때문입니다. 그러니 그냥 참는 것이지요. 이것을 냉담함이라고 합시다.

   냉담함은 영혼의 기능을 망가뜨립니다. 팀 켈러의 이야기를 인용해 드리겠습니다.[5] 그분이 뉴욕에서 목회하기 전에 버지니아주 호프웰이라는 곳에서 10년을 목회했습니다. 그때 교회에서 주일학교 프로그램을 만들어서 여러 이웃들을 전도했습니다. 그리고 교회당 건너편에 있는 한 가정의 아이들이 주일학교를 아주 오고 싶어 해서, 그 집 아버지에게 가서 아이들을 교회에 보내 달라고 요청했습니다. "아이들을 잘 돌보겠습니다. 데리러 오고 다시 데려다주는 일도 우리가 하고, 즐거운 시간을 보내도록 할 겁니다." 하지만 아이들의 아버지는 분노하며 거절했습니다. "나는 절대 교회로 아이들을 보내지 않을 거예요."

   정중하게 부탁한 데다, 아이들도 주일학교를 가고 싶어 하기 때문에 대체로는 수락하거나 거절하더라도 정중하게 할 일이었습니다. 그러나 그 아버지는 분노했지요. 이유를 물으니 그는 이렇게 말했습니다. "나는 어렸을 때 주일학교를 가기 싫어했는데, 내 아버지는 억지로 나를 끌고 갔어요!" 여기서 모순이 보이십니까? 그는 자신의 아버지에게 복수하고 있었습니다. 그리고 그 피해는 아이들이 당하고 있었지요. 그는 아버지와 반대되는 결정을 한 것이 아니었습니다. 똑같은 결정이었습니다. 바로 아이들에게 자신의 종교를 강요하는 것이지요. 그의 아버지는 그에게 기독교를 강요했지만, 그는 자신의 아이들에게 무교를 강요했습니다. 그는 아버지에게 복수한다고 생각했지만, 사실은 지배받고 있었습니다.

그렇다면 어떻게 그가 해방될 수 있을까요? 용서하는 것입니다. 그가 아버지를 용서하지 않는다면, 자녀들의 의사를 존중하며 섬기는 따뜻한 사랑은 할 수 없을 것입니다. 바꿔 말하자면, 사랑이라는 영혼의 기능은 망가집니다. 남을 미워하는 자는 미워하는 자신에게 더 큰 악을 이미 행하고 있고, 남을 용서하는 자는 용서받는 상대보다 자신에게 더 큰 선을 행하고 있습니다.[6]

무슨 말입니까? 당신이 용서하지 않고 냉담하게 대한다면, 미워한다면, 당신은 상대만 망가뜨리는 것이 아니라 자기 자신도 망가뜨리는 중입니다. 하지만 당신이 용서한다고 합시다. 당신은 A를 용서하기로 했습니다. 그리고 A 때문에 생긴 빚을 당신이 갚기로 했습니다. B에게 A의 잘못을 말하는 대신 하나님께 말하기로 했습니다. 그러면 은혜로운 일이 일어납니다. 사람에게 뒷담화를 하는 것과 하나님께 뒷담화를 하는 것의 차이를 아십니까? B에게 뒷담화를 할 때는 관계와 행복을 망칩니다. 하지만 하나님은 다릅니다.

하나님께 당신이 말합니다. "하나님, 저 A가 제게 나쁜 짓을 했습니다. 제게 상처를 주었습니다." 얼마든지 이렇게 기도하셔도 좋습니다. 시편을 기록한 성도들 역시 하나님께 원수들의 잘못을 가지고 와서 신나게 욕을 했습니다.

> 일어나소서, 하나님! 나의 하나님, 도와주소서!
> 저들의 얼굴을 후려갈기소서.
> 이쪽저쪽 귀싸대기를 올리소서.
> 주먹으로 아구창을 날리소서! (시 3:7, 메시지)

하지만 당신은 거기에 머물 수 없습니다. B에게 이야기할 때는 신나게 욕을 하고 말긴 했지만, 하나님께 말할 때는 그 하나님이 어떤 분이신지 생각하지 않을 수 없습니다. 그분은 자신의 아들을 우리에게 보내셨습니다. 그 아들 역시 완전한 하나님이십니다. 그리고 그 하나님은, 이 땅에 오셔서 사람이 되시고 사람의 삶을 사셨지요. 그리고 그분의 원수에게 끌려가 학대와 고통을 당하셨습니다.

> 어떤 사람은 그에게 침을 뱉으며 그의 얼굴을 가리고 주먹으로 치며 이르되 선지자 노릇을 하라 하고 하인들은 손바닥으로 치더라. (막 14:65)

그분이 사람들에게 아구창을 맞으셨습니다! 그분이 귀싸대기를 맞으셨습니다. 사람들은 그분의 얼굴을 후려갈겼지요. 그분은 저지른 죄가 없었는데 말입니다. 그분이 당신을 위해 그 일을 했습니다. 그리고 당신은 생각하지요. "하나님, 지금까지 신나게 A를 욕했지만, 그냥 그를 욕하고 비난하는 데서 멈추면 제 마음이 너무 괴로울 거 같습니다. 용서한다고 말은 못하겠습니다. 그러할 능력을 달라고 구하기도 싫습니다. 그러나, 원하시는 바를 명하시고, 명하시는 바를 주시옵소서."[7]

그리고 더 기도합니다. 당신은 분노했다가 용서했다가 다시 분노하기를 반복하지만, 문제는 쉽게 해결되지 않습니다. 하지만 당신의 마음은 점차 누그러지고, 사랑하는 기능은 회복되기 시작합니다. A에게 가서 용서한다고 말하기도 합니다. 그리고 다시 분노하며 저주하기도 합니다. 하지만 자신 역시 죄인임을 인정하며 눈물을 흘리기도 합니다. 그리고 결국 치유됩니다. 당신은 말하게 되지요. "예수 그리스도 때문에, 저는 제 마음대로 살 수 없습니다. 그분이 제게 해 주신 일을 다른 사람에게 하지 않을 수가 없어요." 그리고 당신 안에 있는 사랑이 성장해 갑니다.

당신이 B와 상담한다면, 그에게 A를 비난한다면 이렇게 될 수 없습니다. 그러나 당신이 하나님과 상담한다면, (시편 기자들처럼) 하나님께 A를 비난한다면 당신은 변해 갑니다. 당신은 용기를 내게 됩니다. 당신은 더 변해 갑니다. 사랑할 줄 아는 사람, 용서할 줄 아는 사람이 되어 갑니다. 바로 이것이 예수님이 "우리가 우리에게 죄 지은 자를 사하여 준 것같이 우리 죄를 사하여 주시옵고"라는 기도를 가르치신 이유입니다.

용서는 조건적인가

처음의 이야기로 돌아갑시다. 예수님은 "우리가 우리에게 죄 지은 자를 사하여 준 것같이"라고 말씀하십니다. 이는 용서가 조건적이라는 말일까요? 이신칭의를 믿는 사람들(저 역시 그렇습니다!)은 아주 쉽게 "이건 교리적으로 옳지 않아. 용서는 무조건적이지. 그렇기 때문에 본문은 그 뜻이 아니야"라고 말할 수 있습니다. 하지만 뭔가 석연치 않습니다. 분명히 다른 사람을 용서하는 것을 조건으로 걸고 있는 것 같기 때문입니다. 게다가 예수님은 다음과 같이 덧붙이시기 때문입니다.

> 너희가 사람의 잘못을 용서하면 너희 하늘 아버지께서도 너희 잘못을 용서하시려니와 너희가 사람의 잘못을 용서하지 아니하면 너희 아버지께서도 너희 잘못을 용서하지 아니하시리라. (마 6:14-15)

이 말씀은 우리에게 두려움을 줍니다. '내가 A를 용서하지 않는다면 나는 하나님께 용서받지 못하는 거야? 나는 지옥에 가는 거야?' 그렇지는 않습니다. 염려하지 마십시오. 그렇다고 해서 당신이 A를 용서하지 않아도 괜찮다는 것 또한 아닙니다. 하나님의 말씀을 왜곡하면 안 됩니다. 당신이 A를 용서하지 않는다면, 당신은 용서받지 못합니다. 그렇다고 구원을 받지 못한다는 것도 아닙니다. 왜 그럴까요?

다시 마태복음 6:14-15을 보십시오. 우리가 사람의 잘못을 용서하지 않으면 우리의 **하늘 아버지께서도** 우리를 용서하지 않으신다고 하십니다. 즉 우리가 용서하지 않아도 그분은 여전히 우리의 아버지십니다. 그래서 마틴 로이드 존스는 이렇게 말합니다. "이렇게 기도할 수 있는 사람은 어떤 사람입니까? 그는 이미 하나님께 '우리 아버지여'라고 말할 권리를 가진 사람입니다. 그리고 이러한 권리를 가진 사람은 그리스도 예수 안에 있는 사람들뿐입니다. 즉, 이 기도는 '자녀들의 기도'입니다."[8]

무슨 의미입니까? "너희가 사람의 잘못을 용서하지 아니하면 너희 아버지께서도 너희 잘못을 용서하지 아니하시리라"는 말씀은 절대로 **법정에서 판사가 죄수에게 하는 선언이 아닙니다. 오히려 가정에서 아버지가 자녀에게 하는 말이지요.** 우리는 본문을 자꾸 법정에서 판사가 하는 말처럼 생각하기 때문에 "성경은 오직 믿음으로 우리를 의롭다고 여겨 준다고 하지 않았나? 이 말씀은 다른 이야기 같은데" 하고 오해합니다. 하지만 본문은 가정에서 아버지가 말하는 것입니다. 생각해 보십시오. 주기도문은 "하늘에 계신 우리 아버지여"라는 말로 시작합니다.

예를 들어 봅시다. 제게는 사랑스러운 두 딸이 있고, 이들은 (여느 자매가 그렇듯) 종종 서로 싸웁니다. 보통 한쪽이 먼저 잘못을 저지르지만, 다른 한쪽도 만만치 않습니다. 즉 서로 잘못을 합니다. 그러면 저는 둘을 타이르며 말합니다. "잘못했다고 해." 그리고 용서하고 서로 안아 주라고 말합니다. 그러면 둘 중 하나는 꼭 말을 듣지 않고 그냥 제게 안길 때가 있습니다. 상대를 용서하지도 않고, 자기 잘못을 시인하지도 않지요. 그냥 넘어가려 하는 것입니다. 그러면 저는 어떻게 할까요? "안 돼. 안아 주지 않을 거야. 먼저 잘못을 고백하고 서로를 용서해야지."

이 말이 "네가 언니를(혹은 동생을) 용서하지 않았으니 너는 더 이상 내 자식이 아니다. 호적에서 너를 파내 버리겠다. 집에서 나가라" 이런 의미인가요? 그렇지 않습니다. 그렇다고 제 아이들이 서로를 받아 주지도, 자기 잘못을 고백하지도 않는데 "좋은 게 좋은 거지" 하면서 방관하면 그건 옳을까요? 그렇지도 않겠지요. 저는 아이들을 안아 주지도, 용서하지도 않습니다. 그들이 서로를 안아 주기 전까지는요. 그렇다고 그들이 제 자녀가 아닌 것은 아닙니다. 오히려 그들이 제 자녀들이기 때문에 안아 주지 않는 것입니다. 그들을 미워하기 때문이 아니라 사랑하기 때문에요. 그래서 그들이 용서, 정의, 사랑, 화해를 깨닫게 하기 위해서 말입니다.

우리의 빚을 다 갚으신 분의 명령

하나님께서 우리에게 용서를 명하신 이유도 마찬가지입니다. 그분은 우리를 괴롭게 하시기 위해서가 아니라 우리를 사랑하시기 때문에 용서를 명하셨습니다. 따라서 우리가 이웃을 용서하지 않을 때, 우리는 그분의 안아 주심을 전적으로 느낄 수 없게 됩니다. 우리가 용서하지 않을 때 우리는 용서를 느끼거나 경험하지 못합니다. 이러한 사랑을 이해하면 우리는 종교개혁자 장 칼뱅처럼 놀라운 기도를 할 수 있게 됩니다. "아버지여, 제가 다른 사람을 용서하지 않으면 제 죄를 용서하지 말아 주십시오."[9]

이러한 기도가 "저를 지옥으로 보내 주세요. 저를 망하게 해 주세요" 하는 기도일까요? 아닙니다. 오히려 이러한 간구입니다. "제가 그리스도를 닮은 모습이 되게 저를 변화시켜 주세요. 그리스도께서 제게 하셨던 일을 저 역시 이웃을 위해 하고 싶습니다." 여기서 우리는 우리가 용서할 수 있는 힘이 어디로부터 오는지를 묵상할 수 있습니다. 우리 구주께서 십자가에서 당신을 위해 하신 일을 보는 것입니다. 특히, 그분이 십자가에서 당신을 위해 하신 말씀을 들어 보십시오.

"다 이루었다!" (요 19:30)

이 말은 헬라어로 '테텔레스타이'(Τετέλεσται)라는 한 단어입니다. 고고학자들은 1세기 그리스-로마에서 '테텔레스타이'라고 적힌 세금 영수증을 많이 발견했습니다. 이는 빚이 완전히 청산되었거나 세금을 완벽하게 지불했을 때, 받은 쪽에서 주는 영수증에 쓰인 문구였습니다.[10] 즉 예수께서 "테텔레스타이!"라고 외치셨을 때, 그분이 우리의 빚을 다 갚으셨다는 선포를 하신 것이지요. 우리가 하나님께 범죄했을 때, 하나님도 우리에게 받을 빚이 있으셨습니다. 그리고 그분은 우리에게 진노와 저주를 내리심으로 그 빚값을 받으실 수 있었습니다. 그러나 그렇게 하지 않으셨지요. 그분이 대신 그 빚을 갚으셨습니다.

당신이 이 용서의 크기가 얼마나 큰지 알아 갈수록, 남을 용서할 수 있는 힘 역시 더 강해질 것입니다. 누군가 당신이 내야 할 세금을 대신 갚았다고 합시다. 그 세금의 액수가 얼마인지에 따라 당신의 감사 역시 달라질 것입니다. 100만 원 정도였다면 당신은 이렇게 말하겠지요. "너무 고마워요. 꼭 일해서 갚을게요." 하지만 100조 원 정도였다면요? 당신은 갚겠다고 말할 수 없을 것입니다. 그저 이렇게 말할 수밖에 없지요. "제가 할 수 있는 것은 아무것도 없군요. 그저 나의 삶을 당신께 맡깁니다." 우리가 진 빚은 100조 원이 넘습니다. 하나님은 우리가 진 빚을 갚기 위해 자신의 아들을 처형시키셔야 했습니다. 이 사랑의 너비와 길이와 높이와 깊이를 알아 가십시오(엡 3:19). 그리고 다음과 같이 노래합시다.

내가 먼저 손 내밀지 못하고 내가 먼저 용서하지 못하고
내가 먼저 웃음 주지 못하고 이렇게 머뭇거리고 있네.
그가 먼저 손 내밀길 원했고 그가 먼저 용서하길 원했고
그가 먼저 웃음 주길 원했네. 나는 어찌된 사람인가.

12장

공동체를 사랑하는 기도

마 6:12 우리가 우리에게 죄 지은 자를 사하여 준 것같이 우리 죄를 사하여 주시옵고.

주기도문은 공동체적입니다. 주기도문은 '나의 기도'가 아니라 '우리의 기도'이지요. 오늘 '내게' 일용할 양식을 달라고 구하는 것이 아니라 '우리에게' 일용할 양식을 달라고 구합니다. 마찬가지로 우리는 하나님께 '우리 죄를' 용서해 달라고 간절히 구합니다. 내 삶의 필요가 채워지고 넉넉한 양식이 있다 해도 공동체 안의 내 이웃이 굶고 있다면 여전히 기도해야 하는 것과 마찬가지로, 내가 특별히 생각나는 죄가 없다 하더라도 내 형제자매의 죄에 대하여 여전히 기도해야 합니다.

'우리의 죄'를 회개한다는 것은 무슨 의미인가

이는 우리 개인뿐 아니라 우리가 소속된 공동체와 가정, 교회에서 누군가 죄를 범하는 것을 보면 일종의 연대를 해야 한다는 말입니다. 우리는 그들이 범한 죄를 보며 '나/그들'로 가르기를 하면 안 됩니다. 그들이 저지른 죄를 오직 '그들만의' 죄로 여기지 않고, 하나님 앞에서 그들을 위해 기도하며 회복을 구해야 합니다. 사실 이러한 예는 성경에 흔히 나옵니다.

모세는 이스라엘 백성을 이집트에서 인도해 내어 광야로 들어갑니다. 거기서 모세는 이스라엘 백성을 잠시 광야에 두고 시내산에 올라가 하나님과 더불어 교제하지요. 그 사이 백성들은 모세가 자신들을 버렸다고 생각합니다. 그리고 아론에게 "우리를 인도할 신을 만들라!"고 요구합니다. 아론과 백성들은 금을 모아 금송아지를 만듭니다. 그리고 그것을 향해 경배합니다. 하나님은 분노하셔서 그들을 진멸해 버리겠노라고 말씀하십니다. 그러자 모세가 하나님께 구합니다.

> 슬프도소이다. 이 백성이 자기들을 위하여 금 신을 만들었사오니 큰 죄를 범하였나이다. 그러나 이제 그들의 죄를 사하시옵소서. 그렇지 아니하시오면 원하건대 주께서 기록하신 책에서 내 이름을 지워 버려 주옵소서. (출 32:31-32)

이게 무슨 말입니까? 백성들을 용서하지 않으실 것이라면, 주의 책에서 자신을 지워 달라고 합니다. 자신을 지옥으로 버려 달라는 것입니다! 그는 자신과 이스라엘 백성을 동일시합니다. 모세는 백성이 저지른 큰 죄 때문에 모든 미래를 잃어버릴 위험에 처하자, 자신의 미래를 기꺼이 포기합니다.[1] 이 죄는 모세가 저지른 죄가 아닙니다. 그럼에도 그는 자신이 처벌을 받게 해 달라고 구하는 것이지요. 이러한 기도는 계속됩니다.

다니엘을 봅시다. 다니엘은 유다 왕국의 죄로 인해 백성들이

포로로 끌려갈 때 함께 끌려갔습니다. 어린 나이에 바빌론으로 이주하게 된 그는 그곳에서 공무원으로 지냈는데, 선지자 예레미야의 책을 묵상하다가 예레미야가 약속한 70년이 거의 찼다는 것을 알게 됩니다(단 9:2; 참고. 렘 25:11-12). 그래서 다니엘은 하나님 앞에 나아가 이렇게 기도합니다.

> 크시고 두려워할 주 하나님, 주를 사랑하고 주의 계명을 지키는 자를 위하여 언약을 지키시고 그에게 인자를 베푸시는 이시여. **우리는 이미 범죄하여 패역하며 행악하며 반역하여 주의 법도와 규례를 떠났사오며**. (단 9:4-5)

다니엘은 '우리'라고 말합니다. 구약학자 크리스토퍼 라이트는 이 기도를 주석하며 이렇게 말하지요. "이것은 따를 만한 또 하나의 좋은 본보기다. 다니엘이 얼마나 자주 '우리가…우리의'라고 말하는지 알아차렸는가? 다니엘은 자신의 백성과 떨어져서 고발하듯이 그들의 죄를 고백하지 않는다. 오히려 그는 자신을 자기 백성과 동일시한다.…다니엘은 예루살렘에서 느부갓네살에게 붙잡혀 끌려왔을 당시 어린 소년이었다. 문자적·실제적 의미에서 그는 이 기도에서 그가 열거하는 패역함과 반역과 불순종에 개인적으로 참여한 적이 없었다. 하지만 그는 이것을 자신의 백성과 자신의 죄로 고백한다. 그는 그들의 미래뿐 아니라 그들의 과거에서도 자신이 자신의 백성과 너무나도 밀접히 연결되어 있다고 느꼈기에 오래전에 일어났던 죄를 회상하면서 자신이 그 모든 죄의 일부였다고 말할 수 있다."[2]

하나 더 살펴봅시다. 느헤미야입니다. 느헤미야 역시 페르시아의 수산성에서 일하는 공무원이었습니다. 그는 하나님께서 다니엘의 기도에 응답하셔서 유다 백성을 예루살렘으로 돌려보내셨지만, 유다 백성이 거기서 또 죄를 지어 징계를 받으며 성문이 불타고 비참한 상황에 처해 있다는 소식을 듣습니다(느 1:1-3). 그리고 애통하고 금식하며 다음과 같이 기도합니다.

> 하늘의 하나님 여호와 크고 두려우신 하나님이여. 주를 사랑하고 주의 계명을 지키는 자에게 언약을 지키시며 긍휼을 베푸시는 주여. 간구하나이다. 이제 종이 주의 종들인 이스라엘 자손을 위하여 주야로 기도하오며 우리 이스라엘 자손이 주께 범죄한 죄들을 자복하오니 주는 귀를 기울이시며 눈을 여시사 종의 기도를 들으시옵소서. **나와 내 아버지의 집이 범죄하여** 주를 향하여 크게 악을 행하여 주께서 주의 종 모세에게 명령하신 계명과 율례와 규례를 지키지 아니하였나이다. (느 1:4-7)

느헤미야 역시 자신의 백성과 자신을 동일시합니다. "나와 내 아버지의 집이 범죄하여"라고 말합니다. 사실 느헤미야는 페르시아에 있었고, 죄를 저지른 것은 예루살렘에 있는 유다의 백성들이었습니다. 그럼에도 느헤미야는 자신이 죄인인 것처럼 회개합니다. 이는 그가 자기 백성들과 강력한 일치감을 가지고 있었기 때문입니다.³ 모세, 다니엘, 느헤미야의 기도가 다 같지는 않습니다. 하지만 같은 마음을 가지고 있습니다. 하나님의 백성과 자신을 동일시했다는 것입니다.

공동체를 사랑하는 기도

'우리의 죄를 용서해 주십시오'라고 기도하라는 명령은, 단순히 이런 종류의 기도를 주기적으로 우리의 기도 프로그램에 넣으라는 말 이상입니다. 주님의 교회와 자신을 동일시하라는 명령이지요. 어떤 사람이 죄를 저지르는 것을 보았다고 합시다. 그러면 우리는 아주 쉽게 "저 사람이 죄를 저지르네. 저렇게 나쁜 죄를 저지르다니" 하며 분노합니다. 즉 나와 그를 갈라놓는 것이지요. 우리는 쉽게 판단합니다. "장로 아들이라는 작자가 저렇게 나쁜 짓을 저지르다니", "목사라는 놈이 저런 짓을 저지르다니" 하면서요. 그러나 하나님은 우리를 한 몸으로 부르셨습니다.

한 지역 교회만이 아니라, 전 세계에 있는 모든 교회를 하나님은 한 몸으로 부르셨습니다. 그런데도 우리는 흔히 우리와 다른 신학적 견해를 가진 사람들을 정죄하거나 조소하는 방식으로 대응할 때가 많습니다. 게다가 나와 다른 신학적 견해를 가진 사람들의 범죄가 드러나면 은근 고소해할 때도 있지요. 이 모든 것이 주기도문의 정신과는 정반대입니다. 주기도문이 우리에게 요구하는 정신은, 하나님의 백성들이 하나이며 그분을 아버지라 부르는 모든 사람이 형제와 자매임을 믿는 정신입니다.

조금 극단적인 예를 들어 보겠습니다. 수 클리볼드는 1999년 4월 20일 미국 콜로라도주 콜럼바인 고등학교에서 발생한 총기난사 사건의 범인인 딜런 클리볼드의 엄마입니다. 딜런은 친구 에릭 해리스와 함께 학생 열두 명과 교사 한 명을 사살했고, 스물네 명 정도에게 심각한 부상을 입혔습니다. 그중 대부분은 장애인이 되었고, 그들의 남은 삶은 망가졌지요. 대단히 끔찍한 사건이었습니다. 수 클리볼드는 자기 자식이 저지른 거대한 범죄를 마주했습니다. 그리고 『나는 가해자의 엄마입니다』라는 제목의 책을 썼습니다.

저는 그런 사람이 책을 썼다는 것에 대해 조금 기분이 나빴습니다. 사건이 일어난 1999년도에 저는 군인이었고, 그 사건이 주었던 충격을 기억하고 있었습니다. 게다가 표지에는 가해자의 어린 시절, 엄마와 다정하게 있는 사진이 실려 있었기에 더욱 기분이 나빴습니다. 아무리 엄마라도 이러한 살인마를 옹호할 생각인가 싶었지요. 다행히 책 내용은 딜런을 옹호하는 내용으로 채워져 있지 않았습니다. 오히려 아들이 그렇게 끔찍한 살인마로 변모해 가는 동안, 그걸 알아채지 못한 자신에 대한 한탄이 주된 내용입니다. 당연히 그녀와 딜런은 옹호될 여지가 없습니다. 하지만 저는 그녀의 고백을 읽으며 아픔을 느꼈습니다.

특히 힘겨웠던 어느 날 밤, 톰이(딜런의 아버지) 지친 듯 이렇게 말했다. "걔가 우리도 죽였더라면 좋았을 텐데." 그 뒤 여러 해 동안 같은 생각을 얼마나 많이 했는지 모른다.[4]

내 뺨에 뽀뽀를 퍼부으며 깔깔거리던 반짝이는 금빛 머리의 천사와 화면 안의 그 남자, 살인자를 어떻게 합칠 수가 있겠는가? 빨리 나오라고 이 페가수스를 접어 준 아이가 그 테이프에서 본 사람과 어떻게 같은 사람일 수가 있나? 그 아이를 키워 온 나의 경험을 통합하면서 동시에 그 아이가 생애 마지막 순간에 어떤 사람이 되었는지를 인정해야 했다. 내 아들이 악몽 같은 잔인한 행동을 계획하고 저질렀다는 끔찍한 사실을 받아들이지 않고 피할 길은 더 이상 없었다. 그렇지만 나에게 페가수스를 만들어 준 마음이 따뜻한 아이, 천 피스짜리 직소퍼즐을 맞추는 걸 어떻게든 거들고 싶어 하던 귀엽고 수줍음 많은 아이, 같이 코미디 드라마 〈미스터리 사이언스 시어터 3000〉을 볼 때 컹컹 짖는 듯한 독특한 웃음소리로 추임새를 넣던 청년. 그것도 진짜였다. 내가 사랑한 사람은 누구였고, 왜 그를 사랑했나?[5]

그녀는 아들이 저지른 죄를 변명하지 않습니다. 그렇다고 자신의 아들을 미워할 수도 없습니다. 아들이니까요. 부모는 아들의 죄를 보며 "저런 나쁜 놈! 지옥에나 떨어져 버려라!" 하고 말한 후 점심을 먹으러 나갈 수 없습니다. 오히려 "그 아이가 나도 죽였으면 좋았을 텐데"라고 말할 수밖에 없지요. 마찬가지로, 만일 그리스도 안에 있는 형제나 자매가 죄를 저질렀다면 우리는 그저 그를 비난하고 홀가분하게 점심을 먹으러 나갈 수 없습니다. **형제와 자매**니까요. 우리는 그리스도의 몸이니 말입니다.

정말 우리가 교회를 그리스도의 몸으로 생각한다면, 그들과 우리를 동일시하며 그들의 죄에 대해 슬퍼하고 애통해할 것입니다. 그리고 모세나 다니엘, 느헤미야처럼 기도할 것입니다. 하지만 이러한 기도 뒤에는 함정이 있습니다. 우리가 올바른 성경적 관점을 가지고 기도하지 않는다면, 우리는 쉽게 다음의 두 가지 함정에 빠질 것입니다.

함정들

첫째, 하나님의 공의를 무시하는 방식의 기도
우리가 우리 형제자매의 죄를 보며 그들을 위해 기도할 때, 우리는 너무 쉽게 그들의 죄를 정당화하는 잘못을 저지를 수도 있습니다. 그들의 죄로 인해 피해를 겪은 피해자의 마음을 고려하지 않고, "사람이 살다 보면 죄를 저지를 수도 있지, 뭘 그리 빡빡하게 그러시나?" 하며 그들을 용서해 달라고 말할 수도 있습니다. 그러나 이는 죄를 심각하게 생각하지 않는 것입니다. 특히 용서를 빙자하여 징계를 무효화해서는 안 됩니다. "주님이 용서하라고 하셨으니, 조용히 덮어 두고 그냥 넘어갑시다"라고 하는 것은 진정한 용서가 아닙니다.

오히려 용서는 유죄 판결을 내리는 것입니다. 미국의 신학자 미로슬라브 볼프는 이 진리를 재미있는 예화를 통해 표현합니다. 당신이 누군가 처음 보는 사람과 데이트를 하면서 책 한 권을 선물한다면 상대방은 감사를 표현할 것입니다. 하지만 다른 것을 선물한다면 어떨까요? 볼프의 말을 들어 봅시다.

당신의 후한 인심을 보인답시고, 그녀에게 다른 종류의 선물, 곧 용서라는 선물을 베푼다. 당신은 그녀에게 "당신을 용서하겠소!"라고 말한다. 그러면 그녀는 소스라치게 놀라서 이렇게 말할 것이다. "잠깐! 참 무례하군요! 나는 전에 당신을 한 번도 본 적이 없습니다. 그런데 어찌 나를 용서하겠다는 겁니까? 나는 당신에게 잘못한 일이 없습니다!" 당신은 용서라는 그 행위로 그녀가 무언가 잘못했다고 책망한 것이다. 용서라는 것은 악행을 지적하고 나무라는 것이다.[6]

용서한다고 해서 가해자에 대한 징계를 반대할 필요는 없습니다. 따라서 형제나 자매가 교회 안에서 커다란 잘못을 저질렀을 때는, 피해자에게 사과하고 교회의 징계를 받으며 재발 방지를 위한 대책을 마련해야 합니다.[7] 용서는 처벌하지는 않습니다. 하지만 책망하지요. 용서는 보복하지 않지만 징계합니다. 가해자를 긍휼히 여기는 기도는, 피해자를 더욱 긍휼히 여깁니다.[8]

둘째, 이웃의 죄를 회개하며 그를 정죄하는 것

두 번째 함정은 조금 더 교묘합니다. 바로 회개를 빙자한 정죄입니다. C. S. 루이스는 이러한 함정을 날카롭게 지적합니다. 그는 영국에서 '국가적 회개의 날'을 정해 놓고 회개 운동을 하는 것 이면에, 다음과 같은 마음이 있을 수 있다고 말합니다.

> 젊은이에게 잉글랜드의 외교 정책을 회개하라고 하는 것은 실제로는 이웃의 행위를 회개하라는 뜻입니다. 외교부 장관이나 각료 장관은 이웃이 분명하기 때문입니다. 그리고 회개는 정죄를 전제로 합니다. 그러므로 국가적 회개의 으뜸가는 치명적인 매력은 우리 **자신의 죄를 회개하는 괴로운 일에서 벗어나 다른 사람들의 행위를 슬퍼하는—그러나 우선 비난하는—쾌적한 일에 참여할 수 있다는 점입니다.**[9]

이것은 죄를 회개하는 것이 아닙니다. 회개를 빙자하여 이웃을 비난하는 것이지요. 예전에 저는 신사참배의 죄를 회개하는 기도회에 참여한 적이 있습니다. 과거 한국 교회가 신사참배를 했지만 한 번도 공적으로 회개한 적이 없으니 다 같이 회개하자는 것이었지요. 의도가 좋아 보였고, 열심히 기도하긴 했지만 당시 제 마음은 오히려 죄악된 것이었습니다. '우리 조상들은 죄를 지어 놓고도 회개하지 않았지만, 나는 우리 조상들의 죄도 회개하는 느헤미야 같은 청년이다.' 그러한 마음은 제가 시급히 해결해야 했던 저 자신의 죄―당시에 가지고 있던 제 질투와 미움―를 편안히 잊게 해 주었습니다. 루이스의 말을 더 들어 봅시다.

> 우리는 주님을 위해 자기 어머니를 '미워'해야 할 수 있음을 압니다(눅 14:26). 그리스도인이 자기 어머니를 꾸짖는 광경은 슬프기는 하지만 유익을 줄 수 있습니다. 그러나 단서가 있습니다. 그동안 그가 착한 아들이었어야 하고, 어머니를 꾸짖을 때는 번민과 싸워야 합니다. 그러면서도 그의 영적 열정이 어머니를 향한 강하고 지극한 효성을 뛰어 넘는 상황이어야 합니다. 그가 어머니를 꾸짖는 일을 즐기고 있다고 의심되는 순간…그 광경은 그저 정떨어지는 패악으로 전락하게 됩니다.[10]

우리는 '우리의 죄'를 회개하는 기도를 하면서 오히려 남을 정죄하고 교만에게 먹이를 줄 수 있습니다. 그래서 사도 바울은 누군가 죄를 범할 때 "신령한 너희는 온유한 심령으로 그러한 자를 바로잡고 너 자신을 살펴보아 너도 시험을 받을까 두려워하라"(갈 6:1)고 말합니다. 이러한 함정들을 피하면서, 우리는 공동체와 이웃의 죄를 보며 아래와 같이 기도할 수 있습니다.

> 하늘에 계신 우리 아버지. 지금 ○○형제가(또는 자매가, 우리 교회가)…한 죄를 저질렀음을 압니다. 그가 죄를 저질렀기에 하나님을 노하게 하고 슬프게 했으며, 그 죄로 인해 당신의 형상인 사람들이 고

통을 겪었습니다. 그는 하나님의 진노와 저주를 받기에 합당합니다. 하지만 아들의 피로 그의 죄를 속죄하신 하나님 아버지, 그의 죄를 용서하여 주옵소서. 그리고 그가 속히 죄를 깨닫고 회개하게 하옵소서. 주께서 주실 마땅한 징계를 그가 달게 받게 하옵소서. 그러나 그를 시험에 빠지지 않게 보호하시고, 사탄의 유혹에서 벗어나게 하소서. 회개가 주는 용서의 은혜와 아버지의 사랑을 체험하도록 해 주소서. 또한 그의 죄로 인해 고통당하는 자들을 위로하여 주시고, 하나님의 은혜를 경험하게 하소서.

또한, 그를 위해 기도하지 못하고 사랑하지 못했던 저 자신에 대해서도 반성합니다. 그리고 그의 죄를 제가 저지르지 않았다고 해서 제가 더 낫지 않음을 고백합니다. 저를 돌보시고 보호하소서. 그리고 우리의 공동체를 죄로부터 지켜 주소서.

당신은 이 기도를 참조하여 여러 방식으로 기도할 수 있을 것입니다. 또한 죄로 인해 피해를 당한 사람들과 그 가족들을 위해서도 기도할 수 있을 것입니다. 미국의 목회자이자 신학자였던 유진 피터슨이 기도한 것과 같이, 이렇게 기도하십시오.

오 하나님!
당신의 자녀들이 겪는 악행을 알게 하시고
당신의 백성들이 당하는 폭력에 민감하게 하소서.
세심한 긍휼의 마음으로 당신의 정의와 구원을 간구하게 하소서.[11]

우리와 연합하신 그분을 알아 가는 기도

우리가 나의 죄를 고백하는 것을 넘어 공동체의 죄를 가지고 하나님 앞에 나아가 함께 기도해야 하는 이유는 무엇일까요? 이러한 기도를 통해 우리는 우리와 연합하신 그분의 심정을 알아 가게 됩니다. '우리의' 죄를 회개하는 기도는, 어떤 사람이 죄를 범했을 때 그와 나를 가르지 말고 동일시해야 가능합니다. 이것은 우리 구주께서 우리를 위해, 우리에게 하신 일과 꼭 같지요.

그리스도께서는 완전히 의로우신 분이었지만, 죄인들과 자신을 동일시하셨습니다. 고린도후서 5:21은 이렇게 말합니다. "하나님이 죄를 알지도 못하신 이[예수님]를 우리를 대신하여 죄로 삼으신 것은 우리로 하여금 그 안에서 하나님의 의가 되게 하려 하심이라." 하나님은 예수님을 죄된 인간의 자리에 세우셨습니다. 그분은 죄가 없으셨지만, 하나님은 예수님을 저주하시고 죽게 하시면서 마치 죄인처럼 대하십니다.[12] 성부 하나님은 이 일을 주도하셨고, 성자 하나님은 기꺼이 순종하셨습니다.

그분이 죄인의 자리에 서시고 자신을 죄인과 동일시하셨다는 것은 주기도문 자체를 묵상해 보아도 드러납니다. 이 기도문은 주께서 제자들에게 어떻게 기도해야 하는지 가르쳐 주신 기도문입니다. 그런데 예수님은 어땠을까요? 예수님은 실제로 주기도문을 사용해서 기도하셨을까요? 미국의 신학자 마크 존스는 당연히 그랬다고 말합니다. 그는 "그리스도께서는 하늘에 계신 아버지께 기도를 드리시면서, 동시에 제자들에게 기도를 가르치시기도 했다."[13] 주기도문은 주께서 가르치신 기도일 뿐 아니라, 그분이 성부 하나님께 친히 드리신 기도이기도 합니다.

그렇다면 이런 질문이 생기겠지요. "예수님은 죄가 없으셨잖아요. 그런데 그분이 죄를 용서해 달라는 기도를 올리셨다고요?" 물론 이런 질문을 이해합니다. 하지만 그분은 하나님이 사람이 되신 분이고, 더 나아가 우리 인류의 대표로 오셨습니다. 그분은 죄가 없으셨지만, 죄인들의 대표요 중보자로서 우리들의 죄를 용서해 달라고 구하셨지요. 그 '우리' 중에 자기 자신을 끼워 넣으시면서요. 마크 존스의 말을 들어 보십시오. "예수께서는 자신이 동일시한 사람들의 죄가 사함 받기를 바라셨다.… 예수께서는 세상의 죄를 슬퍼하며 연약함 가운데 있는 우리를 동정하심으로써 그 죄에 합류하실 수 있었다."[14]

우리가 범죄할 때, 그분은 "아, 저 나쁜 놈들. 또 죄를 짓다니! 어리석은 것들!" 하며 분노하지 않으십니다. "저렇게 나쁜 죄를 짓는 놈들은 나와 상관이 없다. 내 백성, 내 제자라고 말하지 마라. 창피하다"라고 하시지도 않지요. 우리는 동료 그리스도인들이 파렴치한 죄를 저지를 때 선을 긋고 모른 척하지만, 그분은 우리와 좀체 떨어지려 하지 않으십니다. 그분은 우리의 죄를 보실 때, 우리가 범죄하는 것을 보실 때, 수 클리볼드와 같은 마음을 가지십니다. 아니, 그 이상의 긍휼을 가지십니다.

우리는 열등하다고 생각하는 사람과 동일시되는 것을 좋아하지 않습니다. 저는 공동체에 물의를 일으킨 죄를 지은 목사들과 동일시되는 것을 싫어합니다. 탁월한 재능으로 일을 잘하는 사람은 일을 만들기만 하는 사람들과 동일시되기를 원치 않습니다. 스스로 상류층이라고 생각하는 사람들은 중산층이나 서민들과 확실히 구분되기를 바랍니다. 우리는 수능 점수와 재산 정도, 교육 수준과 교양으로 서로를 구분합니다. 이러한 사회에서 동일시는 끔찍한 일이지요. 그러나 온 우주에서 가장 아름다운 분이, 가장 순결하신 분이 죄인들과 자신을 동일시하셨습니다.

우리 주님은 사랑스러운 대상을 위해 이 일을 하신 것이 아닙니다. 저와 당신 같은 죄인들, 그분의 십자가에서의 희생을 보며 조롱하고 욕하며 침을 뱉는 사람들을 위해 기도하셨습니다. 마치 자신이 죄인인 것처럼 땅을 치며 기도하셨습니다. 정작 죄인인 우리는 아무 생각이 없는데 말입니다. 이 주님을 보십시오. 이 겸손하고 아름다운 분을 바라보십시오. 그러면서 비교 의식에 찌들어 이웃을 정죄한 우리를 돌아봅시다. 그리고 함께 이렇게 기도합시다.

우리는 당신 없이는 아무것도 할 수 없습니다.
이 땅에서 혼란스러워하고, 분열되어 있으며,
연약하고, 실수투성이인
당신의 교회를 불쌍히 여기소서.[15]

13장

우리를 시험에 들게 하지 마소서

마 6:13 우리를 시험에 들게 하지 마시옵고 다만 악에서 구하시옵소서.

시험은 괴롭습니다. 저는 시험 전날의 긴장을 특히나 싫어했는데, 다 이해되지도 않은 내용을 억지로 머리에 우겨 넣어 시험 시간 동안 뱉어야 한다니 늘 끔찍했지요. 게다가 어떤 교수님들은 (당시 제 생각에) 학생들을 괴롭히기 위해 시험문제를 내는 것 같았습니다. 저는 시험문제를 대하면서 늘 "대체 이걸 안다고 인생에 무슨 도움이 되는데?"라며 불평했습니다(결국 도움이 되더군요). 또한 그렇게 시험을 치르고 몇 시간만 지나면, 머릿속이 새하얗게 변해 중요한 내용을 모두 잊어버렸습니다. 시험은 제게 시험거리였지요.

그런데 한참 시간이 지나서 제가 시험문제를 내야 하는 입장이 된 적이 있습니다. 저는 그제야 제가 교만했음을 깨달았습니다. 학생들이 중요한 내용을 꼭 이해할 수 있도록 시험을 설계하고 확인하는 것은 아주 어려운 일이었습니다. 게다가 학생들을 괴롭히고 성적을 무기로 갑질하려는 마음이 제 안에서 발견될 때는 소스라치게 놀라기도 했지요. 가학적인 방식의 시험으로 제가 얼마나 똑똑한지 과시하고 싶은 마음, 학생들보다 우위에 서고 싶은 마음이 생생하게 살아 있었던 것입니다.

시험은 시험을 치르는 사람이나 내는 사람 모두에게 시험거리입니다. 시험을 치르는 사람이 시험 때문에 실족하면 극단적인 선택을 하거나, 자신을 심하게 학대하거나, 학교와 세상의 구조를 미워하며 반사회적으로 돌변하기도 하지요. 시험을 내는 사람이 시험 때문에 실족하면 자기연민에 빠지거나("나는 학생들을 위해 노력했는데 왜 학생들은 이렇게 불평이지?") 꼰대가 되거나("나 때는 이보다 훨씬 어렵게 공부했는데!") 분노하기도 합니다. 그런 경우, 우리는 '시험에 들었다'고 표현할 수 있습니다. 그리고 인생에서 이런 경우는 흔히 볼 수 있습니다.

이 간구의 의미

일단 본문의 의미부터 생각해 봅시다. 본문은 "우리를 시험에 들게 하지 마시옵고 다만 악에서 구하시옵소서"입니다. 하나 알아 두어야 할 것은 여기서 '악'이라고 번역된 단어 '포네루'(πονηροῦ)는 사실 '악한 자'라고 번역해야 한다는 것입니다.[1] 그렇다면 이 악한 자는 누구일까요? 어떤 학자들은 사탄이라고 보기도 하고, 다른 학자들은 일상에서 만날 수 있는 악인들을 의미한다고 봅니다. 어떤 해석을 선택하느냐는 그다지 큰 의미가 있지 않습니다. 사탄은 사람들을 시험에 들게 하기 위해 얼마든지 악인들을 이용할 수 있으니까요.[2]

그렇다면 '시험에 든다'는 말은 무슨 의미일까요? 여기서 시험이라고 번역된 단어 '페이라스모스'(πειρασμός)는 유혹을 의미하기도 하고 시험을 의미하기도 합니다.[3] 사탄이 사람들을 유혹하여 죄를 짓게 할 때도 이 단어를 쓰고(마 4:1, 예수님이 사탄에게 유혹당하심), 하나님이 사람들을 시험하실 때도 이 단어를 사용합니다(요 6:5-6, 예수님이 빌립을 시험하심). 실제로 하나님은 사람들을 시험하시는데, 아브라함이 외아들 이삭을 바치라는 하나님의 시험을 받았습니다(히 11:17). 그럼에도 성경은 하나님이 사람을 시험하지 않으신다고 말합니다.

> 사람이 시험을 받을 때에 내가 하나님께 시험을 받는다 하지 말지니 하나님은 악에게 시험을 받지도 아니하시고 친히 아무도 시험하지 아니하시느니라. (약 1:13)

그러면 대체 하나님이 사람을 시험하신다는 겁니까, 아니면 시험하지 않으신다는 겁니까? 가장 좋은 설명은, 하나님은 선한 의미에서 즉 사람들을 깨닫게 하고 변화시키기 위해서 시험을 하시지만, 유혹하고 넘어뜨리게 하는 방식의 유혹은 하지 않으신다는 것입니다.[4] 그렇다면 선한 의미의 시험이란 대체 무엇입니까? 그리고 유혹이란 무엇입니까?

하나님이 주시는 시험과 사탄이 주는 유혹

학생들이 시험을 보는 이유는 무엇일까요? 진짜 실력을 알기 위해서입니다.[5] 공부를 하는 그 순간에는 다 이해한 것 같아 보입니다. 하지만 시험을 치면 몰랐던 것이 나옵니다. 철저하게 이해하지 못했거나, 건성으로 읽고 넘어간 부분이 드러납니다. 내 진짜 실력이 보이는 것이지요. 물론 시험을 내는 사람이 편협하거나, 괴롭히려는 의도가 있거나, 실력이 별로 없는 사람인 경우에는 시험을 쳐도 응시자가 자신의 실력을 알 수 없습니다. 하지만 잘 설계된 시험을 공정하게 치르는 경우, 응시자는 자신의 실력을 정확히 알게 됩니다. 그러한 의미에서 시험은 출제한 선생님에 대한 평가이기도 합니다.

우리 하나님은 완벽한 선생님입니다. 그분은 좋은 시험을 선한 의도로 우리에게 주십니다. 예를 들면 아브라함이 받았던 시험을 봅시다. 그는 100세에 얻은 아들 이삭을 번제로 드리라는 하나님의 명령을 듣습니다. 가혹한 시험이었습니다. 시험의 내용은 이것이었지요. "내가 너에게 아들을 주었다. 그리고 내가 네게 큰 민족을 주겠다고 약속했다. 나는 그 약속을 반드시 지킬 것이다. 이삭이 죽는다 하더라도 말이다. 정말 너는 이것을 믿느냐? 너에게 미래에 대한 소망은 이삭이냐? 아니면 나 여호와냐?" 아브라함은 자신의 안전과 소망이 이삭에게 있는 것이 아니라 하나님께 있음을 배워야 했고, 그것을 확인하기 위해 시험 앞에 서야 했습니다.

  이 시험이 가혹해 보이시나요? 그렇지 않습니다. 우리가 하나님 외의 다른 곳에 우리의 안전과 소망을 둔다면, 그럴 때 도리어 우리가 위험해지기 때문입니다. 당신이 돈에 당신의 안전을 둔다면, 그것을 잃을 때 당신은 무너져 버리고 말 것입니다. 그것이 무엇이든 당신을 실망시킬 것입니다. 안락이 우상이라면 결국 당신은 스트레스를 받을 것입니다. 가족이나 친구의 인정이 우상이라면 당신은 거절당할까 늘 두려워할 수밖에 없습니다. 하나님 외의 그 어떤 곳도 안전하지 않습니다. 팀 켈러는 다음과 같은 재미있는 예화를 통해 하나님이 주시는 시험을 설명합니다.

  제가 가장 좋아하는 예화 중 하나는 늙은 벌목꾼 이야기입니다. 그는 어느 지역의 나무를 패려 마음먹고 있었습니다. 그런데 그가 패려던 나무에 새 한 마리가 집을 짓고 있는 것을 봅니다. 그래서 동정하는 마음으로, 그는 도끼의 옆등으로 나무를 쳐서 그것을 흔들었습니다. 하지만 그 불쌍한 작은 새는, 거의 일종의 뇌출혈 같은 것을 겪은 후에야 깨닫습니다. "여기다 지을 수는 없겠군." 새는 옆에 있는 나무로 옮겨서 그 옆 나무에 집을 짓기 시작했습니다. 벌목꾼은 말했죠. "오, 안 돼! 난 그 나무도 자를 거란 말이야. 여기 있는 모든 나무를 잘라내야 해." 그래서 그는 또 그 새가 흔들릴 때까지 나무를 두드리기 시작했지요. 그랬더니 새가 다음 나무로 옮겨 갔습니다

다. 그리고 집을 또 짓기 시작했죠. 그는 계속해서 다른 나무들을 두드렸습니다. 쉬지 않고, 따라다니며, 이 새를 못살게 굴었습니다. 그 새가 마침내 든든한 반석 위에 집을 짓기 시작할 때까지 말이죠.[6]

보이십니까? 왜 하나님이 우리의 기초를 흔드시는지가요. 아브라함은 이삭을 소망의 대상으로 삼으면 안 됩니다. 그렇게 되면 아브라함과 이삭 모두가 안전을 잃어버릴 것입니다. 하나님이 아브라함의 미래요, 안전이어야 했지요.[7] 그래서 하나님은 아브라함을 시험하십니다. 그를 괴롭히기 위해서가 아니라 안전하게 하기 위해서입니다. 결국 아브라함은 시험을 통과했습니다. 그는 이렇게 생각했을 것입니다. '하나님께서 내게 큰 민족을 준다고 하셨어. 내 몸에서 태어날 자를 통해서 말이야. 그리고 이삭을 주셨지. 하지만 지금 이삭을 번제로 바치라고 하시는 것은 무슨 의미일까? 내가 지금까지 알아 온 하나님은 신실하신 분이고, 그분의 말씀을 꼭 지키시는 분이야. 설사 이삭이 죽더라도, 그는 다시 살아날 거야. 하나님은 선하시고, 그분이 내게 악한 일을 시키실 리 없어.' 그래서 히브리서 기자는 이렇게 말합니다.

> 아브라함은 시험을 받을 때에 믿음으로 이삭을 드렸으니 그는 약속들을 받은 자로되 그 외아들을 드렸느니라. 그에게 이미 말씀하시기를 네 자손이라 칭할 자는 이삭으로 말미암으리라 하셨으니 그가

하나님이 능히 이삭을 죽은 자 가운데서 다시 살리실 줄로 생각한지라. 비유컨대 그를 죽은 자 가운데서 도로 받은 것이니라.

(히 11:17-19)

이로써 아브라함은 자신 안에 있는 믿음 곧 하나님이 아브라함에게 베푸신 믿음의 실체를 알게 되었습니다.[8] 그 믿음은 자기가 생각하거나 상상했던 것보다 훨씬 컸습니다. 미래가 두려워서 아내를 누이라고 속이며 안전을 도모했던 아브라함이(창 12:10-20; 20:1-13), 이제 자신의 외아들이라도 주께 기꺼이 드릴 수 있게 되었습니다. 하나님께 순종하는 것이야말로 자신과 자신의 아들 이삭에게 가장 좋은 일이라 확신하면서요. 이렇게 하나님의 시험은, 아브라함으로 하여금 자신을 알게 했습니다.

다른 예를 들어 볼까요? 에덴동산에서 선악을 알게 하는 나무의 열매를 먹지 말라고 명하신 것도 시험이었습니다. 하나님은 동산 모든 나무의 열매를 주시고 나서, 단 한 나무의 열매만 금지하셨습니다. 이는 아브라함에게 주신 시험과 본질상 같은 시험이었습니다. 그분은 이유를 알려 주지 않으십니다. 그저 선악과를 먹지 말라고 하시지요. 그 시험은 이런 의미였습니다. "나를 신뢰해라. 내 성품을 보고, 내가 너희에게 선을 행한다는 것을 믿어라. 이유를 알지 못하더라도 내게 순종하여라." 아담은 순종해야 했습니다. 그리고 그럴 수 있었습니다. 하지만 그때, 유혹이 찾아왔습니다.

하나님의 시험이 시작되자마자, 거의 시차도 없이 뱀은 바로 쳐들어옵니다. 그리고 이렇게 묻습니다. "동산 모든 나무의 열매를 아무것도 먹지 말라고 했다며?"(참고. 창 3:1) 이건 명백한 거짓말이었습니다. 뱀은 이렇게 말하는 셈입니다. "선악과를 먹지 말라고 하신 하나님의 명령은 부당하다! 하나님은 너를 괴롭히고 싶어 하지. 너를 사랑하지 않아. 하나님은 네가 그걸 먹으면 하나님처럼 될까 봐 너를 계속 아래에 두고 괴롭히려고 먹지 못하게 하신 거야. 그러니 먹어. 먹으면 너는 하나님처럼 될 거야!"

하나님이 사람을 시험하실 때, 사탄은 거의 즉시 우리를 찾아와 유혹합니다. 이것이 바로 사탄의 시험이지요! 목적은 하나입니다. "어떻게든 하나님과의 교제를 갖지 못하게 하는 것"입니다.[9] 그렇다면 시험에 든다는 것은 무엇을 의미합니까? 이 상황에서 하나님의 선하심과 사랑을 의심하고, 결국 하나님을 거부하며, 그분과의 교제를 끊어 버리는 것입니다. 시험에 들지 않는 것은 무엇입니까? 고난이 있고 괴로움이 있지만, 도저히 하나님이 이해되지 않지만 그분을 신뢰하기로 하는 것입니다. 그리고 이렇게 기도하는 것입니다.

하늘에서는 주 외에 누가 내게 있으리요.
땅에서는 주밖에 내가 사모할 이 없나이다.

내 육체와 마음은 쇠약하나

하나님은 내 마음의 반석이시요,

영원한 분깃이시라. (시 73:25-26)

시험을 이기는 기도의 예: 시편 73편

시편 73편을 쓴 아삽은 이렇게 말합니다. "하나님은 하나님의 백성에게 정말 선하신 분이세요. 그분은 자기 백성을 사랑하시지요. 그러나 저는 정말 시험에 들 뻔한 적이 있어요. 제가 믿음을 포기하기 직전까지 갔다니까요!"(73:1-2을 필자가 의역함. 이후 모든 표현은 필자의 의역)

그는 이어서 말합니다. "세상에! 악한 사람들이 잘 먹고 잘 사는 것을 보았지요. 그들은 심지어 죽을 때도 편안하게 죽고, 의인들이 당하는 고통도 당하지 않으며, 그래서 더욱 교만하다니까요! 그리도 나쁜 짓을 해대는데 연봉이 올라가고, 승진에 승진을 거듭하고, 사람들의 찬사까지 받고 있습니다. 저는 생각했지요. 대체 하나님이 이 상황을 알긴 하시나?"(3-11절)

그리고 말합니다. "정말 허탈했어요. 하나님 뜻대로 살면 뭐 합니까? 교회도 열심히 다니고, 봉사도 했습니다. 죄를 짓지 않으려 노력하고, 지으면 늘 회개하며 정결한 삶을 살려고 했지요. 그런데 제멋대로 사는 놈들이 훨씬 잘 먹고 잘 살더라니까요!"(13-15절)

이러한 시인의 고백은 우리와 먼 이야기가 아닙니다. 저는 목회를 하면서 거의 매주 이런 이야기를 듣습니다. 대부분 이런 식입니다.

"우리 부모님은 어렸을 때부터 신앙생활을 잘하셨고, 교회도 잘 다니며 늘 봉사했지요. 교회 섬기는 봉사를 하느라 제 끼니 챙기는 것을 잊으실 정도로 교회를 잘 섬기셨어요. 그러면 우리 부모님이 잘돼야 하는 거잖아요? 그런데 우리 친척들 중에서 우리 집이 제일 못살아요. 제일 가난합니다. 돈이 인생의 전부가 아니라고요? 그뿐 아니에요. 우리 집이 다른 친척들보다 행복하지도 않아요. 돈이 없고 힘드니까 부모님은 맨날 싸우죠. 친척들은 1년에 몇 차례씩 해외여행도 하고 서로 화목하게 지내는데, 우리가 뭘 잘못했기에 하나님께서 우리를 이렇게 괴롭힙니까? 대체 내가 왜 신앙생활을 해야 됩니까?"

비슷한 이야기를 수도 없이 들었습니다. 대학생 선교단체 회원들은 대학 생활 4년 동안 학업과 더불어 캠퍼스 선교 활동을 헌신적으로 감당합니다. 그러다 4학년이 되어 졸업을 앞두고도 취직이 되지 않으면 '대체 왜? 저 뺀질거리던 신앙인은 저렇게 좋은 직장에 들어갔는데 왜 나는 아직도 무직인가! 하나님은 나를 사랑하기는 하시는 건가?' 하는 생각이 듭니다. 바로 아삽이 지금 이 상황에 놓여 있습니다. 그리고 아삽은 불행해졌습니다. 우리가 시험 앞에서 불행해지는 것처럼요.

우선, 위로를 하고 싶습니다. 저는 당신에게 당장 "그렇게 불평하고 분노하는 것은 죄입니다! 왜 하나님을 원망합니까! 시험을 빨리 이겨 내고 승리하십시오!"라고 말하고 싶은 것이 아닙니다. 오히려 이 시가 성경에 기록되어 있다는 것을 깊이 묵상하십시오.

시편은 하나님의 말씀이며, 하나님은 그분의 말씀인 시편에 그분을 향해 내지르는 불만을 기록해 두셨습니다. 대대에 걸쳐 묵상하고 깨달으라고 말이지요. 이는 그분이 우리의 고통을 이해하고 계시다는 반증입니다. 구약학자 데렉 키드너는 이렇게 말해 줍니다. "이런 종류의 기도가 성경에 기록되어 있다는 사실이야말로 그분이 우리의 사정을 이해하고 계시다는 것을 증언해 줍니다. 그분은 사람들이 절망적인 상황에 처할 때 어떻게 소리를 지르는지 알고 계십니다."[10]

하지만 아삽은 여기에만 머무르지 않습니다. 그는 "하나님의 성소에 들어갈 때에야" 비로소 모든 전말을 파악합니다(17절). 그들은 결국 살아 있을 때 떵떵거리긴 하겠지만, 하나님께서 그들을 위한 심판을 준비하고 계시다는 사실을 깨닫습니다. 그리고 생각합니다. "내가 이같이 우매 무지함으로 주 앞에 짐승이오나"(22절). 무슨 의미입니까? 그는 후회합니다. 구약학자 월터 브루그만은 "그는 후회하고 있다. 하나님과의 관계를 잊고 그분을 무시했기 때문이다"라고 그 이유를 말해 줍니다.[11]

생각해 보십시오. 하나님과의 관계가 헛되다는 것은 생각해 보면 대단히 모욕적인 말입니다. 제가 제 아내와 결혼한 지 만 13년이 되어 갑니다. 그런데 제가 아내에게 이렇게 말한다고 해 봅시다. "여보, 내가 지난주에 내 친구 부부를 만났는데, 엄청 부자가 되어 있더라고. 친구 아내가 돈을 엄청 벌었나 봐. 그런데 우리는 아직까지 대출도 갚아야 하고, 매달 쪼들리며 살아가고 있잖아. 당신과 괜히 결혼했어. 당신은 뭐야? 맨날 내가 벌어다 주는 돈 쓰기만 하고 말이야. 당신과 결혼한 것을 후회해. 결혼 생활이 헛되게 느껴져." 이 말이 대단히 모욕적이라는 데 우리 모두가 동의할 것입니다. 아삽은 이것을 깨달은 것입니다. '아, 내가 정말 짐승 같았구나. 내가 하나님을 모욕했구나.' 그리고 그는 말합니다.

> 하나님의 성소에 들어가서야
> 비로소 전모를 파악했습니다.
> 주께서 저들을 미끄러운 길에 두셨고
> 저들은 끝내 미혹의 수렁에 처박히고 말 것임을.
> 눈 깜빡할 사이에 닥치는 파멸!
> 어둠 속의 급한 굽잇길, 그리고 악몽!
> 꿈에서 깨어나 눈을 비비고 둘러보면 아무것도 없듯,
> 저들도 그렇습니다. 아무것도 아닙니다.
>
> (시 73:17-20, 메시지)

그들은 부를 가지고 있고, 화목하고, 건강도 있습니다. 그러나 그들은 그 모든 것을 잃어버릴 것입니다. 영원히 소유할 수 없지요. 하나님은 그들이 악함에도 불구하고 허락하셨던 모든 것을 가져가실 것입니다. 그들은 자신이 가지고 있는 것들을 영원히 가질 수 없습니다. 그리고 시인은 정신이 번쩍 들지요. 과거에는 그들을 질투했습니다. "저들이 가진 걸 내가 가졌어야 해! 저들이 살고 있는 삶을 내가 살았어야 해!" 하지만 이제는 말합니다. "아, 저들이 가진 것은 영원하지 않구나. 하지만 나는 결코 잃을 수 없는 것을 가지고 있어!"

주께서 내 손을 잡아 주셨습니다.
주께서 나를 지혜롭고 부드럽게 이끄시고
나에게 복을 내려 주십니다.

주님은 내가 하늘에서도 원하는 전부,
땅에서도 원하는 전부이십니다!
내 피부는 처지고 내 뼈는 약해져도,
하나님은 바위처럼 든든하고 성실하십니다.

(시 73:23-26, 메시지)

아삽은 말합니다. "하나님! 이제야 제가 가진 것이 무엇인지 알았습니다. 저는 당신을 가지고 있군요. 하나님께서 제 손을 붙잡고 계셨어요. 내가 하나님께 범죄하고 있었더라도 하나님께서 당신의 교훈으로 나를 가르치시고 인도하시고 영광으로 나를 영접하실 겁니다. 내가 하나님과 함께 있고 하나님께서 내 손을 꼭 붙들고 계셨군요."

하나님의 사랑은 우리가 실패할 때도 잃어버릴 수 없는 유일한 사랑입니다. 하나님의 사랑은 우리가 죽었을 그때 오히려 더 강력해질 유일한 사랑입니다.[12] 아삽에게뿐만 아니라 당신에게도 그렇습니다. 당신이 여기에 이를 때, 즉 하나님이 당신을 여전히 사랑하시며 선하게 대하신다고 믿을 때, 혹은 그 믿음이 흔들릴 때 이렇게 기도하십시오.

나를 사랑하시는 내 아버지.
저는 지금 심히 괴롭고 이해가 되지 않는 일 앞에 서 있습니다.
왜 제가 가질 수 없습니까?
왜 제가 잃어버려야 합니까?
왜 제가 실패해야 합니까?
왜 제가 고통당해야 합니까?

제가 잃어버린 것은 너무나 크게 보이는데
당신에 제게 주셨다는 것들은 작게 보입니다.
제가 당한 실패는 너무나 쓰라린데
당신이 이루신 승리는 저와 상관이 없어 보입니다.

제가 당장 겪는 일은 너무나 생생하게 느껴지는데
당신이 제게 주신다는 사랑은 잘 느껴지지 않습니다.

저를 시험에 들지 말게 하소서.
악한 자에게서 구하소서.
영원한 것을 좇는 삶이 하찮게 보이고
진정한 실상이 희미하게 느껴질 때도

당신을 보게 하소서.
당신을 사랑하게 하소서.
당신 안에서 쉬게 하소서.

그리스도, 우리를 위해 시험을 당하신 분

이러한 시험이 부당하게 느껴지시나요? 시험 가운데 기도하는 것이 힘드신가요? 다행히 우리의 하나님은 시험 앞에서 분투하는 당신의 마음을 아십니다. 그냥 전능하시기 때문에 아시는 정도가 아니라, 그분 역시 시험을 당하셨기 때문에 아십니다. 그분은 다른 종교의 신들처럼 자신이 가 보지도 않은 길을 가라고 명하지 않으십니다. 순종해 보지도 않으신 명령을 순종하라 하지 않으십니다.

그가 시험을 받아 고난을 당하셨은즉 시험 받는 자들을 능히 도우실 수 있느니라. (히 2:18)

우리에게 있는 대제사장은 우리의 연약함을 동정하지 못하실 이가 아니요 모든 일에 **우리와 똑같이 시험을 받으신 이로되** 죄는 없으시니라. (히 4:15)

그분은 시험을 받으셨습니다. 우리와 똑같이 받으셨습니다. 그분은 공생애의 시작과 더불어 사탄에게 시험을 받았고, 그 원인은 성부께서 예수님을 광야로 몰아내신 일이었습니다. 성부께서 예수님을 시험했고, 동시에 사탄은 예수님을 유혹했지요. 그러나 그분은 승리하셨습니다. 그분은 넉넉히 이기셨습니다. 굶주림과 목마름이 엄청났고, 광야에서 고독했으며, 낮에는 뜨거운 더위와 밤에는 영하의 추위에 시달리면서 말입니다. 그럼에도 그분은 사탄과의 전쟁에서 승리하셨습니다(마 4:1-11). 그분은 우리와 더불어 시험을 받으셨습니다. 그리고 그 모든 시험을 통과하셨습니다.

경건한 그리스도인이자 영국의 추리소설 작가였던 도로시 세이어즈의 말을 들어 봅시다.

무슨 이유에서든 하나님이 사람이 되기로―한계가 있고 슬픔과 죽음에 종속된 고통 받는 존재로―작정했[다].…그분은 자기 피조물과 무슨 놀이를 하든, 자기가 세운 규칙을 지키며 공평하게 놀았다. 그분은 자신이 당하지 않은 일이라면 그 무엇도 인간에게 요구하지 않는다. 그는 귀찮은 가사일, 쓰러질 정도로 힘겨운 노동, 돈의 부족 등으로 인해 최악의 고통, 치욕, 패배, 절망 그리고 죽음에 이르기까지 인간의 모든 경험을 몸소 겪어 보았다. 그는 사람이었을 때에 사람의 역할을 했다. 가난한 가운데 태어나 불명예스럽게 죽었다.[13]

하지만 그분이 생애 마지막에 받으신 시험은 정말 가혹했습니다. 광야에서 사탄에게 받은 시험은 아무것도 아니었지요. 그분이 받은 시험은 하나님의 진노와 저주 아래 있어야 하는 것이었습니다. 그래서 그분은 심한 통곡과 눈물로 세 번이나, 이 저주를 피하게 해 달라고 하나님께 간구했습니다. 예수님이 받은 다른 모든 시험은 "이 모든 고통이 있어도 나는 여전히 하나님의 사랑 안에 있어. 그분은 내 아버지야!"라고 말씀하시며 견딜 수 있었습니다. 그러나 그분이 마지막에 하나님에게 받으신 시험은 성부 하나님의 버림을 받는 것이었습니다.

성부 하나님은 마치 이렇게 말씀하시는 것과 같았습니다. "너는 내 백성을 위해 나에게서 끊어져야 한다! 너는 나를 아버지로 부를 수 없다. 나는 내 백성을 위해서, 내 백성의 죄를 없애기 위해서 너를 버리겠다. 너를 향해 진노와 저주를 쏟아붓겠다. 너는 내 아들이 아닐 것이다." 그분이 받으신 시험은, 그 누구도 받은 적이 없는 가혹한 시련이었습니다.

그러나 우리가 만나는 시험은 다릅니다. 하나님은 우리에게 시험을 주실 때, 우리가 감당치 못할 시험을 주시지 않습니다. 그래서 사도 바울은 "사람이 감당할 시험밖에는 너희가 당한 것이 없나니 오직 하나님은 미쁘사 너희가 감당하지 못할 시험 당함을 허락하지 아니하시고 시험 당할 즈음에 또한 피할 길을 내사 너희로 능히 감당하게 하시느니라"(고전 10:13)고 말합니다.

우리는 하나님의 사랑 안에서 어떤 시험이든 통과할 수 있습니다. 하나님의 사랑을 확신한다면요. 우리는 감당할 시험만 받습니다. 그리스도께서 우리를 위해 감당하기 어려운 시험을 받으셨기 때문입니다. 그리고 하나님께 감사하게도, 그분은 승리하셨습니다!

나사렛 예수여.
온갖 시험을 이기고 승리하셨다는 사실로 인해
주님께 감사드립니다.

주님이 저처럼 시험받으신 것을 알고
위로를 얻습니다.
주님은 모든 일에서 저처럼 시험을 받으셨습니다.

그래서 주님은 저의 약함을 잘 아십니다.

주님 자신이 사탄과 싸워 보셨기 때문에

사탄이 힘이 얼마나 강한지 잘 아십니다.

(우찌무라 간조)[14]

14장

시험에 함께 맞서는 기도

마 6:13 우리를 시험에 들게 하지 마시옵고 다만 악에서 구하시옵소서.

탁월한 신약학자인 윌리엄 헨드릭슨은 이 기도를 주석하면서 주의할 점을 하나 알려 줍니다. 그는 이 기도에서 '나' '나의' '나를' 대신에 끊임없이 '우리' '우리의' '우리를'로 기도해야 한다고 말합니다. 그러면서 이렇게 결론짓지요. "기도하는 사람은 끊임없이 자신의 기도에 이웃을 포함해야 합니다."[1] 마찬가지로 "우리를 시험에 들게 하지 마시옵고"라는 말 역시, 내가 시험에 들지 않았다고 하더라도 이웃과 형제자매가 시험에 들었다면 그들을 위해 끊임없이 기도해야 한다는 말입니다.

사실 시험은 개인의 문제가 아닙니다. 우리가 교회에서 흔히 사용하는 "나 시험 들었어"라는 말도 대개 관계에서 벌어지는 일이지요. 교회에서 따돌림당한 것 같을 때, 사람들은 "나 시험 들었어"라고 말합니다. 누군가에게 상처를 입었을 때, "아무개 때문에 내가 시험에 들었어"라고 말합니다. 물론 이러한 용례가 성경이 말하는 '시험에 드는 것'과 꼭 같지는 않지만, 그래도 무관하다고 볼 수는 없습니다. 그리스도 안에서 형제자매들은 서로 연결되어 있기 때문에, 한 명이 시험에 들면 결국 주변에 영향을 미치게 되어 있습니다.

시험에 맞서는 일은 공동 프로젝트다

본문은 '우리를' 시험에 들게 하지 말아 달라고 말합니다. 이는 중요합니다. 우리의 성화는 공동체적 프로젝트이기 때문입니다. 존 파이퍼는 우리가 상호 간의 섬김이 이루어질 정도로 작은 교제권에 속해 있지 않다면, 하나님을 기뻐하는 일도 없다고 말합니다.[2]

저는 죄인이고, 따라서 함께 일하는 동역자들에게 종종 죄를 저지릅니다. 상처를 주는 것이지요. 하지만 저는 상처를 주는 줄도 모르고 상처를 줄 때가 많았습니다. 그때 동역자들이 제게 "목사님, 그런 말은 함께 일하는 사역자들에게 상처가 돼요. 사람들이 모두 목사님처럼 생각하는 건 아니에요" 하고 지적해 주면 그때서야 제 잘못을 깨닫는 경우도 많습니다. 제 얼굴에 무언가 묻었을 때 다른 사람이 지적해 주지 않으면 묻었는지도 모를 수 있습니다. 마찬가지로 제가 호흡처럼 내뿜는 죄를 이웃이 지적해 주지 않으면 제 마음의 교만이 죽지 않겠지요.

죄뿐만 아닙니다. 거대한 고난과 시험의 순간에 공동체가 없으면 사실상 견딜 수 없습니다. 그래서 사도 바울은 "즐거워하는 자들과 함께 즐거워하고 우는 자들과 함께 울라"(롬 12:15)고 말해 주지요. 이는 쉬운 명령이 아닙니다. 즐거워하는 자들과 함께 즐거워하는 것과 우는 자들과 함께 우는 것, 둘 다 어려운 일입니다. 즐거워하는 자들과 함께 즐거워하기가 어려운 이유는 시기심이 나기 때문입니다.[3] 사촌이 땅을 사면 배가 아프다는 말처럼요. 하지만 우는 자들과 함께 우는 것도 힘든 일입니다.

우리는 우는 사람들을 볼 때 일시적으로 함께 웁니다. 왜냐하면 그 외에 다른 선택이 없기 때문입니다. 하지만 그 공감이 진실이 아닐 때 슬픔은 지속되지 않습니다. 슬퍼하는 것은 감정 소모가 굉장히 큰 노동이기 때문입니다. 혹시 대단히 큰 죄악 때문에 거대한 고통을 겪는 사람들의 이야기를 다룬 영화를 보기가 꺼려졌던 적이 있으신가요? 위안부 할머님들 이야기를 다룬 영화라든지, 잔악한 성폭행을 다룬 영화는 보기 싫다는 마음이 든 적 없으셨나요? 돈을 주고 영화를 보면서, 우리는 즐겁기를 원하지 고통스럽기를 원하지 않습니다. 피해자의 고통스러운 처지는 이해하지만, 그리고 그들의 여한이 빨리 풀리기를 바라지만 다시 괴롭고 싶지는 않은 것이지요. 이미 한번 눈물을 흘리고 괴로웠던 일을 다시 기억하며 또 괴로움에 빠져들기란 어려운 일입니다. 슬퍼하는 자들과 함께 슬퍼하는 것, 우는 자들과 함께 우는 것은 우리의 무심함과 무정함을 부인해야 하는 고통스러운 싸움입니다.

기쁨과 슬픔의 공감은 모두 어려운 일입니다. 그래서 칼뱅은 "형제의 행복을 기뻐하지 않는 것은 시기하는 것이고, 형제의 불행에 대하여 슬퍼하지 않는 것은 비인간적인 것"[4]이라고 말하며 슬픔과 기쁨에의 동참이 사실상 인간 내면의 죄와 더불어 싸우는 것임을 강조합니다. 기쁨의 공감은 시기라는 내면의 죄와 싸워야 가능하고, 슬픔의 공감은 무심함이라는 내면의 죄와 싸워야 가능합니다. 그리고 사람들은 이러한 공감이 어렵다는 것을 체험적으로 알고 있기에, 자신에게 공감하는 사람들의 헌신을 통해 치유되어 갑니다. 정신건강의학과 의사 정혜신은, 이러한 치유의 본질에 대해 다음과 같이 이야기합니다.

> 자신의 고통에 진심으로 주목하는 사람이 존재한다는 사실을 확인하는 것. 그것이 치유의 결정적 요인이다. 말이 아니라 내 고통을 공감하는 존재가 치유의 핵심이다. 자신의 고통과 연결되어 있는 사람이 존재한다는 걸 알면 사람은 지옥에서 빠져나올 힘을 얻는다.[5]

거대한 고통도 함께라면 견딜 수 있다

대단히 끔찍하고도 감동적인 이야기를 들려드리겠습니다. 상담사 김영서 씨는 『눈물도 빛을 만나면 반짝인다』라는 책의 저자입니다.[6] 사실 이 책은 이미 2012년에 '은수연'이라는 가명 저자의 이름으로 출판되었습니다. 저자 김영서 씨는 2020년 개정판을 내면서 자신의 본명으로 책을 냈습니다. 그리고 그 이유는 책의 내용 때문이었습니다. 김영서 씨는 친족성폭력의 피해자입니다. 자신의 친부로부터 9년 동안이나 잔혹하게 성폭력을 당했지요. 책을 읽어 보면 내용이 상세하게 묘사됩니다. 앞에서 언급했던 것처럼, 읽다 여러 번 덮을 정도로 읽기가 힘들었습니다. 읽으면서 몸이 아프다는 느낌이 든 책은 처음이었습니다.

아버지라는 작자에게 그런 폭력을 9년이나 당한다는 것은 어마어마한 고통이었을 것입니다. 게다가 그 아버지라는 작자는 목사였습니다. 어느 교회에서 지속적으로 목회를 하고 있었지만, 김영서 씨의 어머니와 형제들에게도 잔혹한 폭행을 일삼는 사람이었습니다. 결국 김영서 씨는 스무 살이 되어 집을 도망치기로 결심합니다. 집을 나와 아버지를 고소했습니다. 다행히 증거도 있었고 좋은 경찰 분들을 만나, 목사이자 아버지인 가해자는 체포됩니다. 그리고 (이 지점에서 아마 분노하실 겁니다) 겨우 7년형을 받고 복역하지요. 읽는 내내 정신이 아득했습니다.

저는 읽으면서, 김영서 씨가 당연히 기독교 신앙을 버렸을 거라고 생각했습니다. 자라면서 아버지의 설교도 들어야 했을 텐데, 얼마나 가증스러웠겠습니까? 하지만 놀랍게도, 이분은 신앙을 유지하고 있었습니다. 이후 김영서 씨는 서강대학교에서 석사학위 논문을 내는데, 그 논문 맨 앞 '감사의 글'에서 이렇게 말합니다.[7]

"주님, 감사합니다."
어느 누구보다 더 가까이서 저를 지도하여 주신 주님께 먼저 감사를 드립니다. 그분이 저와 함께하셔서 지금의 제가 있을 수 있었습니다.…지금, 저는 증인들 다락방에 앉아 감사의 글을 쓰고 있습니다. 떠오르는 얼굴들이 하나둘이 아니네요. 먼저…(여러 사람들) 작년에 제가 너무 힘든 시간을 겪어야 했을 때 저와 함께 살며, 아파해 주고, 기도해 주었던 신촌공동체의 동생들…너무 감사합니다. 논문을 쓴다고 밤과 낮이 바뀐 생활을 하는 저로 인해 많이 힘들었을 현재 함께 살고 있는 은혜공동체 식구들…에게 진심으로 감사를 드립니다.

저는 너무나 충격을 받았습니다. 김영서 씨가 여전히 신앙을 유지하고 있을 뿐만 아니라, 자신과 같이 성폭력을 당한 사람들을 상담하며 치유해 주고, 여전히 공동체 안에서 그리스도의 몸을 함께 이루고 있다는 사실이 놀라웠습니다. 계속 여러 인터뷰를 찾아보았는데, 한 기독교 언론과의 인터뷰에서 그녀가 신앙을 놓지 않을 수 있었던 이유를 발견했습니다.

사실 제가 하나님한테 고분고분하게만 기도하는 건 아니거든요. 저는 하나님에게 욕도 해요.(웃음) 원색적으로 "내가 지금 당하는 어려움을 알고는 있어요?"라거나, "아 ×× 지금 보고는 있는 거야? 내 기도 듣고는 있는 거야?" 이러기도 하죠. 무릎을 꿇고 앉아서 기도하는 건 아니지만, 혼자 있을 때건 언제건 하나님에게 묻게 되는 것 같아요. 어렸을 때부터 그 상처 가운데 있을 때도 "하나님, 이 악한 시간이 끝나긴 하는 거죠?"라고 많이 물었으니까…. 어떻게 보면 부끄러운 이야기이기도 한데요. 저는 지금 예수님 믿는 것 외에는 대안이 없어요. 어렸을 때부터 나는 왜 이렇게 힘든 삶을 살아야 하는지 고민했잖아요. 하나님에게 항상 제 삶의 의미를 물어야만 했고, 그 상태로 지금까지 버텨 온 것 같아요.[8]

저는 욥의 항변이나, 시편에 나오는 시인들의 기도가 떠올랐습니다. 그리고 현재 정착하여 다니고 있는 교회와 목사님에 대한 이야기도 들을 수 있었지요.

목사님은 제가 궁금해하는 것들, 불편해하는 지점을 다 들어주세요. 이 과정을 거치면서 이 교회는 제가 불편하게 느끼는 지점을 이야기해도 되는, 어느 정도 안전한 공간이라는 사실을 알게 됐죠. 지금 목사님을 만나면서는 아빠라는 사람이 교회랍시고 하던 그곳에서 알던 예수와 다른 예수를 알게 됐고, 안정감을 느끼고 있어요.[9]

저는 이분을 섬기고 있는 목사님에게도 감사한 마음이 들었습니다. 그리고 잠시 이분이 깊은 안정감과 평안함을 누리기를, 또한 자신과 같이 폭력을 당한 피해자들을 섬길 수 있는 힘을 하나님이 주시기를 기도했습니다. 감사함이 밀려들어 왔지요. 게다가 김영서 씨가 쓴 책을 보면, 마지막 부분에 아빠를 용서하며 쓴 에필로그가 있습니다.

오랜 시간 아빠라는 존재가 너무 싫고, 죽어 버렸으면 좋겠다는 생각을 계속 했습니다. 그런데 지금 저는 예수님을 온전히 신뢰하면서 아빠를 예수님에게 맡기기로 했습니다. 예수님은 제게 말씀하시는 것 같습니다. "네 아빠를 내게 던져 놓으렴. 네가 미워하지도 말고, 원수 갚으려고도 하지 말고, 그냥 나에게 맡겨 두렴." 또한 원수를 사랑하라고 하십니다. 그래서 저는 예수님을 믿고, 아빠를 용서하고, 아빠를 예수님께 맡깁니다. 제가 감당할 수 없는 것이라서요.[10]

이분은 가공할 만한 폭력을 당했고, 엄청난 고통을 겪었지요. 저는 이분을 돌보시고 지금도 지키시는 하나님께 감사한 마음이 듭니다. 그리고 이분이 겪은 고통 앞에서 이분을 사랑해 주고, 함께해 주며, 연대했던 사람들에게도 감사한 마음이 듭니다. 그들은 이분이 겪은 거대한 시험에 공동체적 하나됨으로 맞선 것입니다. 그래서 이분이 신앙을 유지하고 있습니다. 그냥 신앙을 유지하는 정도라고 말할 수 없습니다. 이분은 굳건한 신앙을 가지고 있습니다. 존경스러웠습니다. 시험에 맞서는 일은 개인의 프로젝트가 아닙니다. 공동체적 프로젝트이지요. 강력한 지지와 동정을 보내 주는 공동체는, 시련을 이기게 만듭니다.

악을 알고 악에 맞서기

누군가는 이렇게 말할지도 모르겠습니다. "그건 결국 김영서 씨가 다닌 교회가 좋은 교회이기 때문 아닌가요? 제가 소속된 교회는 그렇게 시험에 함께 맞설 수 있는 교회가 아니에요. 목사님도 별로고, 주변 사람들 모두 그저 그런 사람들이지요. 김영서 씨 다니는 교회가 어딘지 알려 주면 거기나 한번 가 볼게요."
(그건 저도 모릅니다.)

그러나 문제는 그렇게 간단하지 않습니다. 여기서 "우리를 시험에 들게 하지 마시옵고 다만 악에서 구하시옵소서"라고 기도해야 하는 주체는 바로 주님의 제자들입니다. 그들은 좋은 사람들이었나요? 천사와 같은 사람들이었을까요? 그렇지 않습니다. 그들 역시 죄인들이었습니다. 그리고 '악에서 구하시옵소서'라는 기도 안의 '악'을 가지고 있는 사람들이지요. 여기서의 '악'은 악한 자 곧 사탄을 의미하기도 하지만 그냥 악을 의미하기도 합니다.[11] 그리고 그 악은 제자들 안에도, 우리 안에도 있습니다. 시험과 악에 맞서 보호받고자 기도하는 사람들은 선한 사람들이 아닙니다. 모두 죄인입니다.

기독교는 원죄 교리를 말합니다. 아담의 죄로 인해 우리는 태어날 때부터 죄를 짓고 싶어 하는 성향을 가집니다. 사람들은 기독교의 원죄 교리에 대해, "너희가 가지고 있는 그 원죄 교리 때문에, 그리스도인이 아닌 사람들을 깔보고 무시하며 이분법적 사고를 하는 것 아니야?" 하고 묻습니다. 실제로 많은 그리스도인들이 그렇게 생각하고 행동하기도 합니다. '우리 그리스도인은 괜찮은 사람이고 안 믿는 세상 사람들은 나쁜 사람이다. 나는 믿으니까 하나님의 사랑받는 선민이고 택함 받은 사람이지만 저 밖에 있는 사람들은 지옥에 갈 죄인들이다.'

이러한 사고방식은 죄를 아는 사고방식이 아닙니다. 오히려 죄를 모르는 사고방식이지요. 성경은 교회 안에 있는 사람과 바깥에 있는 사람 모두가 동일하게 죄인이라고 말합니다. 우리가 흔히 하는 악행뿐 아니라 선행 안에도 죄가 있다고 말합니다. 혹자는 이렇게 물을 것입니다. "사회를 위해서 온갖 좋은 일을 헌신적으로 하는 사람도 있고, 히틀러 같은 놈들도 있지 않습니까? 김영서 씨 같은 사람도 있고, 그의 사악한 아버지 같은 작자도 있지 않습니까? 어떻게 똑같습니까?" 물론 당연히 같지 않습니다. 성경도 같다고 말하지 않습니다. 성경은 우리 모두가 행한 대로 심판을 받을 거라고 말하지요(계 22:12). 하지만 소위 착한 사람이나 나쁜 사람이나 모두에게, 죄를 좋아하고 하나님께 반역하려는 성향은 있다고 말합니다.

신앙을 제대로 가지기 시작하면, 가공할 악을 보며 분노하는 동시에, 분노만 할 수는 없는 상황이 됩니다. 물론 김영서 씨의 아버지 같은 작자를 보며 분노하는 것은 당연하며, 그것은 정의로운 일입니다. 하나님도 그 잔악한 짓을 보며 진노하셨습니다. 하지만 조금 더 깊이 생각해 봅시다. 그 작자가 그러한 나쁜 짓을 하는 중에도 그는 여전히 목사였습니다. 성경을 읽고 설교를 하며 기도도 했을 것입니다. 물론 진정성이 있었을 거라고는 생각할 수 없습니다. 게다가 그가 참되게 회개하지 않았다면 구원을 받았다고 볼 수도 없습니다. 그런데 하나님은 그에게 분명히 진노하셨지만, 또한 그가 은혜의 수단들—기도, 성경 읽기 등—

을 접하도록 기회를 주셨습니다. 하나님은 이 악한 죄인에게도 놀라운 인내를 보이셨습니다.

이 모든 것을 생각하는 그리스도인은 균형 잡힌 사고를 합니다. 죄를 보며 분명히 죄라고 판단하며 정죄하는 정의로움을 가졌지만, 자신이 그 사람보다 더 우월하고 도덕적인 존재라고 자신하지는 않습니다. 그가 저지른 죄를 내가 저지르지는 않았지만, 그 사람 안에 있는 죄가 내 안에도 있다고 생각하며 마음을 낮춥니다. 담대하고 정당하게 죄를 지적할 수 있지만, 자신은 예외라는 듯 정죄를 즐길 수는 없게 되지요.

그러한 한편, 피해자를 긍휼히 여기고 불쌍히 여기게 됩니다. 그리고 타락한 이 세상에서 벌어진 이 가공할 악을 보며 슬퍼하고, 또한 이러한 악에 의해 상처받은 심령을 위로해 달라고 간구하게 됩니다. 그리고 이 악이 완전히 파괴되고 심판받아 모든 억울함이 풀릴 그날을 갈망하며 하나님을 찾습니다. 즉 공동체의 가해자와 피해자 모두를 위해 기도할 수 있습니다. 가해자는 회개하고 그의 악행을 멈추도록, 피해자에게는 정의가 바로 세워지고 억울함이 풀리며 위로가 있도록 기도하게 되는 것이지요. 이렇게 말입니다.

우리 아버지여. 우리 중에 시험당하는 사람들이 있습니다.
그들은 고통당하고 있고, 유혹 앞에 놓여 있으며,
분노 가운데 있습니다.

그들을 긍휼히 여겨 주십시오.
사탄이 더 이상 그들을 유혹하지 못하도록 그들을 붙잡아 주십시오.

우리로 하여금 죄를 향해 분노하게 하시되
죄인을 보며 슬퍼하게 하시고
타락을 보며 정의를 갈망하게 하시되
타락한 자를 보며 은혜를 갈망하게 하소서.

무엇보다 죄를 죽이시기 위해 죄인들을 위해 죽으신
그리스도의 마음을 품게 하소서.

시험받는 자들을 위해 기도하신 예수님

이렇게 기도하신 분이 계십니다. 세상의 악을 보며 분노하시면서, 동시에 악한 죄인들을 보며 슬퍼하시고 동정하신 분이지요. 예수님은 가련한 죄인들을 긍휼히 여기셨습니다. 그분은 겟세마네에서, 너무나 큰 슬픔과 고통 가운데서 제자들에게 말씀하십니다. "시험에 들지 않게 깨어 기도하라"(마 26:41). 잠시 후 예수님을 체포하러 군병들이 도착할 텐데, 그때 제자들의 시험이 시작됩니다. 신약학자 R. T. 프란스는 이렇게 말합니다. "그러나 그들은 깨어 기도하지 않았기에, 이 시험에서 무참히 실패할 것이다."[12]

특히 그중에서 베드로는 앞으로 거대한 시험에 직면하게 됩니다. 그는 이미 예수님을 보며 "주는 그리스도시요 살아 계신 하나님의 아들이시니이다"(마 16:16)라고 고백했습니다. 하지만 이 그리스도가, 메시아가 끌려가고 있습니다. 너무나도 나약하게 말이지요. 그리고 고문당하고 십자가에 못 박힙니다. 그는 어떤 생각을 했을까요? 한편으로는 두려웠을 겁니다. '나도 끌려가서 고문당하고 죽지 않을까?' 다른 한편으로는 유혹이 있었겠지요. '예수가 과연 메시아라면, 어떻게 저렇게 허약할 수 있지? 어떻게 허무하게 저런 불의한 재판을 받을 수 있지?'

그 상황에서 누군가 묻습니다. "너도 갈릴리 사람 예수와 함께 있었도다." 그러자 베드로가 말합니다. "나는 네가 무슨 말을 하는지 알지 못하겠노라." 다른 여종이 베드로를 보고 말합니다. "이 사람은 나사렛 예수와 함께 있었도다." 그러자 베드로는 맹세까지 하면서 이렇게 말합니다. "나는 그 사람을 알지 못하노라." 잠시 후 곁에 서 있던 사람들이 말합니다. "너도 진실로 그 도당이라. 네 말소리가 너를 표명한다." 그러자 베드로는 드디어 예수님을 저주하기까지 하며 말합니다. "나는 그 사람을 알지 못하노라." 그리고 닭이 울지요. 베드로는 예수님이 말씀하신 것이 생각나 통곡합니다(마 26:69-75). "예수께서 이르시되 내가 진실로 네게 이르노니 오늘 밤 닭 울기 전에 네가 세 번 나를 부인하리라"(마 26:34).

제자들은 기도하지 않았습니다. 잠만 잤지요. 베드로도 기도하지 않았습니다. 오히려 예수님을 배신했습니다. 그럼에도 불구하고 보호받았습니다. 다시 회복되었습니다. 어떻게 그것이 가능했을까요?

> 시몬아, 시몬아, 보라. 사탄이 너희를 밀 까부르듯 하려고 요구하였으나 그러나 **내가 너를 위하여 네 믿음이 떨어지지 않기를 기도하였노니** 너는 돌이킨 후에 네 형제를 굳게 하라. (눅 22:31)

사탄은 베드로를 유혹했습니다. 그는 밀을 체질하듯 베드로를 비롯한 제자들을 흔들어 댔지만, 그들의 영원한 운명을 결정할 수 없었습니다.[13] 그리스도께서 베드로와 하나가 되셔서, 그가 시험에 빠지지 않게 기도하셨습니다. 그분이 베드로를 위해 기도하셨기에 베드로가 시험에 들지 않았습니다. 베드로뿐만 아닙니다. 그분은 우리를 위해서도 기도하십니다.

> 누가 정죄하리요. 죽으실 뿐 아니라 다시 살아나신 이는 그리스도 예수시니 그는 하나님 우편에 계신 자요 우리를 위하여 간구하시는 자시니라. (롬 8:34)

> 나의 자녀들아, 내가 이것을 너희에게 씀은 너희로 죄를 범하지 않게 하려 함이라. 만일 누가 죄를 범하여도 아버지 앞에서 우리에게 대언자가 있으니 곧 의로우신 예수 그리스도시라. (요일 2:1)

그분은 지금도 우리를 위해 기도하십니다. 세상 모든 사람이 나를 위해 기도하고 있지 않아도, 성자 하나님과 성령 하나님은 나를 위해 지금도 기도하고 계십니다(롬 8:26). 그리고 우리 각자가 서로를 위해 기도하라고 명하시지요. "나를 시험에 들게 하지 마시옵고"가 아니라 "우리를 시험에 들게 하지 마시옵고"라고 기도하라 하십니다. 함께 한 몸이 되어, 시험받는 자들을 긍휼히 여기고 서로에게 힘이 되라고 명하신 것입니다.

우리 아버지여. 우리 중에 시험당하는 사람들이 있습니다.
그들은 고통당하고 있고, 유혹 앞에 놓여 있으며,
분노 가운데 있습니다.

그들을 긍휼히 여겨 주십시오.
사탄이 더 이상 그들을 유혹하지 못하도록 그들을 붙잡아 주십시오.

홀로 시험을 감당하신 예수님

예수 그리스도께서 우리를 위해, 우리가 시험에 들지 않기를 위해 기도하고 계십니다. 그리고 그분이 우리가 서로를 위해 기도하도록 공동체를 주셨습니다. 그러나 예수 그리스도께서 시험을 당할 때는, 그분 곁에 그분을 위해 기도하는 사람이 없었지요. 그분이 "내 마음이 매우 고민하여 죽게 되었으니 너희는 여기 머물러 나와 함께 깨어 있으라"(마 26:38)고 하셨지만, 그분 곁에 깨어 있는 사람은 아무도 없었습니다.

그들은 모두, 풍랑이 이는 배 안에서 너무 피곤해 주무시는 예수님을 깨워 "선생님이여, 우리가 죽게 된 것을 돌보지 아니하시나이까"(막 4:38) 하며 불평했던 사람들입니다. 우리는 제자들의 심정을 이해할 수 있습니다. 인생에서 고통스러운 풍랑이 일 때, 시험이 닥쳐올 때, 우리는 하나님께 자주 부르짖습니다. "왜 우리가 죽게 된 것을 돌보지 않으십니까?" "하나님, 과연 살아 계신가요? 정말로 우리를 사랑하시는 것이 맞나요?" 그러나 하나님은 졸지도, 주무시지도 않습니다. 자는 쪽은 늘 우리입니다.

우리를 위한 중보자가 되시기 위해, 우리에게 공동체를 주시기 위해, 그래서 서로 기도하며 함께 시험을 이겨 나가게 하시기 위해, 그분은 홀로 남겨지셨습니다. 독일의 신학자 디트리히 본회퍼가 한 말을 들어 보십시오.

> 그리스도인이 믿음의 형제자매들과 함께 살아가도록 허락된 것은 전혀 자명한 일이 아닙니다. 예수 그리스도는 원수들 한복판에 사셨습니다. 그리고 마지막에는 제자들마저도 모두 예수님을 버리고 떠났습니다. 예수님은 십자가에서 행악자와 조롱하는 자들에게 둘러싸인 채 완전히 홀로 남겨졌습니다.[14]

홀로 남으셨습니다. 그분이 고독해지셨습니다. 우리에게 '우리'를 주시기 위해서요. 그분은 쫓겨남과 버림과 추방을 당하셨습니다. 버림받으심으로 우리에게 교회를 주셨습니다. 그리스도께로 오십시오. 그분 안에서 용기를 얻으십시오. 그분 안에서 자신의 교만을 보십시오. 위대하고 강력한 사랑을 보십시오. 그리고 시험당하는 자신을 내려놓으십시오. 시험당하고 있는 사람들에게 다가가십시오.

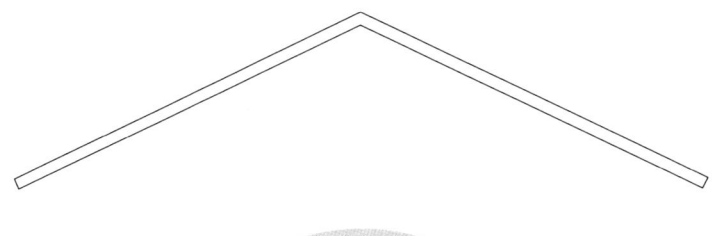

4부
기도의 마침

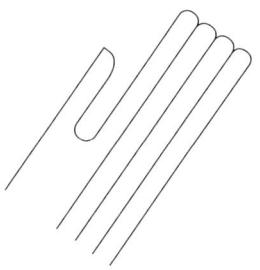

우리는 기도를 어떻게 마쳐야 할까요? "예수님의 이름으로 기도합니다"라는 마침 형식을 말하는 것이 아닙니다. 기도를 마칠 때, 우리의 마음가짐이 어떠해야 하는지를 생각해 보는 것입니다. 기도를 마칠 때의 우리 마음은, 염려와 불안을 내려놓고 아버지의 돌보심을 신뢰하며 쉬는 것입니다.

15장

안식의 기도

마 6:13 나라와 권세와 영광이 아버지께 영원히 있사옵나이다. 아멘.

시 150:1 할렐루야. 그의 성소에서 하나님을 찬양하며 그의 권능의 궁창에서 그를 찬양할지어다. 2그의 능하신 행동을 찬양하며 그의 지극히 위대하심을 따라 찬양할지어다. 3나팔 소리로 찬양하며 비파와 수금으로 찬양할지어다. 4소고 치며 춤추어 찬양하며 현악과 퉁소로 찬양할지어다. 5큰 소리 나는 제금으로 찬양하며 높은 소리 나는 제금으로 찬양할지어다. 6호흡이 있는 자마다 여호와를 찬양할지어다. 할렐루야.

주기도문의 이 마지막 부분을 가리켜 '송영'(doxology)이라 부릅니다.[1] 송영은 '영광'이라는 의미를 가지고 있는 헬라어 '독사'(δόξα)와 '말'이라는 의미를 가진 '로고스'(λόγος)의 합성어인데, '영광을 돌리는 말 또는 찬양, 기도'라고 생각하시면 됩니다. 이 송영의 기능은 기도하는 사람의 주된 관심사를 '나'에서 '하나님'으로 바꾸는 것입니다.[2] 주기도문은 하늘에 계신 하나님께 영광과 찬송을 돌리는 것으로 시작해서, 그분께 영광을 돌리는 것으로 마칩니다.

우리가 하는 대부분의 기도를 생각해 보면, 보통 '나'로 시작해서 '나'로 끝납니다. 자신이 가지고 싶은 것을 구하고, 피하고 싶은 것을 피하게 해 달라고 말하며, 격렬한 감정을 토로하고 끝내는 기도가 대부분이지요. 우리의 기도는 온통 '나'에 집중되어 있습니다. 하지만 주기도문에는 '나'가 없습니다. '하나님'과 '우리'만 있을 뿐이지요. 주기도문은 하나님을 우리 아버지라 부르면서 시작하여, 우리의 필요를 하나님께 구하고, 하나님을 높이며 마칩니다. 그리고 이러한 구조는 결국 우리를 위로하고 안식하게 합니다.

왜일까요? 우리는 기도하기 전에 '이 문제가 해결되어야' 위안을 얻으리라고 생각할 때가 많습니다. 하지만 하나님의 통치와 그분의 성품, 선하심에 집중하여 기도하다 보면, 결국 다음과 같은 고백에 이를 때가 많습니다. "기도하기 전에는 이 문제가 해결되지 않는다면, 그 사람을 얻지 못한다면, 그것을 갖지 못한다면, 그것을 잃어버린다면 내가 불행해지고 망가질 거라 생각했어요. 하지만 막상 하나님을 묵상하고 우리를 묵상하며 기도하다 보니, 아무것도 해결되지 않아도 그저 행복하다는 생각이 들어요." 이것이 기도의 위력이고 힘입니다. 물론 하나님은 환경을 바꾸셔서 우리의 기도를 응답하시기도 합니다. 그러나 때로는 환경은 내버려 두신 채 우리의 마음을 바꾸셔서 기도를 응답하시기도 하지요.

그러한 의미에서 이 기도는 단순히 환경을 바꾸는 기도가 아니라 마음을 바꾸는 혁명적인 기도입니다. 특히 우리가 고백하는 송영은 더욱 그렇지요. 당신이 송영을 진지하게 고백하며 노래한다면, 당신의 마음이 변화될 것입니다. 어떻게 그것이 가능할까요? 우선, 송영의 배경을 살펴볼 필요가 있습니다.

송영의 배경: 우리는 고통 가운데 있다

송영을 고백하기 전에 나오는 세 간구를 생각해 봅시다. 예수님은 우리에게 '일용할 양식'과 '죄사함' 그리고 '시험과 악으로부터 보호'를 구하라 하십니다. 그분이 우리를 제자로 부르실 때, 지속적으로 우리에게 이 간구를 하라고 당부하셨다는 것은, 우리가 그분의 제자가 되어도 때로는 굶주릴 수 있고, 때로는 죄를 지으며, 때로는 시험을 당하며 악한 자에게 시달릴 수 있다는 것을 말해 줍니다. 그렇지 않다면 왜 지속적으로 이 간구를 하라고 명하셨겠습니까?

우리는 흔히 주님의 제자가 되면 가난에서도 벗어나고, 죄도 점점 짓지 않게 되며, 시험당하는 일도 없는 사람이 될 거라고 오해하곤 합니다. 그래서 종종 "왜 그리스도인이 되었는데 이렇게 삶에 어려움이 많은 거야!"라거나 "그리스도인이라면서 저렇게 죄를 짓다니, 저 사람은 그리스도인이 아닐 거야" 하고 쉽게 판단합니다. 그러나 그리스도인이 되었다고 당장 이 모든 것에서 벗어나게 된다면 우리는 주기도문으로 기도할 필요가 없지 않겠습니까? 예수님은 이 기도를 알려 주시며, 사실 이렇게 말씀하시는 셈입니다. "내가 다시 오는 날까지 너희는 때로 굶주릴 것이다. 때로는 죄를 짓겠지. 때로는 다른 사람이 너희에게 짓는 죄를 보며 고통당하기도 할 것이다. 너희는 용서해야 할 때도 있을 것이다. 그리고 시험을 당할 것이다. 그 시험은 내가 너희들의 믿음을 위해 주겠지만, 사탄은 그것을 이용할 거란다."

간단하게 요약해 볼까요? 주님은 이 기도를 가르치시면서 "너희는 고통받을 거란다"라고 말씀하십니다. 이 아름다운 기도문의 전제가 이렇습니다. 그러한 의미에서 기독교는 놀랍도록 솔직하고 현실적이지요. 그래서 성경은 "사랑하는 자들아, 너희를 연단하려고 오는 불 시험을 이상한 일 당하는 것같이 이상히 여기지 말고 오히려 너희가 그리스도의 고난에 참여하는 것으로 즐거워하라"(벧전 4:12-13)고 말해 줍니다. 또한 "내 형제들아, 너희가 여러 가지 시험을 당하거든 온전히 기쁘게 여기라. 이는 너희 믿음의 시련이 인내를 만들어 내는 줄 너희가 앎이라"(약 1:2-3) 하고 말합니다.

성경의 세계관은 우리가 때로 고통당하기는 하겠지만, 하나님은 선하신 분이기에 선한 의미와 목적이 있다고 말해 줍니다. 그리고 이것이 우리에게 위로를 주지요. 길거리를 지나가다 우연히 튀어나온 날카로운 칼날에 배를 찔렸다고 합시다. 여기 벌어진 일에는 어떤 목적도 의미도 없기 때문에 우리는 바로 '아, 오늘 운이 없구나! 너무 아프다' 하고 생각할 것입니다. 또는, 내가 배를 찔렸는데 나를 죽이려고 하는 살인자가 그랬다고 합시다. 여기에는 목적과 의미가 있습니다. 나를 죽이려는 목적입니다. 그런데 선한 동기가 없지요. 따라서 우리는 고통스럽기만 할 겁니다. 하지만 내 배를 찌른 것이 날카로운 메스였고 그 메스를 쥔 사람이 나를 사랑하는 의사라고 합시다. 그렇다면 우리는 고통을 기꺼이 감내할 수 있을 것입니다. 고통은 메스이며, 메스를 쥐신 분은 선하신 하나님입니다. 그렇다면 우리가 무엇을 두려워합니까? 우리가 지금 겪는 고통은, 더 나은 삶을 향한 하나님의 메스일 뿐인데요.[3]

따라서 신자는 고통 앞에서도 인내할 수 있습니다. 사실 이 지점에서 저는 염려되는 것이 하나 있습니다. 지금 우리가 살아가는 시대의 전제와 교리는 "고통을 피하고, 불편을 피하며, 나쁜 경험이 될 만한 일들은 모조리 피하라"입니다.[4] 예를 들어 볼까요? 많은 사람들이 고통을 피하기 위해 결혼을 피합니다. 물론 기독교는 독신의 삶을 정죄하지 않습니다. 사실상 고대 근동의 종교들 중 독신의 삶이 가치 있으며 의미 있다고 말하는 유일한 종교였지요.[5] 하지만 고통을 피하는 것이 결혼을 하지 않고 동거나 데이트만 하면서 살아가는 유일한 이유라면, 결혼 때문에 져야 하는 경제적 짐과 정서적·시간적 헌신이 고통스럽기 때문에 결혼을 꺼리는 것이라면, 기독교는 그러한 삶을 지지하지 않습니다. 어차피 고통은 피할 수 없기 때문입니다. 그러한 이유 때문이라면, 결혼하지 않았기 때문에 오는 다른 고통이 있을 것입니다.*

우리는 이 일을 하다가 고통을 피하기 위해 다른 일로 옮겨 가기를 반복합니다. 물론 하는 일을 바꾸는 것도, 직장을 옮기는 것도 전혀 잘못이 아닙니다. 하지만 그 이유가 오로지 고통

---

* 물론 오직 결혼을 해야만 정상적인 삶을 살아가는 것처럼 여기는 개신교 내부의 태도 역시 비성경적이다. 팀 켈러는 말한다. "기독교의 정수인 예수님과 가장 중요한 신학자 바울은 둘 다 평생 독신으로 살았다. 따라서 독신으로 사는 이들을 결혼한 성인들보다 미숙하다거나 완전히 영글지 않았다는 식으로 볼 근거가 없다." 팀 켈러, 『결혼을 말하다』, 최종훈 옮김(서울: 두란노, 2014), p. 264.

을 피하는 데 있다면 결국 아무것도 성취하지 못했다는 자괴감이라는 새로운 고통이 들이닥칠 것입니다.

누군가는 고통을 피하기 위해 관계를 쉽게 정리합니다. 사람들과의 관계에서 긴장이 발생하는 것은 고통스러운 일이지만, 이것을 피함으로 우리는 결국 깊고 풍부한 우정을 누리지 못한다는 고통을 맞이하게 될 것입니다.

세속 세계에서도 '고통은 의미가 없으니 무조건 피하라'는 세계관이 오히려 사람들을 위험에 처하게 한다는 것을 점점 인식하고 있습니다. 뉴욕 대학교의 심리학자 조너선 하이트는 이러한 경향 때문에 "젊은이들은 단단한 마음을 기르는 데 필요한 경험들을 박탈당하게 되고, 그 때문에 더욱 유약하고 불안한 존재가 된다. 또한 자기 스스로를 걸핏하면 희생자로 보는 경향이 생긴다"고 말하지요.[6] 고통을 피하기 위한 모든 시도는 더 큰 고통을 낳고, 결국 자신을 유약하게 만든다는 것입니다.

고통에는 의미가 없고 그래서 피하는 것이 최선이라는 생각은 하나님 없는 세계관을 가졌다면 자연스러운 결론입니다. 유명한 무신론자인 리처드 도킨스는 다음과 같이 말합니다.

자연계에서 1년 동안 나타난 고통의 총량은 상상을 초월한다.…우주는 의도적으로 악하지도 선하지도 않다. 어떤 종류의 의도도 공표하지 않는다. 맹목적인 물리적 힘과 유전적 복제로 이루어진 우주에서 **어떤 이는 고통을 받고, 어떤 이는 행운을 얻는다**. 거기에서는 어떤 이유나 암시도 찾아볼 수 없으며, 어떠한 정의도 찾을 수 없다. 우리가 보고 있는 우주는 그 근저에 어떤 계획도 의도도 선악도 없고, 단지 맹목적이고 무자비한 무관심 외에는 아무것도 없다.[7]

이러한 세계관을 가지고 있다면, 고통은 그저 피하는 것이 최선입니다. 세계는 우연히 생겨났고, 그 이면에는 목적과 계획을 가진 선한 창조자가 없으며, 의미도 의도도 없다면 고통은 그저 불운일 뿐입니다. 이러한 세계관에서는 "고난당하기 전에는 내가 그릇 행하였더니 이제는 주의 말씀을 지키나이다"(시 119:67)와 같은 생각이 자리를 잡을 수 없지요. 그러나 기독교는 다릅니다. 기독교의 세계관은 C. S. 루이스가 말한 바와 같이 "하나님은 쾌락 속에서 우리에게 속삭이시고, 양심 속에서 말씀하시며, 고통 속에서 소리치"신다고 이야기해 줍니다.[8]

그리고 하나님은 그 고통을 보시고, 긍휼히 여기시며, 함께하십니다. 무엇보다 하나님 자신이 고통을 당하신 적이 있습니다. 사람이 되신 하나님, 예수 그리스도께서는 우리가 겪는 모든 종류의 고통을 다 당하셨습니다. 고통을 아시는 분으로서, 그분은 우리가 경험하는 고통이 의미와 목적이 있다고 하십니다. 그래서 우리가 고통에 맞서며 견디고 인내할 것을 요구하시지요.

주기도문을 가르쳐 주신 이유도 바로 여기에 있습니다. 우리는 때로 굶주립니다. 그러니 "일용할 양식을 주십시오"라고 기도하도록 가르치신 것입니다. 그 기도를 사용하여 우리를 돌보시고 먹이시려고요. 우리는 때로 죄를 저지르고, 또한 이웃이 우리에게 죄를 저지르는 것을 봅니다. 그래서 "우리가 우리에게 죄지은 자를 사하여 준 것같이 우리 죄를 사하여 주시옵고"라고 기도하도록 명하셨습니다. 이 기도를 사용하여 우리를 용서하시고, 우리가 용서하는 사람으로 성장하게 하시려고요. 우리는 때로 시험당합니다. 그래서 주께서는 "우리를 시험에 들게 하지 마시옵고 다만 악에서 구하시옵소서"라 기도하도록 하셨습니다.

송영의 가르침: 안식하라

이러한 배경 가운데서, 성경은 기도를 "나라와 권세와 영광이 아버지께 영원히 있사옵나이다"라는 말로 마치라고 가르쳐 줍니다. 왜 그럴까요? 우선 우리가 생각해야 하는 것은, '대개'라는 단어입니다. 과거 찬송가와 성경에 실린 주기도문에는 이 단어가 있었는데, 1967년 개편 이후 이 단어가 빠졌지요. 개역한글 성경에는 이 말이 빠졌지만, 암송으로 주기도문을 외우는 많은 사람들은 이 단어를 넣어서 암송하기도 합니다. 이 단어는 무슨 의미일까요? '대개'(大蓋)라는 한자어는 '이로 보건대'라는 뜻입니다. 이 말은 정확히는 헬라어 '호티'(ὅτι)의 번역어입니다. '왜냐하면'이라는 의미로 많이 쓰이지요.

조금 자연스럽게 번역하자면 마지막 송영은 이런 뜻입니다. "나라와 권세와 영광이 영원히 아버지의 것이기 때문입니다!"

앞의 문장 내용과 연결하여 생각해 보자면 이렇습니다. "아버지. 우리에게 일용할 양식을 주시고, 용서하시며, 시험에 들게 하지 마시고 악에서 구하여 주세요. 이렇게 기도함은, 나라와 권세와 영광이 영원히 아버지의 것이기 때문입니다!"

그러므로 송영을 할 때 우리는 다음과 같이 고백하는 것입니다. "아버지. 우리 눈에는 세상이 모든 것을 가지고 있는 것처럼 보입니다. 그래서 고통을 당할 때, 굶주릴 때, 시험당할 때 세상이 우리의 인생을 끝내 버릴 것처럼 느껴집니다. 하지만 세상은 나라와 권세와 영광을 가지지 않았음을 고백합니다. 아버지 당신께서 나라와 권세와 영광을 다 가지고 계시지 않습니까? 그러니 이 기도를 담대하게 드립니다!" 이렇게 고백하고 우리는 쉽니다. 염려를 그칩니다. 이 고백을 통해서 우리는 "아버지께 구했으니 다 당신 책임입니다!"라고 말하고 쉴 수 있는 것입니다. 그래서 칼뱅은 이 마지막 송영을 가리켜 "든든하고 평온한 믿음의 안식"이라 부릅니다.[9]

우리는 때로 고통을 당합니다. 그리고 하나님께 나아가지요. 갈등하기도 하고, 분노하기도 하며, 소리 지르기도 합니다. 우리는 하나님을 향해 "왜 이런 고통을 제게 주십니까!"라고 말하며 항의하기도 합니다. 이 과정에서 감정은 마구 요동치지요. 죄송스러워하기도 하고, 기뻐하기도 했다가, 다시 슬퍼하고 분노합니다. 그렇게 기도가 거의 끝났을 때, 그때 우리는 감정을 추스르며 이렇게 고백합니다. "그런데, 아버지. 나라와 권세와 영광이 아버지께 영원히 있잖아요. 아버지를 믿을게요." 또는 아래와 같이 기도할 수 있지요.

이 모든 것들을 구했습니다.
제 마음 모든 것들을 숨김없이 말씀드렸습니다.
그러니 이제 쉬려 합니다.
마음을 놓으려 합니다.

모든 나라가 세상의 것인 듯하여 염려했으나
나라가 당신의 것이니 담대하렵니다.
모든 권세가 악한 자에게 있는 것 같아 불안했으나,
권세가 당신의 것이니 안심하렵니다.
모든 영광을 가지지 못할까 노심초사했으나
영광이 당신의 것이니 기뻐하렵니다.

아버지여, 내 사랑하는 아버지여.
세상이 일시적으로 우리를 지배하는 듯 보이나,
당신이 우리를 영원히 통치하십니다.
세상이 모든 것을 가진 것처럼 보이나,
나는 당신을 가졌습니다.

나라와 권세와 영광이 아버지께 영원히 있습니다.

이제 제 기도를 들어주셔서

저를 쉬게 하소서.

   기도하고 나서, 우리는 이런 생각이 들 수도 있습니다. '내가 이렇게 한탄하며 기도하고 염려했지만, 그래도 모든 것을 통치하시는 아버지가 계시니 마음을 좀 내려놓고 싶다.' 또는 '내가 그 사람을 그토록 미워하며 저주했지만, 그래도 모든 권세를 가지신 분이 내 아버지시니 그분이 모든 것을 해결하시지 않겠어?' 혹시 이렇게 인정하기가 싫으신가요? 좋습니다. 그래도 상관없습니다. 이렇게 고백하셔도 좋습니다. "하나님, 그래도 난 인정 못하겠어요. 내가 필요한 걸 내놓으세요. 그렇지만 나라와 권세와 영광이 아버지께 영원히 있다는 것은 고백하고 마칠게요."

   매번 기도를 마칠 때마다 안식하지 못할 수도 있습니다. 그러나 매번 기도를 마칠 때마다 그분을 높이며 마치십시오. 매번 나라와 권세와 영광이 우리 아버지께 있다고 고백하십시오. 이것이 바로 기도를 마칠 때 우리가 안식할 수 있는 힘입니다. 이 기도가 '아멘'으로 마무리된다는 것 역시 마찬가지의 안식을 줍니다. 마르틴 루터의 말을 들어 봅시다.

   마지막으로, 늘 확신을 가지고 "아멘!" 하고 응답해야 함을 잊지 마십시오. 하나님이 자비하심으로 그대의 기도를 들으시고 그 기도에 "그렇다"라고 응답하심을 의심하지 마십시오. 홀로 무릎을 꿇고 있거나 서 있다고 생각하지 마십시오. 오히려 모든 기독교 세계와 모든 신실한 그리스도인들이 그대 곁에 서 있고, 그대는 그들과 함께 하나님이 결코 외면하지 않으실 공통의 간구를 드리고 있다고 생각하십시오. "그래, 하나님이 나의 기도를 들으셨어. 나는 이것을 분명히 알고 있어"라고 말하거나 생각하지 않은 채 기도로부터 벗어나지 마십시오. 이것이 아멘의 의미입니다.[10]

송영의 의미: 모든 것은 찬양으로

우리 주님께서 우리에게 가르쳐 주신 기도는 찬양으로 마무리됩니다. 그것이 바로 우리의 쉼이지요. 참 재미있게도 시편 역시 그렇게 마무리됩니다. 예수님은, 구약성경에는 전혀 없던 기도의 제목들을 주기도문을 통해 새로 만드신 것이 아니었습니다. 주기도문의 모든 기도제목은 시편에 있는 기도들을 요약하고 함축한 것입니다. 그래서 마르틴 루터는 이렇게 말해 줍니다. "시편은 주기도문을 통해, 주기도문은 시편을 통해, 서로를 더 분명히 이해하게 해 주고 자연스럽게 조화되도록 이끈다."[11]

150편에 달하는 긴 시편도 찬양으로 마무리됩니다. 시편 146-150편의 마지막 시들은 '결말 할렐'(Final Hallel)이라고 불리는데, 시편 전체를 마무리하는 송영 역할을 합니다.[12] 즉 모든 기도의 대장정은 찬양으로 마무리된다는 뜻입니다. 특히 시편 150편은 무엇을 주장합니까? 시편 150편에서, 다윗은 네 가지를 주장합니다.

첫째, 모든 곳에서 하나님을 찬양하라.

할렐루야. 그의 성소에서 하나님을 찬양하며 그의 권능의 궁창에서 그를 찬양할지어다. (1절)

둘째, 모든 일로 인해 하나님을 찬양하라.

그의 능하신 행동을 찬양하며 그의 지극히 위대하심을 따라 찬양할지어다. (2절)

셋째, 모든 방법으로 하나님을 찬양하라.

나팔 소리로 찬양하며 비파와 수금으로 찬양할지어다. 소고 치며 춤추어 찬양하며 현악과 통소로 찬양할지어다. 큰 소리 나는 제금으로 찬양하며 높은 소리 나는 제금으로 찬양할지어다. (3-5절)

넷째, 모든 사람들은 하나님을 찬양하라.

호흡이 있는 자마다 여호와를 찬양할지어다. 할렐루야. (6절)

시편이라는 거대한 책 안에는, 온갖 비통함과 괴로움이 있습니다(특히 88편을 읽어 보십시오). 그 안에는 신뢰도, 사랑도, 찬양도, 기쁨도 있지만, 원한도, 반항도, 고난도, 슬픔도 넘칩니다. 가히 인간이 삶을 살아가며 느끼는 모든 종류의 고통이 이 책 안에 몽땅 들어 있다 해도 과언이 아니지요. 그러다가도, 시편은 결국 찬양으로 끝납니다. "할렐루야!"라는 기쁨의 외침으로 끝납니다. 이는 우리의 기도가 찬양으로 마무리되어야 함을 가르칠 뿐 아니라, 찬양으로 마무리될 것임을 말해 줍니다. 리젠트 칼리지의 영성신학 교수이자 저명한 장로교회 목사였던 유진 피터슨은 시편을 묵상한 그의 저서에서 이렇듯 소망이 되는 말을 들려줍니다.

> 우리가 제 아무리 고난당하고, 회의에 빠지고, 분노에 휩싸이고, 절망과 회의에 빠져 "어느 때까지니이까?"라고 질문한다 할지라도, 기도는 종국적으로 찬양으로 발전된다. 모든 것은 찬양의 문지방을 향해 나아간다. 찬양은 기도의 완결편이다. 이것은 다른 기도는 찬양보다 열등하다는 말이 아니라, **충분히 기도하면 모든 기도는 찬양에 이른다**는 말이다.…시편의 이러한 정교한 결론은 우리의 기도가 찬양으로 마쳐질 것이지만 적지 않은 시간이 걸릴 것이라는 점을 말해 준다. 절대 서둘 일이 아니다. 어떤 기도가 할렐루야에…도달하기까지 수년이 걸릴 수도, 심지어 수십 년이 걸릴 수도 있다. 모든 기도가 하나같이 찬양으로 매듭지어지는 것은 아니다. 실제로 대부분의 기도는 그렇지 않다. 시편이 진정한 안내자라면 말이다. 그러

나 기도와 기도하는 삶은 결국에는 찬양이 된다. 기도는 항상 찬양을 향해 가며, 결국에는 거기에 도달할 것이다. 만일 우리가 기도 가운데 인내한다면, 웃고 운다면, 회의하고 믿는다면, 씨름하고 춤추고 그리고 또다시 씨름한다면, 우리는 확실히 시편 150편에 이르러서 벌떡 일어나 "앙코르! 앙코르!" 하며 갈채를 보낼 것이다.[13]

고통 때문에 기도하셨나요? 힘들고 괴로워 몸부림치셨나요? 지금도 같은 심정인가요? 당신이 기도하고 있다면, 당신의 입술에서 언젠가는 찬양이 터져 나올 것입니다. 당신의 기도는 헛되지 않습니다. 그리고 당신의 고통도 헛되지 않을 것입니다. 우리가 기도하는 대상은, 나라와 권세와 영광을 영원히 가지신 분이기 때문입니다. 고통 가운데 당신이 인내하는 기도는 헛되지 않습니다!

죽음으로 나라와 권세와 영광을 가지신 분

예수 그리스도께서도 고통 가운데 인내하는 기도를 하셨다는 것, 그것도 그분의 평생에 그러셨다는 것을 아십니까? 히브리서는 그분의 삶 전체가 고통이었고, 또한 고통 가운데에서 기도하는 삶이었다고 말해 줍니다.

그는 육체에 계실 **때**에 자기를 죽음에서 능히 구원하실 이에게 심

한 통곡과 눈물로 간구와 소원을 올렸고 그의 경건하심으로 말미암아 들으심을 얻었느니라. (히 5:7)

여기서 '때'라고 번역된 단어는 '날들'이라는 의미입니다. 단수가 아니라 복수이지요. 여기서 히브리서는 "통곡과 눈물이 예수님이 경험하시는 일상이었음을" 말해 주고 있습니다.[14] 겟세마네 동산에서뿐 아니라, 그분의 삶 전체가 심한 통곡과 눈물로 간구와 소원을 올리는 삶이었다는 말입니다. 하나님이신 동시에 사람이신 그분은, 성부 하나님께 삶 전체를 통해 자신을 죽음에서 구해 달라고, 자신을 버리지 말아 달라고 구했을 것이 분명합니다. 그리고 그분은 하나님께 들으심을 얻었습니다.

잠깐만요! "들으심을 얻었"다고요? 히브리서는 지금 그분의 기도가 응답받았다고 말하고 있습니다. 하지만 겟세마네 동산을 가 봅시다. 그분은 전혀 응답을 받지 못하셨습니다. 예수님은 세 번이나 "이 잔을 옮겨 주십시오!"라고 기도했지만, 성부 하나님은 심지어 안 된다는 대답조차 하지 않으셨지요. 그분은 죽지 않게 해 달라고, 버림받지 않게 해 달라고, 진노와 저주를 받지 않게 해 달라고 구했지만, 성부 하나님은 외면하셨습니다. 우리와 예수님의 차이는 이렇습니다. 그분은 진짜 버림받으셨습니다. 그렇지만 우리는 버림받은 것처럼 보일 뿐입니다. 그분은 진짜 거절당하셨습니다. 그렇지만 우리는 거절당하는 것처럼 보일 뿐입니다.

그러나 그분은 부활하셨습니다. 그래서 그분은 자기 제자들 앞에서 "하늘과 땅의 모든 권세를 내게 주셨으니"(마 28:18)라고 선포하실 수 있었습니다. 그분은 나라와 권세와 영광을 모두 가지고 계십니다! 그분은 모든 이름 위에 뛰어난 이름을 가지고 계십니다(빌 2:9). 모든 무릎이 그분 앞에 꿇을 것이며, 모든 자들이 예수님을 주님이라 부르며 아버지께 영광을 돌릴 것입니다(빌 2:10-11). 즉 "나라와 권세와 영광이 아버지께 영원히 있사옵나이다"라는 간구는, 이미 성취되었지만 또한 궁극적으로 성취될 것입니다!

예수 그리스도께서 당신에 앞서 고통스러운 기도를 하셨습니다. 그분은 버림받았지만, 그래도 부활하셨습니다. 그분이 아버지를 신뢰하셨을 때, 아버지는 그분을 다시 살리셨습니다. 우리도 같을 것입니다. 우리가 예수 그리스도를 따라갈 때, 그분과 함께 때로는 심한 통곡과 눈물로 간구와 소원을 올리면서도 인내하며 기도할 때, 우리 입술에서 결국 찬양이 터져 나올 것입니다. "모든 것이 해결되었다! 모든 고통과 슬픔이 사라졌다! 이제 내 기쁨을 빼앗을 수 있는 것은 아무것도 없다!" 그리고 우리 함께 찬양할 것입니다.

오 영원하신 주, 온 세상 주께 속했네.
모든 만물 사라져 가도 주 말씀 영원해.

오 살아계신 주. 지금도 역사하시네.
죄와 슬픔 우릴 덮어도 주 약속 이루시리.

모든 영광 존귀 능력. 주 받으소서.
온 백성 다 외치네. 오 거룩하신 주.

처음과 나중 되신 주. 만세의 왕. 홀로 계신 주.
영원히 다스리시네. 찬양 할렐루야.

주 다시 오실 때 우리 다 주 앞에 나가
받은 면류관 주께 드리며 주 경배드리리.

(임우진 작사·작곡, "처음과 나중")

부록

기도 학교를 위한 가이드

기도 학교 프로그램(10주 과정)

주차	독서 과제	함께 기도하기
1	1-2장	하늘에 계신 우리 아버지여
2	3장	이름이 거룩히 여김을 받으시오며
3	4-5장	나라가 임하시오며
4	6-7장	뜻이 하늘에서 이루어진 것같이 땅에서도 이루어지이다
5	8장	오늘날 우리에게 일용할 양식을 주시옵고 Part I
6	9장	오늘날 우리에게 일용할 양식을 주시옵고 Part II
7	10장	우리 죄를 사하여 주시옵고 Part I
8	11-12장	우리 죄를 사하여 주시옵고 Part II
9	13-14장	우리를 시험에 들게 하지 마시옵고 다만 악에서 구하시옵소서
10	15장	나라와 권세와 영광이 아버지께 영원히 있사옵나이다 아멘

 유튜브 '시광교회 랜선기도회' 바로 가기

이 책은 주기도문의 내용을 통해 독자들이 기도하는 법을 배우고 깊이 있는 기도 생활을 세워 나가도록 돕는 데 주 목적이 있습니다. 부록에서는 각 장에서 살펴본 내용을 토대로 기도할 수 있도록 기도제목과 기도문을 정리하여 실었습니다. 독자들은 이 책을 사용해서 혼자 기도하거나, 공동체와 함께 '기도 학교' 과정을 운영할 수 있습니다.

• 공동체에서 기도 학교를 운영하려면

참가자들은 모임 전에 독서 과제를 수행하고, 소그룹으로 책의 내용을 나누며 토론합니다. 한 명의 인도자가 해당 부분의 기도제목을 가지고 함께 기도하도록 인도합니다. 프로그램은 다양한 방식으로 운영할 수 있는데, 10주 과정으로 기도 학교를 개설할 경우 왼쪽 표와 같이 구성할 수 있습니다.

• 혼자서 기도하려면

왼쪽의 표를 보고 각 장을 읽은 후, 해당 부분의 기도제목을 가지고 기도합니다. 혼자 기도하기 어려우신 분은 시광교회 유튜브의 랜선기도회를 이용할 수 있습니다. 각 기도제목과 함께 한두 곡의 찬양, 기도 음악이 녹음되어 있습니다. 유튜브에서 '시광교회 랜선기도회'를 검색하시거나, https://bit.ly/3tTBGBI를 방문하십시오.

1주차
하늘에 계신 우리 아버지여

1. 하나님께 나아가기 전에, 하나님이 얼마나 크고 높으신 분인지 생각해 봅시다. 그분은 '하늘에 계신' 분입니다. 전도서 5:2은 "너는 하나님 앞에서 함부로 입을 열지 말며 급한 마음으로 말을 내지 말라. 하나님은 하늘에 계시고 너는 땅에 있음이니라"라고 우리에게 말해 줍니다. 위대하신 하나님 앞에 겸손함과 진지함을 달라고 구합시다.

> 누가 손바닥으로 바닷물을 헤아렸으며 뼘으로 하늘을 쟀으며 땅의 티끌을 되에 담아 보았으며 접시저울로 산들을, 막대 저울로 언덕들을 달아 보았으랴. 누가 여호와의 영을 지도하였으며 그의 모사가 되어 그를 가르쳤으랴. 그가 누구와 더불어 의논하셨으며 누가 그를 교훈하였으며 그에게 정의의 길로 가르쳤으며 지식을 가르쳤으며 통달의 도를 보여 주었느냐. 보라, 그에게는 열방이 통의 한 방울 물과 같고 저울의 작은 티끌 같으며 섬들은 떠오르는 먼지 같으리니 레바논은 땔감에도 부족하겠고 그 짐승들은 번제에도 부족할 것이라. 그의 앞에는 모든 열방이 아무것도 아니라. 그는 그들을 없는 것같이, 빈 것같이 여기시느니라. 그런즉 너희가 하나님을 누구와 같다 하겠으며 무슨 형상을 그에게 비기겠느냐. (사 40:12-18)

2. 그 높으신 분이 내 아버지이십니다. 마음을 모아서 아버지이신 그분을 생각합시다. 가장 높으시고 위대하신 분이, 우리의 가장 친밀한 아버지

가 되셨습니다. 전능하시고 전지하신 분이 우리를 친히 돌보시며 우리의 작은 목소리를 듣고 응답하길 원하십니다. 우리 아버지가 되신 그분께 나아가 우리 삶의 필요를 구합시다. 우리의 공로가 아니라, 우리에게 기도할 자격을 주시고 우리와 함께 기도하시는 예수님의 공로를 의지해서 기도합시다.

3. 미국의 목회자 윌버 리스가 쓴 시 "3천 원어치 하나님"을 떠올려 봅시다. 아버지에게 용돈을 달라고 구하며 떼를 쓰면서도 아버지와 교제를 누리기는 원치 않는다면 그 자녀는 아직 철이 들지 않은 것입니다. 하나님은 우리가 용돈보다 더 좋은, 하나님과의 관계를 누리게 하기 위해 우리를 징계하시고 때로는 용돈을 거두어 가십니다. 우리는 어떤 자녀입니까? 필요만이 아니라 관계도 구합시다. 아버지의 크심을 인정하고 크신 아버지를 사랑하게 해 달라고, 아버지의 사랑을 누리게 해 달라고 구합시다.

　　나는 주님의 작은 일부만을 사고 싶습니다.
　　내 영혼을 깨뜨리지 않을 정도만,
　　수면을 방해받지 않을 만큼만,
　　내 인생이 사로잡히지 않을 만큼만,
　　따뜻한 우유 한 잔만큼이면 됩니다.
　　내 죄책감을 누그러뜨릴 만큼이면.

　　나는 3천 원어치만 하나님을 사고 싶습니다.
　　호주머니에 넣을 만큼의 사랑이면 충분합니다.
　　흑인을 사랑하도록 만들 정도라면,
　　혹은 이민자들과 사탕무를 주우러 다니게 할 정도라면 곤란합니다.

내 마음을 바꾸지 않아도 될 정도만,
시간이 날 때 교회에 가고 싶은 마음이 들 정도만,
햇볕을 받으며 낮잠을 즐길 수 있을 정도면 됩니다.
나는 변화를 원하는 것이 아니라, 황홀경을 원합니다.
다시 태어나는 것을 원하는 것이 아니라,
모태에 머물러 온기를 즐기며 지내기를 원합니다.

나는 영원의 500그램만 사서 종이 봉지에 담아 들고 싶습니다.
그 이상을 사야 한다면, 무르고 돈을 되돌려 받겠습니다.

나는 3천 원어치만 하나님을 사고 싶습니다. 제발.
그중 일부는 궂은 날을 위해 숨겨 두렵니다.
사람들이 알아차릴 정도로 내 안에 심한 변화가 일어나지 않도록.
어떤 책임도 느끼지 않을 만큼만,
사람들이 나를 보고 괜찮은 사람이라고 여길 정도만.

이렇게 3천 원어치만 하나님을 살 수는 없을까요?
제발.

4. 아버지의 사랑이 얼마나 큰지 생각하며 기도해 봅시다. 성부 하나님은 아들을 우리에게 내주심으로 그분의 사랑을 입증하셨습니다. 그래서 사도 바울은 "자기 아들을 아끼지 아니하시고 우리 모든 사람을 위하여 내주신 이가 어찌 그 아들과 함께 모든 것을 우리에게 주시지 아니하겠느냐"(롬 8:32)라고 말합니다. 그렇다면 그분이 우리가 구하는 것을 주시지 않더라도, 우리를 미워하셔서가 아니라 사랑하시기 때문이라고 믿을 수

있을 것입니다. 그러므로 아버지의 뜻을 받아들이게 해 달라고, 내가 구하는 것보다 더 크고 좋은 것을 주시려 계획하신 섭리를 신뢰하게 해 달라고 기도합시다.

2주차
이름이 거룩히 여김을 받으시오며

1. 하나님의 이름이 높임과 영광을 받기를 위해 기도합시다. 세상에서 그분의 이름은 멸시받고 무시를 당하고 있습니다. 여기서 우리는 (1) 하나님 이름의 영광에 먹칠을 하고 세상으로 하여금 비웃게 만들었던 우리 교회의 죄악을 고백하고 (2) 세상이 하나님의 이름을 두려워하며, 돌이켜 회개하게 해 달라고 기도해야 합니다. 이 땅에서 하나님의 이름이 높임을 받게 해 달라고, 함께 간절히 기도합시다.

2. 하나님의 이름을 높이는 기도와, 우리의 필요를 구하는 기도를 결합하여 기도합시다. 먼저 우리의 생활을 돌보아 달라고 기도합시다. 잠언에서 말하는 대로, "나를 가난하게도 마옵시고 부하게도 마옵시고 오직 필요한 양식으로 나를 먹이시옵소서"라고 구합시다(잠 30:8). 우리가 배불러서 '하나님을 모른다' '여호와가 누구냐' 하거나, "가난하여 도둑질하고 내 하나님의 이름을 욕되게 할까" 두려우니(잠 30:9), 우리가 하나님의 영광을 높일 수 있도록 우리 필요를 채워 달라고 구합시다.

3. 우리가 고난 가운데 있다면, 거기서 건져 달라고 구합시다. 시편 기자는 "여호와여, 주의 이름을 위하여 나를 살리시고 주의 의로 내 영혼을 환난에서 끌어내소서"(시 143:11)라고 기도합니다. 우리도 마찬가지로 하나님의 이름을 높이기 위하여, 우리가 직면한 고난으로부터 구해 달라고 간절히 기도합시다.

4. 회개 역시 하나님의 이름을 높이는 방식으로 할 수 있습니다. 예레미야는 "여호와여, 우리의 죄악이 우리에게 대하여 증언할지라도 주는 주의 이름을 위하여 일하소서. 우리의 타락함이 많으니이다. 우리가 주께 범죄하였나이다"(렘 14:7)라고 말합니다. 우리가 비록 우리의 죄 때문에 하나님의 영예를 높이지 못하였지만, 우리를 용서하셔서 하나님의 이름이 영광을 받기를 원한다고 함께 기도합시다.

> 오 아버지, 저희 죄를 시인합니다.
> 은혜를 베푸셔서 심판하지 마소서.
> 은혜를 부으셔서 아버지의 거룩한 이름이
> 우리 안에 높여지게 하소서.
> 어떻든지, 무슨 일을 하든지
> 아버지를 찬양하고 높일 목적으로
> 생각하고 말하고 행동하게 하소서.
> 저희 자신의 영광이 아니라
> 아버지의 영광을 구하는 것을
> 항상 가장 앞세우게 하소서.
> 자녀인 저희들이 아버지인 하나님을
> 사랑하고 경외하고 높이도록 인도하소서.
>
> (마르틴 루터의 기도)

5. 우리의 입술을 사용하여 하나님의 이름을 찬양합시다. 기존에 있는 노래를 부르는 것도 좋지만, 자신의 언어를 사용하여 진심으로 하나님을 높여 봅시다. 하나님께서 당신에게 어떤 일들을 행하셨는지 생각해 보고 그것에 감사와 찬양을 드리십시오. 하나님의 속성과 성품을 생각하며 그

로 인해 하나님을 높여 봅시다. 무엇보다 아들을 주신 하나님의 사랑이 얼마나 위대한지 생각하며 하나님의 이름을 높입시다.

3주차
나라가 임하시오며

1. 하나님 나라를 잠시 묵상해 봅시다. 그곳은 사랑의 나라입니다. 모든 사람들이 서로를 사랑하고, 삼위 하나님의 사랑을 흠뻑 맛볼 수 있습니다. 조나단 에드워즈는 그 나라를 이렇게 묘사합니다.

> 천국에는 사랑스러운 대상만 있습니다.…아버지가 사랑스러운 것처럼, 모든 자녀도 사랑스럽습니다. 몸의 머리가 사랑스러운 것처럼, 몸의 모든 지체도 사랑스럽습니다.…성도들로만 구성된 천국의 교회 안에는 사랑스럽지 않은 사람은 한 사람도 없습니다.…천국에는 어떤 경우에도 공격해야 하거나 미워하는 감정을 품거나 미워하는 행동을 해야 할 대상이 하나도 없습니다. 천국에는 모든 대상이 서로를 사랑합니다.

이 나라는 아직 완전히 임하지 않았지만, 우리의 기도를 통해 임할 것입니다. 간절히 이 나라가 우리의 가정에, 교회에, 내가 속한 공동체에 임하도록 기도합시다. 그래서 우리가 속한 공동체가 사랑의 나라가 되게 해 달라고 구합시다.

2. 우리가 땅의 나라에 안주하지 않도록 지켜 달라고 기도합시다. 우리는 세상에서 우리 자리를 찾기 위해 노력하지만, 실상 우리 안에 세상이 자리를 잡은 것은 아닐까요? 우리가 괴롭다면, 더는 괴롭지 않은 그 나라를 갈망하라는 메시지일지도 모릅니다. 우리가 실패했다면, 영원한 성공

만이 존재하는 그 나라를 갈망하라는 메시지일지도 모릅니다. 하나님 나라를 갈망합시다. 그리고 그 나라가 임하게 해 달라고 구합시다.

3. 신학자 데이비드 팀스는 "당신의 나라가 임하시옵소서"(Your kingdom come!)라는 기도는 사실 "내 나라가 끝나게 하옵소서"(My kingdom done!)라는 의미라고 말해 줍니다. 나라를 구하는 기도는 내 통제권을 주님께 드린다는 의미의 기도입니다. 삶에서 내가 모든 것을 통제하려 들기 때문에 괴로운 것은 아닙니까? 자신이 모든 것을 통제하려는 마음을 내버리고, 하나님만이 내 삶의 왕이 되게 해 달라고 구합시다.

4. 내가 주권과 통치권을 가지고 있다는 가장 큰 증거는, 내가 염려에 빠져 있다는 것입니다. 우리 주님은 "무엇을 먹을까, 무엇을 마실까, 무엇을 입을까 하지 말라"(마 6:31)고 말씀하신 후에, "먼저 그의 나라와 그의 의를 구하라. 그리하면 이 모든 것을 너희에게 더하시리라"(마 6:33)고 말씀하십니다. 우리의 염려를 주께 드립시다. 우리가 마음으로 염려하는 것들을 내려놓고, 우리 주님이 모든 것을 통치해 달라고 간절히 구합시다. 특히 우리를 기쁨으로 통치하시기 위해, 지극히 낮아지셔서 모든 것을 내려놓으신 우리 왕, 예수 그리스도를 생각하며 기도합시다!

> 세계 도처에 있는 그리스도교 공동체들에 속한 이들,
> 동서방 양 진영에서 자문하고 조언하며
> 다스리고 결정하는 책임을 맡은 이들,
> 이곳저곳에서 모욕당하고 억압받는 이들,
> 가난하고 병들고 노쇠한 모든 이들,
> 의욕을 잃은 모든 이들,

낙심하고 혼란스러운 모든 이들,

정의와 자유와 평화를 갈망하는 온 세계의 사람들,

이들의 염려와 필요, 어려운 상황을

우리가 아는 것과 모르는 것까지

당신 앞에 내어놓습니다.

우리가 당신의 전능한 은총,

모든 불의와 곤궁을 영원히 끝장내 정의가 살아 숨 쉴

새 하늘과 새 땅을 만드시는 은총의 손 안에 있음을

우리가, 많은 사람이, 모두가 보게 하소서.

(칼 바르트의 기도)

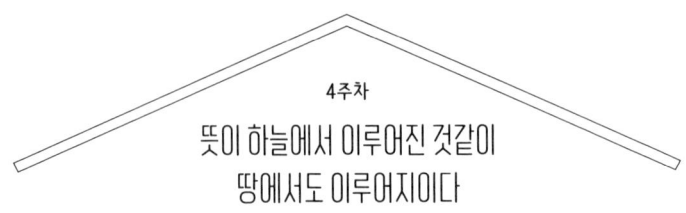

4주차
뜻이 하늘에서 이루어진 것같이 땅에서도 이루어지이다

1. '감추어진 뜻'과 '나타난 뜻'을 생각해 봅시다. 하나님은 미래에 우리가 무슨 일을 겪을지, 우리를 향한 미래의 계획은 무엇인지 알려 주지 않으십니다. 하나님을 신뢰하도록 하시지요. 하지만 지금 우리가 무엇을 해야 하는지, 어떻게 살아야 하는지는 성경을 통해 나타내 주셨습니다. 우리가 순종하도록 말입니다. 그래서 성경은 "감추어진 일은 우리 하나님 여호와께 속하였거니와 나타난 일은 영원히 우리와 우리 자손에게 속하였나니 이는 우리에게 이 율법의 모든 말씀을 행하게 하심이니라"(신 29:29)고 말합니다. 그분을 신뢰할 수 있게 해 달라고 기도합시다. 그리고 순종할 마음을 달라고 간구합시다.

2. 다시 한번 하나님을 신뢰하는 기도를 합시다. 혹시 마음에 염려나 두려움이 있으십니까? 그것은 내 삶이 내 뜻대로 움직이기를 원하는 교만 때문이 아닐까요? 하나님 앞에 나아가 내가 왕이 아니고 하나님이 왕이시라고 다시 한번 고백합시다. 라인홀드 니버가 가르쳐 준 기도를 따라, 자유롭게 기도해 봅시다.

> 하나님, 제게
> 바꿀 수 없는 것을 받아들이는 평온과
> 바꿀 수 있는 것을 바꾸는 용기를,
> 그리고 그 차이를 분별하는 지혜를 주옵소서.

한 번에 하루를 살게 하시고

한 번에 한 순간을 누리게 하시며,

어려운 일들을 평화에 이르는 좁은 길로 받아들이며,

죄로 가득한 세상을, 내가 갖고 싶은 대로가 아니라

그분께서 그리하셨듯 받아들이게 하시고

제가 그분의 뜻 아래 무릎 꿇을 때,

그분께서 모든 것을 바르게 만드실 것을 믿게 하소서.

그래서 이생에서는 올바른 행복을

내생에서는 영원토록 그분과 함께 다함이 없는 행복을 누리게 하옵소서.

아멘.

3. 기도의 본질이 무엇인지 깊이 묵상해 봅시다. 기도는 아버지의 뜻이 우리에게 이루어지기를 구하는 것입니다. 우리는 내 뜻이 관철되지 않는다고 괴로워하지만, 우리는 아버지의 뜻이 우리에게 이루어질 때 가장 행복하다는 것을 받아들여야 합니다. 우리가 생각하기에는 지금 내가 원하는 것이 이루어지는 것이 가장 행복한 길처럼 보이지만, 하나님 보시기에는 다를 수 있습니다. 팀 켈러는 "하나님은 그분이 아는 모든 것을 당신이 알았다면 구했을 바로 그것을 당신에게 주신다"라고 말합니다. 우리의 미래를, 우리 자녀들의 미래를, 우리 공동체의 미래를 주께 맡기고, 하나님의 뜻이 이루어지게 해 달라고 구합시다.

4. 예수님을 생각하며 기도합시다. 아담을 향한 하나님의 뜻은 "순종하면 네가 살리라"였습니다. 그러나 예수님을 향한 하나님의 뜻은 "순종하면 네가 저주와 진노를 당하리라. 너는 죽어야 한다"였습니다. 그래서 그분은 겟세마네에서 괴로워하셨지만, 결국 순종하시고 승리하셨습니다. 그

분을 신뢰합시다. 그분께로 나아갑시다. 그분이 베푸시는 놀라운 사랑을 생각하며, 내 인생이 아버지의 뜻대로 된다고 하더라도 아무것도 손해 보지 않으리라 믿고 우리의 구할 바들을 아룁시다. 우리의 필요를 있는 그대로 내놓고 간절히 구하십시오. 그러나 아버지의 뜻대로 되기를 구합시다.

모든 것이 주님의 뜻에 달려 있음을 생각하니 기쁘고
모든 것을 주님의 뜻에 맡기니 또한 기쁩니다.

(아서 베넷의 기도)

오늘날 우리에게 일용할 양식을 주시옵고
Part I

1. 이 기도에서 구하는 '양식'은 단순히 밥만 가리키는 것이 아닙니다. 우리의 생계뿐 아니라 관계, 안정, 즐거움 등을 위해서도 기도할 수 있습니다. 일상에서 필요한 모든 것을 달라고 하나님께 담대하게 구합시다. 이때 그분이 우리의 선하신 아버지이심을 신뢰하며 기도합시다.

2. 일용할 양식을 구하는 기도는 일용할 양식을 공급받는 통로를 위한 기도이기도 합니다. 이 기도를 한다고 해서 우리가 아무것도 하지 않아도 하나님이 하늘에서 양식을 떨어뜨려 주시는 것은 아닙니다. 오히려 우리가 일하게 하심으로 일을 통해 양식을 주십니다.

　우리의 일터(또는 가정의 일터)를 위해 구합시다. 일터가 없는 분들은 일터를 달라고 구합시다. 작자 미상의 "일당 노동자의 기도"를 읽어 보고 기도합시다.

> 오 하나님,
> 저는 제 두 손으로 열심히 일해서 일용할 양식을 받고 있습니다.
> 그 수고의 대가로 일용할 양식과 옷가지를 사고 있습니다.
> 매일 새벽부터 해 지는 저녁 늦게까지
> 무거운 짐은 저를 지치게 만들고
> 뜨거운 태양은 저를 피곤하게 합니다.

저와 제 가족의 생활을 지탱하기 위해서는
매일 이 많은 노동을 하는 일 외에는 다른 방법이 없습니다.
매일 쉬지 않고 일하고, 매일 밤 짧은 잠을 자면서,
아침이 되면 다시 늦은 밤까지 일할 수 있을 것이라는
희망을 가지는 것 외에는
아무런 희망도 제겐 없습니다.

이 모든 조건에도 불구하고, 저는 불평하지 않겠습니다.
대신, 오늘까지 건강과 넘치는 생기로 지켜 주신 것과
매일 필요한 것을 넉넉히 주시는 것에 대해
진실로 감사드리며,
주님의 거룩한 이름을 찬양합니다.

매일 아침 일찍 일어나서 잠자리에 들 때까지
그토록 많은 땀을 흘리며 일용할 양식을 얻으려 노력하는 일도
하나님이 제게 복을 주시지 않는다면
오 주님,
헛된 일이 됩니다.

나의 하나님, 저로 하여금 게으르지 않도록 하소서.
포도원에서 열심히 일하는 다른 사람들과 함께 일하도록
저를 불러 보내 주소서.
주님께 봉사하는 데 소홀히 하지 않게 하시고
결코 다른 사람에게 짐이 되지 않게 하소서.

그런 후에 이 땅 위에서의 마지막 밤이 다가왔을 때
이 땅에서 제가 했던 모든 노동에 걸맞은
좋은 상을 허락하소서.

3. 일용할 양식을 누릴 수 있는 힘을 달라고 구합시다. 주께서 일용할 양식을 주셔도, 건강이 없다면 그것을 누릴 수 없을 것입니다. 건강과 힘을 달라고, 사람들을 섬길 수 있는 힘을 달라고 구합시다. 아래의 기도문을 참조하십시오.

하늘에 계신 하나님 아버지. 나를 돌보시는 내 사랑하는 아버지.
오늘을 주심에 감사드리며, 오늘 하루도 일용할 양식을 주시길 구합니다.
오늘 양식을 공급하시려 제게 주신 통로인 일들을 잘 감당하게 하소서.
그리고 주실 양식을 누릴 수 있도록, 오늘 필요한 건강을 주소서.

가족과 성도들, 동료 및 친구들과 더불어 누리는 좋은 관계를 허락하시고
제가 이 좋은 관계를 형성할 수 있도록 제게 겸손과 용기를 주소서.

오늘 하루 순적하고 안정적으로 살아가게 하시되,
고난을 허락하신다면 하나님을 신뢰하며 감당하게 하소서.
이 모든 것을 아버지의 뜻대로 하소서.
제 인생, 아버지의 뜻대로 되는 것이 제일 좋습니다.

4. 마지막으로, 일용할 것보다 훨씬 더 많은 재물을 탐하는 탐욕을 죽여 달라고 구합시다. 자족하는 마음과 사랑하는 마음을 주셔서, 주신 양식을 나눌 수 있는 선한 마음을 달라고 간구합시다. 나누어 주면 내가 굶을까

두려워하지 맙시다. 우리를 위해 자신의 영원한 아들을 굶기신 우리 아버지 하나님을 기억하며 담대하게 간구합시다!

6주차
오늘날 우리에게 일용할 양식을 주시옵고
Part II

1. 이 기도는 이기주의의 죽음을 요구하는 기도입니다. 주기도문은 '나에게' 일용할 양식을 달라고 구하는 것이 아니라, '우리에게' 일용할 양식을 달라고 구합니다. '나에게' 일용할 양식이 넉넉히 있더라도 '이웃에게' 일용할 양식이 없다면 우리는 간절히 구해야 합니다. 이웃을 위해 기도합시다. 특히 이웃을 위해 내 재물을 나눌 수 있는 선한 마음을 달라고 구합시다. 김영봉 목사의 "두려운 복"이라는 기도문을 묵상해 봅시다.

> 아버지, 어려움 속에서 눈물 짓는 사람이 얼마나 많은지요.
> 헤어날 수 없는 가난의 늪에 빠져 연명하는 일조차 벅찬 사람이 얼마나 많은지요.
> 하루하루 질병의 고통과 싸우며 힘겹게 살아가는 사람이 얼마나 많은지요.
>
> 지금 저는 감사하게도,
> 이 모든 불행과 상관없이 살고 있습니다.
> 제게는 이 복을 받을 자격이 없습니다.
> 고통에 짓눌려 사는 그들보다 나은 무엇이 제게는 없습니다.
> 그런데 저는 그들에게 없는 복을 누리고 있습니다.
>
> 생각이 여기에 미치니 두려움이 저를 엄습합니다.
> 자격도 없이 받은, 분에 넘치는 복이 두렵습니다.

남에게 없는 복이 제게는 있는 것이 두렵습니다.
제 복을 부러워하는 사람들의 시선이 두렵습니다.

아버지, 이 복을 붙들고 두려움에 떠느니
이 복을 나누며 기쁘게 살겠습니다.

제게 주신 복이 실은 저만을 위한 것이 아니라
모두를 위해 제게 맡겨진 것임을 깨달아
제 창고를 열게 하소서.
제 마음을 열게 하소서.
제 집을 열게 하소서.
제 삶을 열게 하소서.
저를 다스리시어 두려움 없는 참된 복을 누리게 하소서.

2. 당신이 속한 공동체를 위해 기도합시다. 당신이 회사를 운영하고 있다면 "우리 직원들 밥 좀 주세요!"라고 구할 수 있고, 당신이 직원이라면 "우리 회사 밥 좀 주세요!"라고 기도할 수 있습니다. 또한 우리는 "우리 교회 식구들에게 밥과 옷, 거할 곳, 만족할 것들을 주세요!"라고 구할 수 있습니다. 지금처럼 집값이 요동치는 주거 불안 시대에, 하나님께서 '우리에게' 일용할 양식을 주시기를 구합시다.

3. '일용할' 양식을 달라는 기도는 "나를 매일매일 돌보아 주세요"라고 구하는 기도와 같습니다. 주님은 우리에게 "평생 먹을 양식을 단번에 주세요"라고 기도할 것을 가르치지 않으셨습니다. 그러면 단 한 번만 기도하면 되기 때문입니다. 하지만 우리가 일용할 양식을 구한다면, 우리는 매

일 기도해야 할 것이며, 하나님은 매일 우리를 돌보아 주실 것입니다. 하나님은 우리에게 필요한 것을 한 번 주시고는 관심을 끊는 분이 아닙니다. 오히려 늘 우리를 보고 싶어 하시는 하나님이십니다. 그분을 신뢰하며, 매일 나를 돌보아 달라고 구합시다!

4. '일용할' 양식을 달라는 기도는 용기를 요구합니다. 평생 먹을 것을 구하지 않고 일용할 양식을 구하는 것은, 돈이 아니라 하나님을 신뢰하는 용기를 요구합니다. 담대함을 달라고 구합시다. 삶을 마주할 수 있는 용기를 달라고 구합시다.

> 오 하나님.
> 굶주린 자들에게는 빵을 주시고
> 빵을 가진 우리에게는
> 정의에 대한 굶주림을 주소서.
> (어느 라틴아메리카인의 기도)

7주차
우리 죄를 사하여 주시옵고
Part I

1. 하나님과의 관계가 어떻습니까? 그분을 갈망하십니까? 그분의 사랑 안에 살고 있다고 느끼십니까? 그렇지 않다면 다음 말씀을 묵상해 봅시다.

> 여호와의 손이 짧아 구원하지 못하심도 아니요 귀가 둔하여 듣지 못하심도 아니라. 오직 너희 죄악이 너희와 너희 하나님 사이를 갈라놓았고 너희 죄가 그의 얼굴을 가리어서 너희에게서 듣지 않으시게 함이니라.
> (사 59:1-2)

그렇다면 우리가 어떻게 하나님과의 관계를 회복할 수 있을까요? 우선 자신이 죄인임을 고백합시다. 단지 한두 가지 죄를 지은 정도가 아니라, 마음 깊숙한 본성이 죄를 좋아하고 사랑한다는 것을 고백합시다. 우리가 단지 개선이 필요한 존재가 아니라 구원이 필요한 존재임을 고백합시다. 우리가 겸손히 자신을 낮출 때 그분이 우리를 기쁘게 만나실 것입니다. 간절히 죄를 고백하며 기도합시다.

2. 한 발 더 나아가, 이제 하나님과의 관계 회복을 위해 기도합시다. 죄를 용서해 달라는 간구를 넘어서, 죄를 싫어하는 마음을 가지게 해 달라고 간구합시다. 하나님께 용서받게 해 달라는 간구를 넘어서, 하나님을 사랑할 수 있게 해 달라고 간구합시다. 우리 마음이 총체적으로 변화되어, 하나님의 사랑을 더 많이 누리게 해 달라고 구합시다. 하나님의 사랑을 누리지

못하는 비참함과 황망함을 고백하며 우리를 도와달라고 간구합시다!

3. 십자가를 바라보며 용서를 구합시다. 우리가 용서받을 수 있음을 더 많이 확신할수록, 더 잘 고백할 수 있을 것입니다. 다음 글을 읽어 보십시오.

> 복음은 우리가 자신과 하나님께 완전히 정직해질 수 있게 해 줍니다. 하나님께서 그리스도의 피를 통해 우리의 죄를 완전히 용서해 주셨다는 이 확신이 있으면 더 이상 자신을 방어하기 위한 게임을 할 필요가 없습니다. 우리는 자신의 죄를 합리화하거나 변명할 필요가 없습니다. 우리는 약간 과장했다고 말하지 않고 그 대신 거짓말을 했다고 말할 수 있습니다. 우리는 자신에게 있는 감정적인 고통에 대해 계속 부모를 탓하는 대신, 용서하지 못하는 태도를 가지고 있음을 솔직히 시인할 수 있습니다. 우리는 아무리 수치스럽고 추악한 죄일지라도, 있는 그대로 죄라고 부를 수 있습니다. 예수님께서 그 죄를 십자가에서 다 담당하셨다는 것을 알기 때문입니다. 예수 그리스도를 통한 완전한 용서를 확신하게 되면, 우리는 더 이상 자신의 죄를 숨길 필요가 없습니다. [제리 브리지스, 『날마다 자신에게 복음을 전하라』(서울: 네비게이토, 1997), pp. 28-29]

우리가 기도하는 대상은 우리를 위해 아들을 내어 주실 정도로 우리를 용서하고 싶어 하시는 하나님이십니다. 그분께 정직하게 우리의 위선과 악을 고백합시다. 그분이 우리를 사랑하신다는 것을 확신하며, 담대하게 그분께 나아갑시다!

8주차
우리 죄를 사하여 주시옵고
Part II

1. 우리에게 죄를 지은 사람들을 떠올려 봅시다. 우리 마음에 비통함과 원통함, 미움이 있습니까? 심지어 그에게 사과를 받았는데도 무언가 그가 더 갚아야 할 빚이 있다는 생각이 들 수 있습니다. 우리 마음을 모아 십자가를 바라봅시다. 우리가 저지른 무한한 죄, 무한한 빚을 그분이 탕감하셨습니다. 그분이 우리를 위해 하신 일을 보며 용서하는 마음을 달라고 구합시다. 우리의 비통하고 원통한 감정을 해결해 달라고 구합시다.

2. 예수께서는 "너희가 사람의 잘못을 용서하면 너희 하늘 아버지께서도 너희 잘못을 용서하시려니와 너희가 사람의 잘못을 용서하지 아니하면 너희 아버지께서도 너희 잘못을 용서하지 아니하시리라"(마 6:14-15)고 말씀하십니다. 이는 우리가 용서하지 않는다면 우리를 지옥에 던지시겠다는 말이라기보다는, 우리가 아버지의 사랑과 기쁨을 누리지 못하게 된다는 의미입니다. 다음 노래 가사를 묵상하고, 우리에게 용서할 마음을 달라고 구합시다.

> 내가 먼저 손 내밀지 못하고 내가 먼저 용서하지 못하고
> 내가 먼저 웃음 주지 못하고 이렇게 머뭇거리고 있네.
> 그가 먼저 손 내밀길 원했고 그가 먼저 용서하길 원했고
> 그가 먼저 웃음 주길 원했네. 나는 어찌된 사람인가.

오 간교한 나의 입술이여. 오 옹졸한 나의 마음이여.
왜 나의 입은 사랑을 말하면서 왜 나의 마음은 화해를 말하면서
왜 내가 먼저 져 줄 순 없는가. 왜 내가 먼저 손해 볼 순 없는가.
오늘 나는 오늘 나는 주님 앞에서 몸 둘 바 모르고 이렇게
흐느끼며 서 있네. 어찌할 수 없는 이 맘을 주님께 맡긴 채로.

3. 교회와 나라 가운데 있는 악을 제거해 달라고 구합시다. 그리스도인들이 짓는 죄를 보며, 우리는 그들을 정죄하고 그들과 우리를 갈라놓으려 애쓸 때가 많습니다. 그러나 죄인인 우리와 자신을 동일시하신 구주를 바라보며, 죄를 지은 교회의 악에 대해 애통합시다. 우리가 저지르지 않은 죄라 하더라도 공동체와 한국 교회의 죄를 하나님 앞에 내려놓고 우리를 변화시켜 달라고 구합시다. 우리를 치료해 달라고 간구합시다. 다음과 같이 기도합시다.

하늘에 계신 우리 아버지. 지금 ○○형제가(자매가, 우리 교회가) …한 죄를 저질렀음을 압니다. 그가 죄를 저질렀기에 하나님을 노하게 하고 슬프게 했으며, 그 죄로 인해 당신의 형상인 사람들이 고통을 겪었습니다. 그는 하나님의 진노와 저주를 받기에 합당합니다. 하지만 아들의 피로 그의 죄를 속죄하신 하나님 아버지, 그의 죄를 용서하여 주옵소서. 그리고 그가 속히 죄를 깨닫고 회개하게 하옵소서.

주께서 주실 마땅한 징계를 그가 달게 받게 하옵소서. 그러나 그를 시험에 빠지지 않게 보호하시고, 사탄의 유혹에서 벗어나게 하소서. 회개가 주는 용서의 은혜와 아버지의 사랑을 체험하도록 해 주소서. 또한 그의 죄로 인해 고통당하는 자들을 위로하여 주시고, 하나님의 은혜를 경험하게 하소서.

또한, 그를 위해 기도하지 못하고 사랑하지 못했던 저 자신에 대해서도 반성합니다. 그리고 그의 죄를 제가 저지르지 않았다고 해서 제가 더 낫지 않음을 고백합니다. 저를 돌보시고 보호하소서. 그리고 우리의 공동체를 죄로부터 지켜 주소서.

9주차
우리를 시험에 들게 하지 마시옵고
다만 악에서 구하시옵소서

1. 하나님께서 당신을 성장시키기 위해 시험하실 때, 사탄은 당신을 넘어뜨리기 위해 유혹을 줍니다. 하나님께서는 당신을 사랑하시기 때문에 종종 고난을 허용하시지만, 사탄은 그 고난이 당신을 넘어뜨리기 위한 것이라고 유혹합니다. 우리가 삶에서 겪는 고난이 있다면, 마주한 시험이 있다면 하나님의 선하심을 믿고 신뢰할 수 있는 마음을 달라고 간절히 구합시다. 다음의 기도문을 보며 기도합시다.

나를 사랑하시는 내 아버지.
저는 지금 심히 괴롭고 이해가 되지 않는 일 앞에 서 있습니다.
왜 제가 가질 수 없습니까?
왜 제가 잃어버려야 합니까?
왜 제가 실패해야 합니까?
왜 제가 고통당해야 합니까?

제가 잃어버린 것은 너무나 크게 보이는데
당신에 제게 주셨다는 것들은 작게 보입니다.
제가 당한 실패는 너무나 쓰라린데
당신이 이루신 승리는 저와 상관이 없어 보입니다.
제가 당장 겪는 일은 너무나 생생하게 느껴지는데
당신이 제게 주신다는 사랑은 잘 느껴지지 않습니다.

저를 시험에 들지 말게 하소서.
악한 자에게서 구하소서.
영원한 것을 좇는 삶이 하찮게 보이고
진정한 실상이 희미하게 느껴질 때도

당신을 보게 하소서.
당신을 사랑하게 하소서.
당신 안에서 쉬게 하소서.

2. 우리가 시험에 실패하더라도 하나님의 사랑을 잃지 않는다는 사실을 굳게 붙잡읍시다. 다음의 말씀을 묵상해 보십시오.

> 사람이 감당할 시험 밖에는 너희가 당한 것이 없나니 오직 하나님은 미쁘사 너희가 감당하지 못할 시험 당함을 허락하지 아니하시고 시험 당할 즈음에 또한 피할 길을 내사 너희로 능히 감당하게 하시느니라.
>
> (고전 10:13)

그리스도께서 감당하지 못할 시험을 받으셨기에, 우리가 감당할 만한 시험만 받게 되었음을 기억합시다. 시험을 만났을 때 승리할 수 있게 해 달라고 간구합시다. 하나님을 신뢰할 수 있게 해 달라고 구합시다.

3. 시험을 견디는 일은 홀로 할 수 있는 일이 아니라, 공동 프로젝트입니다. 우리는 우리가 연약하다는 것을 인정하며, 누군가 죄를 지었을 때나 시험에 들었을 때 정죄하지 않고 그를 위해 기도할 수 있습니다. 우리 역시 연약하고, 우리 역시 죄인들이기 때문입니다. 다음의 기도문을 참조

하여, 시험받는 이웃을 위해 함께 기도합시다.

우리 아버지여. 우리 중에 시험당하는 사람들이 있습니다.
그들은 고통당하고 있고, 유혹 앞에 놓여 있으며, 분노 가운데 있습니다.

그들을 긍휼히 여겨 주십시오.
사탄이 더 이상 그들을 유혹하지 못하도록 그들을 붙잡아 주십시오.

우리로 하여금 죄를 향해 분노하게 하시되
죄인을 보며 슬퍼하게 하시고
타락을 보며 정의를 갈망하게 하시되
타락한 자를 보며 은혜를 갈망하게 하소서.

무엇보다 죄를 죽이시기 위해 죄인들을 위해 죽으신
그리스도의 마음을 품게 하소서.

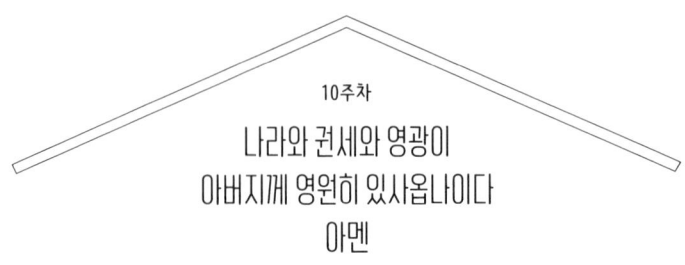

10주차
나라와 권세와 영광이
아버지께 영원히 있사옵나이다
아멘

1. 이 마지막 기도의 앞에 나오는 세 가지 간구를 생각해 봅시다. 일용할 양식을 달라는 기도, 죄를 용서해 달라는 기도, 그리고 시험과 악으로부터 보호해 달라는 기도입니다. 이는 우리가 삶에서 때로는 주릴 수 있다는 것과, 죄 문제 때문에 고통을 당할 것, 그리고 시험당하며 악의 유혹을 받을 것이라는 사실을 말해 줍니다. 우리가 이러한 고통을 견디고 인내할 수 있게 해 달라고 구합시다. 그리고 하나님께서 이 시기를 통해 우리에게 말씀하시는 것을 듣게 해 달라고 구합시다. C. S. 루이스의 말을 생각하며 기도합시다.

> 하나님은 쾌락 속에서 우리에게 속삭이시고, 양심 속에서 말씀하시며, 고통 속에서 소리치십니다!

2. 이 모든 기도를 들으신 분을 생각합시다. 그분은 우리의 고통을 능히 없애실 수 있으며 나라와 권세와 영광을 다 가지신 분입니다. 그분은 이 모든 것을 영원히 가지고 계십니다. 그분을 신뢰합시다. 그리고 안식합시다. 그분께 모든 것을 맡기게 해 달라고, 내 모든 염려를 거두어 달라고 간구합시다! 다음의 기도문을 참조하여 기도하십시오.

> 이 모든 것들을 구했습니다.

제 마음 모든 것들을 숨김없이 말씀드렸습니다.

그러니 이제 쉬려 합니다.

마음을 놓으려 합니다.

모든 나라가 세상의 것인 듯하여 염려했으나

나라가 당신의 것이니 담대하렵니다.

모든 권세가 악한 자에게 있는 것 같아 불안했으나,

권세가 당신의 것이니 안심하렵니다.

모든 영광을 가지지 못할까 노심초사했으나

영광이 당신의 것이니 기뻐하렵니다.

아버지여, 내 사랑하는 아버지여.

세상이 일시적으로 우리를 지배하는 듯 보이나,

당신이 우리를 영원히 통치하십니다.

세상이 모든 것을 가진 것처럼 보이나,

나는 당신을 가졌습니다.

나라와 권세와 영광이 아버지께 영원히 있습니다.

이제 제 기도를 들어주셔서

저를 쉬게 하소서.

3. 모든 기도는 결국 찬양으로 끝날 것입니다. 유진 피터슨의 말을 들어 봅시다.

우리가 제 아무리 고난당하고, 회의에 빠지고, 분노에 휩싸이고, 절망과 회의에 빠져 "어느 때까지니이까?"라고 질문한다 할지라도, 기도는 종국적으로 찬양으로 발전된다. 모든 것은 찬양의 문지방을 향해 나아간다. 찬양은 기도의 완결편이다. 이것은 다른 기도는 찬양보다 열등하다는 말이 아니라, 충분히 기도하면 모든 기도는 찬양에 이른다는 말이다.

결국 우리의 모든 기도는 찬양으로 마무리될 것입니다. 우리는 지금 슬퍼할 수도 있고, 괴로워할 수도 있지만, 결국 찬양하게 될 것입니다. 내가 드린 모든 기도를 들으시고, 내가 생각한 것보다 훨씬 더 선하게 응답하실 하나님을 바라보며 찬양의 기도를 드립시다.

감사의 글

아우구스티누스가 『고백록』을 써서 자신의 삶을 기도로 고백한 것에 감사합니다. 또한 마르틴 루터가 절망한 이발사 페터에게 『단순한 기도』를 쓴 것에 감사합니다. 팀 켈러가 맨해튼의 회중에게 세 번에 걸쳐(1990, 1995, 2014) 주기도문을 설교했음에 감사합니다. 김영봉 목사님이 자신의 회중을 위해 설교한 것을 『가장 위험한 기도, 주기도』에 풀어내 주셨음을 감사합니다. 제 신학교 은사이신 동시에 작은목자들교회를 섬기시는 박영돈 교수님이 『밥심으로 사는 나라』를 집필해 주심에 감사합니다. D. A. 카슨과 윌리엄 헨드릭슨이 마태복음 주석을 쓰는 수고를 감당했음에 감사합니다. 16세기 팔츠의 신앙 선배들이 하이델베르크 요리문답 116-129문을 만들어 주었음에 감사합니다. 이 모든 글들과 설교들은 제 책 핵심 주장들의 원천이 되었습니다. 제가 이 탁월한 선배들의 유산 위에 작은 벽돌 하나라도 쌓았기를 바랍니다.

책을 만드는 데 직접 도움을 주신 분들에게 감사합니다. 설교문 전체를 녹취하고 정리하는 데 수고한 신예진 자매님, 책을 기획하고 방향을 제시해 주신 정지영 기획 주간님, 편집해 주신

임정은 편집자님, 그리고 게으른 작가를 다독이며 원고를 채근해 주신 이종연 편집장님께 감사합니다. 특별히 IVP의 디자이너이자 저희 교회의 성도로서 이 책을 디자인해 준 이혜린 자매님께 감사드립니다. 혜린 자매님은 이 책의 내용이 되는 설교를 듣고 책으로 냈으면 좋겠다고 저를 격려해 주었고, 그 격려가 책을 내는 데 큰 용기가 되었습니다. 또한 기꺼이 원고를 읽어 주시고 유익한 피드백을 주신 우병훈 교수님께 감사합니다.

세워진 지 10년이 넘은 시광교회는, 늘 그렇듯 함께 말씀을 나누고 살아 내며 부족한 설교자를 섬겨 주었습니다. 시광의 회중에게 감사합니다. 함께 동역하는 교역자와 간사들께 감사합니다. 여러분들이 함께 이 설교를 들어 주고, 나누어 주어 책을 쓸 수 있었어요. 그리고 저를 조건 없이 사랑해 주고, 부족함을 감당해 주며, 늘 위해 기도해 주는 아내에게 감사합니다. 책을 쓴다고 틀어박혀 있는 아빠를 감당해 준 딸들에게도요. 이제 책을 마무리했으니, 같이 체스를 두자꾸나. 이번에는 아빠가 이길 거야.

주

들어가는 글. 기도의 학생이 학생들에게

1 마틴 로이드 존스, 『설교와 설교자』, 정근두 옮김(서울: 복 있는 사람, 2012), p. 277.
2 C. S. 루이스, 『시편사색』, 이종태 옮김(서울: 홍성사, 2004), p. 7.
3 이러한 의도로 쓰였거나, 내용을 담고 있는 책들을 간단히 추천해 보자면 다음과 같다. 박영돈, 『밥심으로 사는 나라』(서울: IVP, 2020); 김홍전, 『주기도문 강해』(서울: 성약출판사, 2004); 김남준, 『깊이 읽는 주기도문』(서울: 생명의말씀사, 2013); 헬무트 틸리케, 『세계를 부둥켜안은 기도』, 박규태 옮김(서울: 홍성사, 2008); 김형국, 『한국 교회가 잃어버린 주기도문』(서울: 죠이선교회, 2013).
4 책을 추천해 보자면 다음과 같다. 위의 책들과 더불어, 채영삼, 『삶으로 드리는 주기도문』(서울: 이레서원, 2014); 정용섭, 『주기도란 무엇인가』(서울: 홍성사, 2011); David Timms, *Living the Lord's Prayer* (MN, Bloomington: Bethany House, 2010).
5 바라기는, '그리스도 중심적 설교'의 실례를 보고 공부하고자 하는 신학생들과 목회자들에게 도움이 되었으면 한다.
6 마르틴 루터, 『마르틴 루터의 단순한 기도』, 김기석 옮김(서울: IVP, 2020), p. 25.

1장. 하나님, 우리 아버지

1 참고. https://en.wikipedia.org/wiki/There_are_no_atheists_in_foxholes.
2 리처드 도킨스, 『만들어진 신』, 이한음 옮김(서울: 김영사, 2007), p. 347.
3 팀 켈러, 『기도』, 최종훈 옮김(서울: 두란노, 2015), p. 63에서 재인용.
4 D. A. Carson, "Matthew," in *The Expositor's Bible Commentary: Matthew-Mark* (Revised Edition), ed. Tremper Longman III and David E. Garland, vol. 9 (Grand Rapids, MI: Zondervan, 2010), p. 200.
5 마틴 로이드 존스, 『설교와 설교자』, 정근두 옮김(서울: 복 있는 사람, 2012), p. 277.

6 D. A. Carson, *The Gospel according to John*, The Pillar New Testament Commentary (Grand Rapids, MI: Eerdmans, 1991), pp. 249-250.

7 Timothy J. Keller, "Imitating the Incarnation" in *The Timothy Keller Sermon Archive* (New York City: Redeemer Presbyterian Church, 2013), 1995. 7. 2.

8 R. T. France, *The Gospel of Matthew*, NICNT (Grand Rapids, MI: Wm. B. Eerdmans Publication Co., 2007), p. 1076.

9 칼 바르트, 『기도』, 오성현 옮김(서울: 복 있는 사람, 2017), p. 54.

10 팀 켈러, 『기도』, pp. 156-157.

11 Timothy J. Keller, "God Our Father" in *The Timothy Keller Sermon Archive* (New York City: Redeemer Presbyterian Church, 2013), 2011. 6. 5.에서 재인용.

2장. 하늘에 계신 우리 아버지여

1 Augustine of Hippo, "Expositions on the Book of Psalms," in *Saint Augustin: Expositions on the Book of Psalms*, ed. Philip Schaff, trans. A. Cleveland Coxe, vol. 8, NPNF, First Series (New York: Christian Literature Company, 1888), pp. 97-98. 우병훈, "아우구스티누스가 가르친 기도 I", 「re 매거진」, Vol 73. (청도: 그라티아, 2019), pp. 7-8에서 재인용.

2 Roland Murphy, *Ecclesiastes*, vol. 23A, Word Biblical Commentary (Dallas: Word, Incorporated, 1992), p. 50.

3 이블린 언더힐, 『영성가의 기도』, 박천규 옮김(서울: 비아, 2019), p. 140.

4 아서 베넷, 『기도의 골짜기』, 김동완 옮김(서울: 복 있는 사람, 2018), p. 85.

5 영국의 저널리스트인 크리스토퍼 히친스와의 인터뷰를 보라. 그는 하나님의 전지와 무소부재하심을 하나님이 존재해서는 안 될 근거로 제시한다. https://youtu.be/3tQeMDdyeIU.

6 김영봉, 『가장 위험한 기도, 주기도』(서울: IVP, 2013), pp. 47-49에서 재인용. 번역은 약간 바꾸었다.

7 마크 존스, 『예수의 기도』, 오현미 옮김(서울: 죠이북스, 2020), p. 57.

8 박완서, 『한 말씀만 하소서』(서울: 세계사, 2004), p. 41.

9 같은 책, pp. 53-54.

10 같은 책, pp. 26-27.

3장. 이름이 거룩히 여김을 받으소서

1 William Arndt et al., *A Greek-English Lexicon of the New Testament and Other Early Christian Literature* (Chicago: University of Chicago Press, 2000), p. 10.

2 Jonathan Edwards, *Religious Affections*, ed. John E. Smith and Harry S. Stout, Revised edition, vol. 2, The Works of Jonathan Edwards (New Haven: Yale University Press, 2009), p. 266.

3 이 설명은 팀 켈러의 설명을 필자의 언어로 풀어낸 것이다. 참고. Timothy J. Keller, "Admitting" in *The Timothy Keller Sermon Archive* (New York City: Redeemer Presbyterian Church, 2013), 1990. 3. 20.

4 나는 이 문제에 대해 사람들이 가지고 있는 회개에 대한 일반적인 오해를 풀고, 회개의 본질과 의미에 대하여 간략하게 정리한 책을 썼다. 참고. 이정규, 『회개를 사랑할 수 있을까?』(서울: 좋은씨앗, 2016).

5 Duane A. Garrett, *Proverbs, Ecclesiastes, Song of Songs*, vol. 14, The New American Commentary (Nashville: Broadman & Holman Publishers, 1993), p. 238.

6 W. Dennis Tucker Jr., "Psalms 107–150," in *Psalms*, ed. Terry Muck, vol. 2, The NIV Application Commentary (Grand Rapids, MI: Zondervan, 2018), pp. 966–967.

7 Victor P. Hamilton, *Exodus: An Exegetical Commentary* (Grand Rapids, MI: Baker Academic, 2011), pp. 538–539.

8 알렉 모티어, 『출애굽기 강해』, 송동민 옮김(서울: IVP, 2017), p. 413. 강조 표시한 부분은 알렉 모티어가 쓴 표현을 그대로 옮겼다.

9 Edward W. Klink III, *John*, ed. Clinton E. Arnold, Zondervan Exegetical Commentary on the New Testament (Grand Rapids, MI: Zondervan, 2016), p. 623.

10 C. H. Spurgeon, *The Treasury of David: Psalms 1–26*, vol. 1 (London; Edinburgh; New York: Marshall Brothers, n.d.), p. 326.

11 필립 얀시, 『내가 알지 못했던 예수』, 김성녀 옮김(서울: IVP, 2012), pp. 269–270. 강조는 원문의 것.

12 마이클 호튼, 『사도신경의 렌즈를 통해서 보는 기독교 핵심』, 윤석인 옮김(서울: 부흥과개혁사, 2005), pp. 137–138. 필자 강조.

13 김영봉, 『사귐의 기도를 위한 기도선집』(서울: IVP, 2004), p. 106.

4장. 나라가 임하소서

1 네이버 21세기 정치학대사전, "국가의 3요소", https://terms.naver.com/entry.naver?cid=42140&docId=726306&categoryId=42140 (최종접속 2021-06-22).
2 톰 라이트, 『마침내 드러난 하나님 나라』, 양혜원 옮김(서울: IVP, 2009), p. 310.
3 앤서니 후크마, 『개혁주의 종말론』, 이용중 옮김(서울: 부흥과개혁사, 2012), p. 71.
4 조나단 에드워즈, 『대표설교선집』, 백금산 옮김(서울: 부흥과개혁사, 2005), p. 370.
5 같은 책, pp. 371-372.
6 John H. Walton, *Genesis*, The NIV Application Commentary (Grand Rapids, MI: Zondervan, 2001), p. 410에서 재인용.
7 칼 바르트, 『설교자의 기도』, 박정수 옮김(서울: 비아, 2019), pp. 118-119.
8 김영봉, 『사귐의 기도를 위한 기도선집』, p. 182.
9 아서 베넷, 『기도의 골짜기』, pp. 256-257.
10 C. S. 루이스, 『스크루테이프의 편지』, 김선형 옮김(서울: 홍성사, 2005), p. 188.
11 같은 책, pp. 188-189.
12 Mark L. Strauss, *Mark*, ed. Clinton E. Arnold, Zondervan Exegetical Commentary on the New Testament (Grand Rapids, MI: Zondervan, 2014), p. 82.
13 Oscar Cullmann, *Christ and Time* (Philadelphia: Westminster Press, 1964), p. 87. "그 전쟁을 결정짓는 전투가 이미 전쟁의 마지막 단계에서 일어났음에도 불구하고, 전쟁은 여전히 지속되고 있었다. 비록 그 전투의 결정적인 효력은 아직 모두가 알고 있지는 않았지만, 그럼에도 불구하고 이미 그 전투는 승리를 의미했다. 그러나 전쟁은 아직 확실하지 않은 '승리의 날'까지 질질 끌려가고 있었다. 이것이 정확히 새로운 국면의 시간에 대한 결과로서 신약성경이 인식하는 상황이다. 신약의 계시는 십자가에서 일어났던, 그리고 그 뒤를 이은 부활과 함께 있었던 사건이 이미 모든 것을 결정지은 전투였다는 사실에 대한 선포로 이루어져 있다."
14 소위 '메시아 은닉'(the messianic secret) 이론에 관하여는, Geerhardus Vos, *The Self-Disclosure of Jesus: The Modern Debate about the Messianic Consciousness*, ed. Johannes G. Vos, Second Edition (Phillipsburg, NJ: P&R Publishing, 2002)을 참고하라.
15 도널드 해그너, 『신약 개론』, 김귀탁 옮김(서울: 부흥과개혁사, 2014), pp. 267-269를 보라.
16 Martin Hengel, *Crucifixion: In the Ancient World and the Folly of the Message of*

the Cross, trans. John Bowden (Philadelphia: Fortress Press, 1977), p. 39.

5장. 하나님 나라와 염려

1 David Timms, Living the Lord's Prayer (MN, Bloomington: Bethany House, 2010).
2 존 파이퍼, 『장래의 은혜』, 차성구 옮김(서울: 좋은씨앗, 2007), p. 85.
3 블레즈 파스칼, 『팡세』, 필리프 셀리에 편집, 김형길 옮김(서울: 서울대학교 출판부, 2010), p. 75. 149번(라퓨마 117번, 브롱슈빅 409번).
4 Timothy J. Keller, "Seeking the Kingdom" in The Timothy Keller Sermon Archive (New York City: Redeemer Presbyterian Church, 2013), 1990. 6. 3.에서 재인용.
5 김영봉, 『사귐의 기도를 위한 기도선집』, p. 544.
6 랍비들은 이처럼 작은 것에서 더 큰 것으로의 비교를 통해 진리를 예증하는 방식을 사용했고, 이러한 방식을 칼 와호메르(qal wahomer)라고 부른다. 이 방식으로 성경을 풍성히 풀어 낸 저작을 보려면, 최승락, 『하물며 진리』(서울: 킹덤북스, 2013)를 참고하라.
7 마틴 로이드 존스, 『설교와 설교자』, pp. 32-33.
8 Timothy J. Keller, "Seeking the Kingdom" in The Timothy Keller Sermon Archive (New York City: Redeemer Presbyterian Church, 2013), 1990. 6. 3.에서 재인용.
9 아서 베넷, 『기도의 골짜기』, p. 211.

6장. 뜻이 이루어지이다

1 제임스 패커, 캐롤린 나이스트롬, 『하나님의 인도』, 조계광 옮김(서울: 생명의말씀사, 2008), p. 10.
2 케빈 드영, 『왜 우리는 하나님의 인도를 바르게 받아야 하는가』, 김수미 옮김(서울: 부흥과개혁사, 2011), p. 23.
3 D. A. Carson, "Matthew," in The Expositor's Bible Commentary: Matthew, Mark, Luke, ed. Frank E. Gaebelein, vol. 8 (Grand Rapids, MI: Zondervan, 1984), p. 170.
4 J. G. McConville, Deuteronomy, ed. David W. Baker and Gordon J. Wenham, vol. 5, Apollos Old Testament Commentary (Downers Grove, IL: InterVarsity Press, 2002), p. 419.
5 Christopher J. H. Wright, Deuteronomy, ed. W. Ward Gasque, Robert L. Hubbard Jr., and Robert K. Johnston, Understanding the Bible Commentary Series (Grand

Rapids, MI: Baker Books, 2012), p. 293. 『UBC 신명기』(서울: 성서유니온, 2017).

6   박영돈, 『일그러진 성령의 얼굴』(서울: IVP, 2011), pp. 32-33.
7   케빈 드영, 『왜 우리는 하나님의 인도를 바르게 받아야 하는가』, pp. 68-69.
8   https://en.wikipedia.org/wiki/Serenity_Prayer (최종접속 2021-06-22). 널리 알려진 이 기도는 여러 버전이 있으며, 여기 실린 기도문의 아래 문단("한 번에 하루를 살게 하시고" 이하)은 저자 미상이다.
9   아우구스티누스, 『고백록』, 최민순 옮김(서울: 바오로딸, 2010), 8.7.17, p. 317.
10 같은 책, 10.29.40, p. 433.
11 특별히 두 권의 책을 추천한다. 강영안, 『십계명 강의』(서울: IVP, 2017)와 코르넬리스 프롱크, 『하이델베르크 교리문답으로 보는 십계명』, 임정민 옮김(수원: 그 책의 사람들, 2013)이다. 필자도 십계명을 더 깊이 공부할 수 있는 책을 준비하고 있다.
12 아서 베넷, 『기도의 골짜기』, p. 105.

7장. 기도의 본질

1   R. T. France, *The Gospel of Matthew*, The New International Commentary on the New Testament (Grand Rapids, MI: Eerdmans, 2007), p. 247.
2   팀 켈러, 『기도』, pp. 317-318.
3   박영돈, 『밥심으로 사는 나라』(서울: IVP, 2020), p. 165.
4   C. S. 루이스, 『천국과 지옥의 이혼』, 김선형 옮김(서울: 홍성사, 2003), p. 95.
5   존 폭스, 『순교자 열전』, 홍병룡·최상도 옮김(서울: 포이에마, 2014), pp. 233-234.
6   William L. Lane, *The Gospel of Mark*, The New International Commentary on the New Testament (Grand Rapids, MI: Eerdmans, 1974), pp. 516-517.
7   Jonathan Edwards, *The "Miscellanies": (Entry Nos. 501-832)*, ed. Ava Chamberlain and Harry S. Stout, vol. 18, The Works of Jonathan Edwards (New Haven; London: Yale University Press, 2000), pp. 152-153.
8   김영봉, 『사귐의 기도를 위한 기도선집』, p. 348.

8장. 일용할 양식을 주옵소서

1   박영돈, 『밥심으로 사는 나라』, pp. 173-175.
2   William Hendriksen and Simon J. Kistemaker, *Exposition of the Gospel According to*

Matthew, vol. 9, New Testament Commentary (Grand Rapids: Baker, 1973), p. 333.
3   Michael J. Wilkins, *Matthew*, The NIV Application Commentary (Grand Rapids, MI: Zondervan Publishing House, 2004), pp. 277-278.
4   김영봉, 『사귐의 기도를 위한 기도선집』, pp. 199-200.
5   CBS 〈김현정의 뉴스쇼〉, "[인터뷰] 김동호 목사 '지옥같은 항암, 천국처럼 행복했다'", 2020년 6월 4일. https://www.nocutnews.co.kr/news/5355407 (최종접속 2021-06-22).
6   자끄 엘륄, 『기술 체계』, 이상민 옮김(대전: 대장간, 2013), p. 347.
7   찰스 링마, 『자끄 엘룰 묵상집』, 윤매영 옮김(서울: 죠이선교회, 2015), pp. 65-66.
8   여기서 '일용할'이라고 번역된 에피우시오스(ἐπιούσιος)라는 단어의 의미가 무엇인지에 대한 논쟁은 광범위하다. 다양한 사람이 다양한 의견을 내놓았는데, 필자는 윌리엄 헨드릭슨이 말한 바처럼 "오늘 우리에게 하루 동안 필요로 하는 몫을 주옵소서"라고 번역하는 것이 가장 좋다고 본다. 더 많은 자료를 위해서는, William Hendriksen and Simon J. Kistemaker, *Exposition of the Gospel According to Matthew*, pp. 332-333를 보라.
9   김영봉, 『가장 위험한 기도, 주기도』, p. 155.
10 필자는 아담의 첫 번째 죄의 심리적 배경과 그 의미를 설명하고, 그 죄의 본질이 하나님의 선하심을 의심하는 것이었다는 주장을 했다. 이정규, 『새가족반』(서울: 복 있는 사람, 2018), pp. 80-92를 참고하라.
11 빅터 해밀턴, 『NICOT 창세기 1』, 임요한 옮김(서울: 부흥과개혁사, 2016), p. 177.
12 싱클레어 퍼거슨, 『온전한 그리스도』, 정성묵 옮김(서울: 디모데, 2018), pp. 105-106을 보라.
13 많은 사람들은 하와가 유혹을 받을 때 아담은 다른 곳에 있었을 거라 생각한다. 그러나 뱀은 계속해서 "너희"(창 3:1, 3-4)라고 복수로 말하며, 하와도 "우리"(창 3:2-3)라고 답한다. 또한 6절은 하와가 "자기와 함께 있는 남편에게" 선악과를 주었다고 말한다. 더 자세한 설명을 위해서는, 레이 오틀런드, 『결혼과 복음의 신비』, 황의무 옮김(서울: 부흥과개혁사, 2017), pp. 47-48를 보라.
14 이러한 해석을 바탕으로 한 설교를 소개하고 싶다. 고재수, "사십일의 금식", 『구속사적 설교의 실재』(서울: 기독교문서선교회, 1987), pp. 108-115를 보라.

9장. 위대한 기도

1   박영돈, 『밥심으로 사는 나라』, p. 198.
2   같은 책, p. 197.

3   조지 뮬러, 『기도가 전부 응답된 사람』, 배응준 옮김(서울: 규장, 2005), pp. 102-103.
4   존 파이퍼, 『열방을 향해 가라』, 김대영 옮김(서울: 좋은씨앗, 2003), p. 75.
5   김영봉, 『사귐의 기도를 위한 기도선집』(서울: IVP, 2004), pp. 85-86.
6   니콜라스 월터스토프, 『정의와 평화가 입맞출 때까지』, 홍병룡 옮김(서울: IVP, 2007), p. 18.
7   프랑크 디쾨터, 『마오의 대기근』, 최파일 옮김(파주: 열린책들, 2017), pp. 280-283.
8   Scot McKnight, *Sermon on the Mount*, ed. Tremper Longman III and Scot McKnight, The Story of God Bible Commentary (Grand Rapids, MI: Zondervan, 2013), p. 244. 『산상수훈』(평택: 에클레시아북스, 2016).

10장. 우리 죄를 사하여 주옵소서

1   여기부터의 『죄와 벌』 해석은 고려대학교 노어노문과 석영중 교수의 해석을 전적으로 따랐다. 참고. 그의 강연 "[지혜의 향연] 도스토예프스키의 「죄와 벌」 – 자유냐, 정의냐", 플라톤 아카데미(https://youtu.be/ZTmxFiqkqKY 최종접속 2021-06-22); 석영중, 『도스토예프스키, 돈을 위해 펜을 들다』(서울: 예담, 2008), pp. 143-195.
2   표도르 미하일로비치 도스또예프스끼, 『죄와 벌』-하, 홍대화 옮김(파주: 열린책들, 2009), p. 906.
3   같은 책, pp. 935-936를 보라.
4   같은 책, p. 604.
5   같은 책, p. 713.
6   Augustine, *Lectures or Tractates on the Gospel according to St. John*, trans. J. Gibb and J. Innes, NPNF, Vol. VII ed. P. Schaff (New York: Christian Literature Company, 1888), p. 86.
7   김성수, 『시편 주석』, 미발간된 강의안, 2012, p. 257.
8   팀 켈러, 『설교』, 채경락 옮김(서울: 두란노, 2016), p. 231.
9   박영선, 『하나님의 열심』(서울: 무근검, 2017), pp. 325-326.
10 프란시스 쉐퍼, 『로마서 강해』, 조계광 옮김(서울: 생명의말씀사, 2000), p. 65. 사실 이 예화는 롬 2:12-15의 논지를 요약한 것이라고 볼 수 있다.
11 하나님의 진멸 명령이 불합리하며 너무 잔인한 처사라고 생각한다면, 다음의 글을 참고하라. 팀 켈러, 『당신을 위한 사사기』, 김주성 옮김(서울: 두란노, 2015), pp. 332-340.

12 김구원, 『사무엘상』(서울: 홍성사, 2014), p. 331.
13 위의 두 문단은 필자의 책 『회개를 사랑할 수 있을까?』 pp. 35-36를 그대로 가져왔다.
14 Hans-Joachim Kraus, *A Continental Commentary: Psalms 1-59* (Minneapolis, MN: Fortress Press, 1993), pp. 502-503.
15 Robert D. Bergen, *1, 2 Samuel*, vol. 7, The New American Commentary (Nashville: Broadman & Holman Publishers, 1996), p. 376.
16 김성수, 『시편』, p. 258.
17 이정규, 『회개를 사랑할 수 있을까?』, p. 57에서 두 문단을 취했다.
18 James Montgomery Boice, *Psalms 42-106: An Expositional Commentary* (Grand Rapids, MI: Baker Books, 2005), p. 429.
19 팀 켈러, 『복음과 삶 스터디 가이드』, 오종향 옮김(서울: 두란노, 2018), p. 49.
20 이 예화는 다음의 설교에서 인용하여 다시 풀어냈다. Timothy J. Keller, "Reality: Forgive Us Our Debts," in *The Timothy Keller Sermon Archive*, 2014-2015 (New York: Redeemer Presbyterian Church, 2014), 2014. 11. 2.
21 이블린 언더힐, 『영성가의 기도』, p. 47.

11장. 용서의 기도

1 https://news.v.daum.net/v/20210314061601766?x_trkm=t (최종접속 2021-06-22).
2 어니스트 헤밍웨이, 『헤밍웨이 단편선 2』, 김욱동 옮김(서울: 민음사, 2013), p. 111. 물론 헤밍웨이가 기독교적 방식의 용서를 옹호하기 위해 이 소설을 쓴 것은 아니다. 하지만 이 부분은 용서를 갈망하는 사람들의 마음을 정확히 짚어 내고 있다.
3 D. A. Carson, "Matthew" in *The Expositor's Bible Commentary: Matthew-Mark*, p. 206.
4 https://news.sbs.co.kr/news/endPage.do?news_id=N1005969852 (최종접속 2021-06-22).
5 Timothy J. Keller, "Forgiving Grace" in *The Timothy Keller Sermon Archive* (New York City: Redeemer Presbyterian Church, 2013), 2002. 01. 20.
6 이 문장은 고백록에 있는 다음의 말을 필자의 언어로 풀어 쓴 것이다. "마치 그것은 어느 원수를 자신이 그에게 품고 있는 앙심보다 해롭게 보거나, 앙갚음을 함으로 자신의 마음을 괴롭히는 것보다 남 괴롭히는 편이 더 심한 줄로 아는 것과 같사옵니다." 아우구스티누

스, 『고백록』, 최민순 옮김 (서울: 바오로딸, 2010), p. 69.
7   아우구스티누스, 『고백록』, p. 433.
8   D. Martyn Lloyd-Jones, *Studies in the Sermon on the Mount* (Grand Rapids, MI: W.B. Eerdmans, 1976), p. 347.
9   John Calvin, *Institutes of the Christian Religion & 2*, ed. John T. McNeill, trans. Ford Lewis Battles, vol. 1, The Library of Christian Classics (Louisville, KY: Westminster John Knox Press, 2011), p. 912, III. XX. 45.
10 찰스 R. 스윈돌, 『신약 인사이트 요한복음』, 윤종석 옮김(서울: 디모데, 2011), p. 424.

12장. 공동체를 사랑하는 기도

1   Douglas K. Stuart, *Exodus*, vol. 2, The New American Commentary (Nashville: Broadman & Holman Publishers, 2006), pp. 684-685.
2   크리스토퍼 라이트, 『다니엘서 강해』, 박세혁 옮김(서울: CUP, 2020), pp. 335-336.
3   H. G. M. Williamson, *Ezra, Nehemiah*, vol. 16, Word Biblical Commentary (Dallas: Word, Incorporated, 1985), p. 175.
4   수 클리볼드, 『나는 가해자의 엄마입니다』, 홍한별 옮김(서울: 반비, 2016), p. 155.
5   같은 책, pp. 244-245.
6   미로슬라브 볼프, 『베풂과 용서-값없이 주신 은혜의 선물』, 김순현 옮김(서울: 복 있는 사람, 2008), pp. 265-266.
7   나는 『회개를 사랑할 수 있을까?』의 5장에서 이 문제를 간단히 이야기했다. pp. 85-100를 보라.
8   미로슬라브 볼프, 『베풂과 용서』, pp. 269-273를 보라.
9   C. S. 루이스, 『피고석의 하나님』, 홍종락 옮김(서울: 홍성사, 2011), p. 252. 필자 강조.
10 같은 책, pp. 254-255.
11 유진 피터슨, 『시편으로 드리는 매일 기도』, 이철민 옮김(서울: 홍성사, 2000), p. 165.
12 David E. Garland, *2 Corinthians*, vol. 29, The New American Commentary (Nashville: Broadman & Holman Publishers, 1999), p. 302.
13 마크 존스, 『예수의 기도』, 오현미 옮김(서울: 죠이북스, 2020), p. 57.
14 같은 책, pp. 65-66.
15 칼 바르트, 『설교자의 기도』, p. 161.

13장. 우리를 시험에 들게 하지 마소서

1 윌리엄 D. 마운스, 『마운스 헬라어 문법』, 조명훈·김명일·이충재 옮김(서울: 복 있는 사람, 2017), p. 128. "이 두 가지 번역 사이에는 절대 작지 않은 신학적 차이가 존재한다. 하나님 아버지는 그의 자녀들을 위험, 재앙, 세상의 추악함에서 항상 보호하지는 않으신다. 간단히 말하면, 하나님은 우리를 항상 악에서는 구하지 않으시지만, 악한 존재에게서는 구하신다는 것이다. 이 본문은 하나님이 우리의 삶을 장미꽃밭으로 만드시는 것이 아니라 악한 존재, 곧 악마로부터 보호하신다는 것을 가르친다(요 10:28-30; 17:15)."

2 Donald A. Hagner, *Matthew 1-13*, vol. 33A, Word Biblical Commentary (Dallas: Word, Incorporated, 1993), p. 151.

3 William Arndt et al., "πειρασμός," *A Greek-English Lexicon of the New Testament and Other Early Christian Literature* (Chicago: University of Chicago Press, 2000), p. 793.

4 Douglas J. Moo, *The Letter of James*, The Pillar New Testament Commentary (Grand Rapids, MI; Eerdmans, 2000), p. 72.

5 Bruce K. Waltke and Cathi J. Fredricks, *Genesis: A Commentary* (Grand Rapids, MI: Zondervan, 2001), p. 310.

6 Timothy J. Keller, "Disciplines of Distress" in *The Timothy Keller Sermon Archive* (New York City: Redeemer Presbyterian Church, 2013), 1997. 2. 16.

7 William L. Lane, *Hebrews 9-13*, vol. 47B, Word Biblical Commentary (Dallas: Word, Incorporated, 1991), p. 389.

8 John Owen, "Of Temptation" in *The Works of John Owen*, ed. William H. Goold, vol. 6 (Edinburgh: T&T Clark, n.d.), p. 93.

9 같은 책, p. 96.

10 Derek Kidner, *Psalms 1-72: An Introduction and Commentary*, vol. 15, Tyndale Old Testament Commentaries (Downers Grove, IL: InterVarsity Press, 1973), p. 176. 여기서는 시편 39편 주석 부분이다.

11 Walter Brueggemann, *The Message of the Psalms: A Theological Commentary* (Minneapolis: Fortress Press, 1984), p. 119.

12 Timothy J. Keller, "Battle: Lead Us and Deliver Us" in *The Timothy Keller Sermon Archive* (New York City: Redeemer Presbyterian Church, 2013), 2014. 11. 9.

13 도로시 세이어즈, 『도그마는 드라마다』, 홍병룡 옮김(서울: IVP, 2017), pp. 24-25.
14 김영봉, 『사귐의 기도를 위한 기도선집』(서울: IVP, 2004), p. 333.

14장. 시험에 함께 맞서는 기도

1   William Hendriksen and Simon J. Kistemaker, *Exposition of the Gospel According to Matthew*, p. 337.
2   존 파이퍼, 『하나님을 기뻐할 수 없을 때』, 전의우 옮김(서울: IVP, 2020), p. 182.
3   John Chrysostom, *Homilies of St. John Chrysostom, Archbishop of Constantinople, on the Epistle of St. Paul to the Romans*, in Saint Chrysostom: Homilies on the Acts of the Apostles and the Epistle to the Romans, ed. Philip Schaff, trans. J. B. Morris, W. H. Simcox, and George B. Stevens, vol. 11, NPNF, First Series (New York: Christian Literature Company, 1889), p. 507. 크리소스톰은 즐거워하는 자들과 함께 즐거워하는 것이 더 어려운 명령이기 때문에 앞에 왔다고 말한다.
4   John Calvin, *Commentary on the Epistle of Paul the Apostle to the Romans*, trans. John Owen (Bellingham, WA: Logos Bible Software, 2010), pp. 469-470.
5   정혜신, 『당신이 옳다』(서울: 해냄, 2018), pp. 107-108.
6   김영서, 『눈물도 빛을 만나면 반짝인다』(서울: 이매진, 2020).
7   김영서. "친족성폭력피해자를 위한 사회적 지원방안에 관한 연구", 서강대학교 신학대학원 국내석사학위논문, 2001. 서울.
8   http://www.newsnjoy.or.kr/news/articleView.html?idxno=300468 (최종접속 2021-06-22).
9   같은 기사.
10 김영서, 『눈물도 빛을 만나면 반짝인다』, p. 250. 가능하면 전문을 읽어 보기를 권한다.
11 John Calvin and William Pringle, *Commentary on a Harmony of the Evangelists Matthew, Mark, and Luke*, vol. 1 (Bellingham, WA: Logos Bible Software, 2010), p. 329. "어떻게 해석해도 결국 하나님이 우리를 보호하고 건지시지 않으면 우리가 마귀와 죄에 의해 위협당한다는 메시지를 말하고 있기에, 이 문제를 놓고 논쟁을 일으킬 필요가 없다."
12 R. T. France, *The Gospel of Matthew*, The New International Commentary on the New Testament (Grand Rapids, MI: Wm. B. Eerdmans Publication Co., 2007), p. 1006.

13 James R. Edwards, *The Gospel according to Luke*, ed. D. A. Carson, The Pillar New Testament Commentary (Grand Rapids, MI; Eerdmans, 2015), p. 638.
14 디트리히 본회퍼, 『성도의 공동생활』, 정현숙 옮김(서울: 복 있는 사람, 2016), p. 21.

15장. 안식의 기도

1 대다수의 신약학자가 이 구절이 후대의 첨가라는 것에 동의한다. 가장 오래된 사본들과 교부들의 작품에 등장하지 않기 때문이다. 이에 신약학자 브루스 메츠거는 "초대교회에서 예배 예전에서 사용하기 위해 주기도문을 편집하는 과정 중 이 송영이 만들어졌을 것"이라고 말한다. Bruce Manning Metzger, United Bible Societies, *A Textual Commentary on the Greek New Testament*, Second Edition (New York: United Bible Societies, 1994), p. 14를 보라. 흥미롭게도, 대다수의 마태복음 주석은 본문이 원본에 없었음을 확신하는 데 반해, 학자들이 쓴 것이라도 주기도문을 따로 해설한 책들은 본문을 진지하게 해설한다. R. T. 프랑스(2007)나 도널드 해그너(1993), D. A. 카슨(1991) 같은 학자들은 아예 본문을 해설하지 않는다. 그러나 윌리엄 헨드릭슨(1973)은 본문을 해설한다. 김세윤(2000)은 "원래 유대교의 기도 관행에 의하면 하나님을 축복하는 '송영' 없이 끝나는 기도는 없습니다. 예수께서 가르쳐 주신 기도가 송영이 빠진 누가복음판의 짧은 형태가 원래의 것이라 해도 그 기도 끝에는 항상 하나님을 축복하는 송영을 했음을 알 수 있습니다. 송영은 기도에 이미 전제되어 있는 것입니다. 그것을 마태가 나중에, 혹은 마태복음의 나중 사본에 덧붙여 명시화한 것입니다. 왜냐하면 특히 복음이 확장되면서 헬라 교회가 발전했고, 유대교의 관행을 잘 모르는 이방 그리스도인들이 점차 교회 안에 많아졌기 때문에 그들을 가르칠 필요가 있었던 것입니다"라고 주장한다. 김세윤, 『주기도문 강해』(서울: 두란노, 2000), p. 40. 박영돈(2020)도 비슷한 주장을 한다.
2 유해무, 『개혁교의학: 송영으로서의 신학』(천안: 생명의 양식, 2017), pp. 34-37를 보라.
3 이 예화는 필자가 집필진으로 참여한 책 『회복하는 교회』의 "말씀의 회복" 장에서 거의 그대로 가져온 것이다. 문화랑 외, 『회복하는 교회』(서울: 생명의말씀사, 2020), p. 48.
4 조너선 하이트, 그레그 루키아노프, 『나쁜 교육』, 왕수민 옮김(서울: 프시케의 숲, 2019), p. 14.
5 팀 켈러, 『결혼을 말하다』, 최종훈 옮김(서울: 두란노, 2014), pp. 263-267를 보라.
6 조너선 하이트, 그레그 루키아노프, 『나쁜 교육』, p. 63.
7 리처드 도킨스, 『에덴의 강』, 이용철 옮김(서울: 사이언스북스, 2005), pp. 213-215. 필자

강조.

8   C. S. 루이스, 『고통의 문제』, 이종태 옮김(서울: 홍성사, 2002), p. 155.
9   John Calvin, *Institutes of the Christian Religion 1 & 2*, ed. John T. McNeill, trans. Ford Lewis Battles, vol. 1, The Library of Christian Classics (Louisville, KY: Westminster John Knox Press, 2011), p. 915, III. XX. 47.
10 마르틴 루터, 『마르틴 루터의 단순한 기도』, p. 21.
11 디트리히 본회퍼, 『본회퍼의 시편 이해』, 최진경 옮김(서울: 홍성사, 2019), p. 30에서 재인용.
12 W. Dennis Tucker Jr., "Psalms 107-150," in *Psalms*, ed. Terry Muck, vol. 2, The NIV Application Commentary (Grand Rapids, MI: Zondervan, 2018), pp. 997-998.
13 유진 피터슨, 『응답하는 기도』, 편집부 옮김(서울: IVP, 2003), pp. 163-164. 필자 강조.
14 토머스 슈라이너, 『히브리서 주석』, 장호준 옮김(서울: 복 있는 사람, 2016), p. 256.

예수님의 기도 학교

초판 발행 2021년 7월 6일
초판 5쇄 2025년 4월 25일

지은이 이정규
펴낸이 정모세

편집 이성민 이혜영 심혜인 설요한 박예찬
디자인 한현아 서린나 | 마케팅 오인표 | 영업·제작 정성운 이은주 조수영
경영지원 이혜선 이은희 | 물류 박세율 정용탁 김대훈

펴낸곳 한국기독학생회출판부 | 등록번호 제2001-000198호(1978.6.1)
주소 04031 서울시 마포구 동교로 156-10
대표 전화 (02) 337-2257 | 팩스 (02) 337-2258
영업 전화 (02) 338-2282 | 팩스 080-915-1515
홈페이지 http://www.ivp.co.kr | 이메일 ivp@ivp.co.kr
ISBN 978-89-328-1843-6

ⓒ 이정규 2021

책값은 뒤표지에 있습니다.
무단 전재와 복제를 금합니다.